불신앙고백

불신앙고백

초판 1쇄 발행　2007년 9월 10일
개정판 1쇄 발행　2010년 1월 10일

지은이 | 이우근
발행인 | 정상우
발행처 | 오픈하우스
출판등록 | 2007년 11월 29일(제13-237호)
주소 | 서울시 마포구 서교동 465-18번지 (121-841)
전화 | 02-333-3705　팩스 | 02-333-3745

ISBN 978-89-93824-26-1 (03810)

* 잘못된 책은 바꾸어 드립니다.
* 값은 뒤표지에 있습니다.
* 저자와의 협의에 의해 인지를 붙이지 않습니다.

ⓒ 이우근, 2010

불신앙고백

이우근 지음

오픈하우스

책머리에

어느 바보 목사님을 그리워하며

이 책은 고 한경직 목사님을 회고하는 조시弔詩 「어느 바보 목사님을 그리워하며」가 계기가 되어 쓰기 시작한 '광야의 묵상' 칼럼을 묶은 것이다. 3년 동안의 극동방송 육성肉聲 칼럼에 이어 온라인 나눔의 광장 '쉐어플라자'에서 지금도 계속하고 있는 칼럼 중 일부다. 앞의 조시로 머리글에 갈음한다.

그는 참 바보처럼 살다 갔습니다
가장 좋은 옷을 입고 가장 멋진 자동차를 탈 수 있었는데도
바보처럼 그는
좋은 옷 대신에 소매가 닳아빠진 옷을 입었고
멋진 차 대신에 버스를 타거나
남의 차를 빌려 타곤 했습니다
가장 안락한 아파트에 살 수 있었는데도
바보같이 그것을 마다하고
"월세방에 사는 교인들이 얼마나 많은데……" 하면서
산꼭대기 20평짜리 국민주택에 들어갔습니다

교단敎團의 가장 높은 자리를 차지할 수 있었는데도

바보처럼 그는
그것을 버렸습니다
하나뿐인 아들에게 교회를
대물림해주라는 권유를 뿌리치고
바보같이
사랑하는 외아들을 먼 외국으로 쫓아버렸습니다

강연 집회 심방 주례 등으로
짭짤한 부수입을 올릴 수 있었는데도
바보 같은 그는
수많은 강연 집회 심방 주례를 하면서도
어찌된 일인지 한푼도 모으지를 못했습니다

설교집과 자서전을 팔아
큰 인기와 재산을 얻을 수 있었는데도
바보 같은 그는
"성경 하나면 되지 뭐……" 하면서
도무지 그런 짓을 하려들지 않았습니다

안수기도와 방언과 신유神癒와 부흥회의 열광적인 분위기로
엄청난 카리스마를 누릴 수 있었는데도
그는 바보처럼
자신이 예수님의 산상수훈을 제대로 실천하지 못한다고
늘 스스로를 탓할 뿐이었습니다

새카만 후배들이 통일운동에 앞장선다면서
가로막힌 북녘 땅을 제 집 드나들 듯 마음대로 들락날락거리며
헤어졌던 가족 친척들을 은밀히 만나고 다닐 때도

그는 참 바보처럼
"저 많은 실향민들이 고향엘 가지 못하는데
어찌 나 혼자만 가겠는가" 하면서
그리운 고향 땅을 한 번도 밟아보지 못했습니다

정의감 넘치는 이들이
총칼을 두려워하지 않고 데모하고 감옥 갈 때 그는
총칼 든 사람들의 영혼을 위해 하나님께 기도를 드려주고는
정말 바보처럼
욕만 실컷 얻어먹었습니다

사자후-獅子吼 같은 명설교도
가슴을 쥐어뜯게 하는 감동적인 웅변도 할 줄 몰랐던 그는
그저 바보처럼
자신의 몸으로, 자신의 손과 발로, 그렇게 자신의 삶으로
설교하고 선포했을 뿐입니다

고난주간에
이름 있다는 목사님들이
대규모 부활절 연합예배의 설교와 기도 순서를 맡으려고
이리저리 바쁘게 뛰어다닐 때
바보 같은 그는
고난주간을 채 넘기지 못한 채
고난 속에 살다가
그만 숨을 거두고 말았습니다
좋은 소식을 전하는 자의 아름다운 입이 아니라

좋은 소식을 전하는 자의 아름다운 발을 가졌던
이 바보 같은 이름은 그러나
너무도 똑똑하고 성공적인 목사님들이
명성名聲을 드날리는 오늘날
아마도 우리에게
가장 그리운 이름으로, 가장 진실된 이름으로
남게 되지 않을까

2010년 1월
이우근

차례

1부

신의 고백

책머리에
어느 바보 목사님을 그리워하며 … 4

메시아 리스트 … 15
슬픈 카멜레온의 탄생 … 21
쌍둥이 예수 … 26
제사장의 길, 예언자의 길 … 31
솔로몬의 행각, 그 소외된 자리의 예수 … 36
믿기엔 충분한 빛이,
믿지 않기엔 충분한 어두움이 … 41
신의 고백 … 46
초월과 이탈 … 51
스스로 지우는 족보 … 56
사랑에의 의지 … 61
잡종사회 … 66
화쟁의 숲 … 72

Contents

2부
오두막집 교황

마르틴 루터의 장미꽃 … 81
대천덕 신부 … 88
영광의 자리, 수치의 고백 … 94
아버지라 부르지 말라 … 99
오두막집 교황 … 104
거룩한 옷 … 110
맥 못 추는 산상수훈 … 116
가이사와 하나님 … 123
21세기의 코미디 … 131
광야를 버리고 의사당으로? … 137

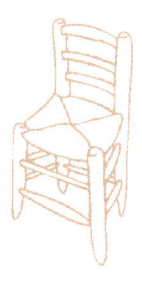

3부

불신앙고백

제3의 눈 … 147
불신앙고백 … 154
쉽게 나오는 눈물은 쉽게 마른다 … 159
원숭이들의 놀음판 … 164
베스트셀러『야베스』, 그 허와 실 … 170
밤새운 기도보다 한낮에 바른 삶을 … 175
내가 부러진들 무슨 아쉬움이 … 179

4부

다듬지 않은 돌

하나님의 눈물 … 187
야누스, 두 얼굴의 진실 … 192
크리스천, 그 지독한 모순덩어리 … 197
돌아오지 않는 탕자 … 203
다듬지 않은 돌 … 208
신앙으로 변장한 오늘의 우상들 … 215

Contents

5부
상처가 있는 곳에 용서를

상처가 있는 곳에 용서를 … 225
꽃 한 송이 사랑하려거든, 그대여 … 229
아침에 핀 꽃을 저녁에 줍다 … 234
용서, 아름다운 복수 혹은 초월, 부활 … 240
굶고 미워하느니 실컷 먹고 사랑을 … 245
두 사람의 광인 … 250
어떤 이방인 … 254
진가의 혼인잔치 … 261

6부
십자가의 무게

십자가의 무게 … 269
지금 당장 꽃이 아니어도 … 276
크리스천, 군사인가 용병인가 … 281
동행, 제자됨의 조건 … 286
아, 마더 테레사 … 290
아무것도 하지 않은 죄 … 294
아우슈비츠의 행진 … 299
마지막 우상 … 304
진실과 위증 사이 … 309

신화란 모름지기 수백, 수천 년 동안의 구전과 해석 및 재해석 과정을 거친 다음, 영롱한 시적 감성과 의미심장한 종교적 은유의 광채로 은은히 윤색되고 난 다음에야 비로소 문자로 기록되는 법입니다. 태어난 지 20여 년 만에 문자로 기록된 신화는 지구상 어디에서도 찾아볼 수 없습니다. 예수와 동시대를 살았던 수백 명의 사람들이 일시에 보았던 것은 결코 환상이나 신화일 수 없습니다. 생생한 역사적 현실이 아니면 안 되는 일입니다. 예수의 제자들은 엄숙하게 신앙을 고백했다가 금방 그것을 뒤집는가 하면, 죽기를 맹세하고서도 곧바로 도망친 사람들입니다. 그런 사람들이 180도 변화되었습니다. 대제사장과 왕들 앞에서 목숨을 아끼지 않고 당당히 부활을 외치는 증인들이 된 것입니다.

1부

신의 고백

동양사상이 자연 속에서 신성을 찾아왔고 서양사상이 이성이나 신화 속에서 신을 찾아왔다면, 부활한 예수는 역사의 현실 속에서 하나님의 모습을 보여주었습니다.

피에로 델라 프란체스카, 「부활하는 예수」, 1463년

메시아 리스트

예수, 가장 실패한 메시아

예수님의 탄생을 기다리는 대강절待降節이 계속되고 있습니다. 단 하루의 짧은 성탄절보다는 그 전에 한 달 넘게 이어지는 크리스마스 시즌이 더 흥겨워 보이지만, 이 기간이 바로 대강절에 해당합니다.

  2천 년 이상을 해마다 대강절과 성탄절이 찾아오곤 하지만, 예수 탄생의 진정한 의미는 날로 퇴색해가고 그 대신 송년의 들뜬 분위기와 어울린, 흥청망청하는 껍데기 성탄절만이 점점 더 확실하게 자리를 잡아가고 있는 듯합니다.

  어떤 생명이든, 생명의 탄생은 아름다운 것입니다. 마땅히 기뻐하고 축하할 일입니다. 인류정신사에 큰 족적을 남긴 위인의 탄생은 더욱 그렇습니다. 하물며, 인간의 영혼과 구원의 길에 새롭고도 경이로운 문을 열어놓은 메시아의 탄생일까? 그 기쁨은 무엇과도 비교할 수 없고, 그 축하의 뜻은 아무리 강조해도 지나침이 없겠습니다.

그러나 메시아의 탄생이 지닌 기쁨의 의미는 과연 무엇이며 그 축하의 뜻은 또 어떤 것이어야 할까?

메시아의 탄생을 나는 "사람이 구원의 문제를 스스로 해결할 수 없다"는 선언과 다름없다는 뜻으로 새깁니다. "구원의 문제를 스스로 해결할 수 없을 뿐만 아니라, 구원의 필요조차 스스로는 깨달을 수 없다"는 슬픈 전제가 메시아 탄생의 바탕자리에 녹아 흐르고 있습니다. 인간에게 구원이 필요하다는 것은, 인간 스스로에게는 이미 아무런 가망이 없다는 것을 뜻하는 것이기 때문입니다.

인간영혼의 깊은 좌절과 절망 없이는 성탄의 의미를 바르게 알아챌 수 없습니다. 절망에 빠진 영혼이 파멸의 벼랑 끝에서 만난 기쁨, 그것이 메시아 탄생의 기쁨입니다.

역사상 수많은 인물들이 메시아 리스트에 올랐다가 사라져갔습니다. 예수 사후에, 사마리아의 유서 깊은 그리심 산에 모세의 옷이라는 누더기를 걸치고 나타난 자칭 메시아가 열광하는 군중을 규합하여 로마에 대항했습니다. 그 여파가 얼마나 컸던지, 예수의 십자가 처형에도 끄떡없었던 로마총독 빌라도는 결국 이 일로 파면되고 말았습니다. 그러나 이 사마리아의 메시아는 이후의 역사 속에서 흔적도 없이 사라져버리고 말았습니다.

서기 44년경 테우다스Theudas, 사도행전 5:36라는 자칭 예언자가 꽤 조직적인 군사력을 형성하여 로마에 항거함으로써 유대인들로부터 잠시 메시아의 이름을 도적질한 일이 있었습니다. 그는 온 유대인들로부터 민족적 지도자로 열렬히 추앙을 받았습니다. 그러나 그것은 잠시 동안의 일에 그쳤고, 로마군에 붙잡혀 처형된 후 그의 이름은 유대인들의 머리에서 곧 지워지고 말았습니다.

'이집트에서 온 메시아' 사도행전 21:38로 알려진 익명의 투사는 서기 58년경 일단의 용맹한 전사들을 이끌고 감람산에 올라가 이스라엘의 독립을 선포했습니다. 당연히 그에게 메시아의 칭호가 부여되었습니다. 그러나 뒤이어 벌어진 로마군대와의 치열한 접전 끝에 이집트의 메시아는 행방을 감추어버렸고 그의 전사들은 전멸할 수밖에 없었습니다.

서기 132년, 시몬이라는 영웅은 드디어 로마군대를 예루살렘에서 완전히 몰아내고, 당시 유대의 서기관들로부터 바르 코케바 별의 아들라는 별명과 함께 공식적인 메시아의 명칭을 얻었습니다. 이스라엘 역사상 공인된 메시아는 바르 코케바 단 한 명뿐입니다. 그는 이스라엘의 독립을 선포하고 의기양양하게 새로운 신정정치神政政治를 수립했습니다.

그러나 곧이어 로마황제가 파견한 철기갑군단에 의해서 예루살렘은 철저하게 파괴되었고, 다시금 기나긴 식민통치를 맞지 않으면 안 되었습니다. 그 뒤로 유대인들은 바르 코케바를 바르 코세바 사기꾼의 아들라고 불렀습니다.

테우다스나 사마리아의 메시아, 이집트의 메시아, 바르 코케바 등은 모두가 '승리의 메시아'를 지향했던 사람들입니다. 일시적 승리, 잠시 동안의 영광. 그러나 그것으로 끝이었습니다. 더 가혹한 압제가 그 뒤를 이었습니다. 오늘날 그들을 메시아로 고백하는 사람은 아무도 없습니다. 저들의 '성공한 메시아 리스트'는 인류역사와 인간의 영혼 속에서 실패한 리스트로 폐기되고 말았습니다.

예수는 이스라엘 백성을 규합하여 로마에 대항하지 않았을 뿐 아니라 도리어 그런 제의나 유혹을 단호하게 거절했습니다. 요한복음 6:15

"내 나라는 이 땅에 속하지 않았다."

이것이 승리의 메시아를 고대하는 사람들에 대한 예수의 냉랭한 대답이었습니다. 요한복음 18:36

그는 총독 빌라도를 쫓아내지도 못했고 로마군대를 몰아내지도 못했습니다. 이스라엘의 독립을 선포하지도, 신정정치를 수립하지도 못했습니다. 종교지도자들로부터 메시아의 호칭을 얻기는커녕, 도리어 그들에게서 사형선고를 받고 힘없이 죽어갔을 따름입니다.

예수가 얻은 것은 말구유와 십자가뿐

예수가 이 세상으로부터 얻은 것은 태어날 때의 말구유와 죽을 때의 십자가, 두 개의 나무토막뿐이라는 말이 있습니다. 이것이 성탄절의 주인공인 예수의 모습입니다.

예수는 메시아 리스트에 이름이 오른 인물 중에서 현실적으로 '가장 실패한 메시아'였습니다. 부활의 승리는 공개적인 사건이 되지 못했습니다. 영혼의 새로운 눈을 뜬, 극히 일부의 사람에게만 나타난 체험이었습니다. 부활의 내밀한 체험이 크리스마스를 만든 것이 아닙니다. 좌절과 실패의 십자가가 예수를 메시아로 고백하게 만든 것입니다. 누가복음 23:47

아마 오늘날에도 형통한 신자들보다는 실패한 신자들 속에, 성공한(?) 대형교회들보다는 고통을 감수하며 섬김과 나눔의 길을 힘겹게 걷고 있는 작은 교회들 속에 진정한 제자도의 모습이 감추어져 있을지 모릅니다. 고난의 그리스도, 현실적 실패의 메시아를 좇는 참제자라면 스스로도 마땅히 고난과 실패의 길을 즐겨 걸어갈 것입니다. 맡은 바 소명의 자리를 '섬김받고 대접받는 권력화된 지위'가 아니라 예수님처럼 남을 섬기고 대접하는 '가난한 자리'로 여길 것이 분명하기 때문입니다.

성탄의 의미는 십자가 안에 숨겨져 있습니다. 실패의 십자가, 절망의 돌무덤에서 새로운 생명의 출발을 찾을 수 있어야 합니다.

예수님은 십자가를 지기 위해 탄생했고, 그의 죽음에서 비로소 탄생의 비밀이 풀렸습니다. 예수 탄생을 전후하여 불린 네 개의 노래 중 마지막 노래인 시므온의 고별송Nunc Dimitis은 예수가 '비방을 받는 표적이 될 것'과 그 어머니 마리아가 아들 예수로 말미암아 '마음이 칼로 찔리듯 괴로울 것'을 예언하고 있습니다. 누가복음 2:34,35 시므온은 예수의 탄생에서 이미 십자가를 보고 있었던 것입니다.

"내가 온 것은 섬김을 받으려 함이 아니라 도리어 섬기려 하고 자기 목숨을 많은 사람의 대속물로 주려 함이다." 마태복음 20:28

이것이 예수 스스로 밝힌 성탄의 비밀입니다. 십자가 없이는 성탄은 아무 의미도 없습니다. 그래서, 성탄은 곧 고난의 시작입니다.

오늘의 성탄절에 십자가의 뜻이 올바르게 담겨 있는가?

탄생의 강보자락에 차디찬 돌무덤의 냉기가 흐르고 있는가?

경쾌하게 울려퍼지는 캐럴과 아름다운 크리스마스 장식들 속에 과연 죽음과 절망의 냄새가 배어 있는가?

부유하고 성공한 신자들, 배부르고 기름진 종교인들의 가슴 속에 초라한 말구유와 피투성이의 십자가가 깊이 아로새겨져 있는가?

"빛이 어두움에 왔으되, 어두움이 깨닫지 못하고 빛을 영접하지 않았다" 요한복음 1:5~11는 사도 요한의 탄식은 비단 2천 년 전의 탄식만이 아닙니다. 우리의 어두운 삶의 자리를 비추는 성탄의 빛이 우리들 영혼의 좌절과 절망을 깨닫게 하지 못한다면, 요한의 탄식은 오늘도 우리 곁에서 계속될 수밖에 없습니다.

거리마다 빌딩마다 십자가의 불빛으로 휘황한 이 땅의 크리스마스에 고난의 진정한 뜻이 담겨 있지 않다면, 이번 성탄절도 예년처럼 가짜 크리스마스에 지나지 않을 것입니다.

저 허황된 '성공한 메시아들의 리스트'에서 예수의 이름을 찾고자 한다면 이 해의 성탄절 역시 십자가의 뜻을 잃어버린 수많은 십자가상들처럼, 교회의 의미를 상실한 화려한 교회당들처럼, 그리고 종의 본분을 내던져버린 어떤 삯군들처럼, 시끌벅적하지만 아무 내실 없는 엉뚱한 우상偶像의 축제일로 우리 곁을 또 한 번 스쳐 지나갈 뿐입니다.

슬픈 카멜레온의 탄생

**예수의 이름,
드넓은 스펙트럼**

예수님의 탄생을 기념하는 크리스마스 이브. 엉뚱하게도 지금 내 눈 앞에는 어떤 카멜레온 하나가 슬픈 얼굴을 한 채 서성이고 있습니다.

현실을 도피한 신비주의적 몽상가, 세계의 종말을 경고한 묵시예언가, 민족독립운동을 주도한 정치적 메시아, 선민의식에 젖은 쇼비니스트, 권력에 저항한 무정부주의자, 빈민해방을 외친 무산계급 혁명가, 귀신을 내쫓는 엑소시스트……. 이루 셀 수 없이 많은 예수의 별칭들 중 몇 가지 예입니다.

13세 때 인도에 건너가 불자佛子가 된 후 유대에 돌아와서 이싸 대사Issa大師라는 법명으로 불교를 전파했다는 '예수승려설'도 나왔는데, 불교 쪽 누군가의 희망 섞인 상상력으로부터 나왔음에 틀림없는 이 가설은 메시아라는 칭호의 어원을 미륵범어의 마에트레야에서, 예수의 어머니 마리아의 이름을 석가의 어머니인 마야 부인에서 이끌어내는 놀라운 추리력까지 과시하고 있습니다.

예수의 정체는 이미 성서 자체에서도 극과 극을 넘나듭니다. 하나님의 아들, 주님, 임마누엘, 메시아, 선지자, 귀신바알세불, 사람의 아들, 거짓말쟁이, 세리와 창녀들의 친구, 신성모독자, 먹기를 탐하고 술 마시기를 즐기는 탕아. 마태복음 1:23, 11:19, 12:24, 14:5, 21:11,46, 27:63, 마가복음 1:24, 3:11, 8:29, 14:64, 누가복음 4:41, 요한복음 7:20, 8:48,52, 9:35,24:19

예수의 이름만큼 드넓은 스펙트럼을 지닌 경우는 찾기 어렵습니다. 한 주간에 평균 한 권 꼴로 예수의 전기가 출간되고 있다고 하니, 지금 이 시각에도 지구 어딘가에서는 분명 예수에 관한 책이 또 씌어지고 있을 터. 공생애 3년 동안 비좁은 유대 땅에서의 몇 마디 말과 행적을 해석하기 위하여 지난 2천 년 동안 수백 개 도서관의 서가가 온통 그에 관한 저술들로 가득 채워져왔습니다.

'삼위일체 중의 한 위격인 성자聖子'라는 고전적 교의학의 칭호뿐 아니라, 천상의 종교를 버리고 삶의 진실을 위해 고난을 받은 하나님의 아들본회퍼, 십자가의 죽음이 아니라 부활에 의해서 비로소 구원의 역사를 펼친 신인神人 보른캄 등도 파격적이기는 하지만 모두 경건한 신앙의 이름들입니다. 가톨릭 신학자 그륀A. Gruen은 성서에서 '여성과 어린이의 친구, 분열을 조장하는 논쟁꾼, 일탈의 자유인' 등 50여 개의 예수상을 찾아냈습니다.

반면에, 역사적으로 추적이 불가능한 설화 속 주인공슈바이처, 위대한 종교적 선각자들 중의 하나르낭, 역사적 실재가 아닌 종교적 창작물크로산, 신격화된 사람의 아들불트만 같이 '신앙의 그리스도'와 '역사적 예수'를 구별한 비신앙적 이름들도 숱하게 많습니다. 심지어 예수가 사람의 이름이 아니라 1세기초 중근동 지방에서 집단적으로 종교적 환각을 일으켰던 특수한 마약성분을 지닌 독버섯의 일종이라는 식물의 이름까지 등장했습니다.

십자가에서 내려와 막달라 마리아의 남편이 된 예수 이야기를 꾸며낸 카잔차키스의 소설 「그리스도 최후의 유혹」, 출산과정에서 남자의 정액을 초라하게 만든 동정녀 탄생설화는 사생아 예수의 출생의 비밀을 숨기기 위한 픽션이라고 폄하한 샤버그 J. Schaberg의 또 다른 픽션 「사생아 예수」, 사회학적 의미의 예수를 탐구한 타이센 G. Theissen의 「갈릴리 사람의 그림자」, 파격적 소재로 예수의 인간성을 추적한 메일러 N. Mailer의 일인칭 소설 「예수의 일기」, 성서 속의 십자가 처형을 거짓말로 만든 댄 브라운의 소설 「다빈치 코드」 등도 출간되자마자 기독교계에 커다란 반향을 불러일으킨 문제의 저작들입니다.

너희는 나를 누구라 하느냐

자크 아탈리는 그 명징한 혜안으로 예수에게서 '소외계층을 향한 형제애와 기득권층에 대한 분노를 동시에 지닌 사회적 위험성'을 발견했지만, 아직 사회주의 혁명가나 반체제적 민중투사에까지는 시선이 이르지 않았습니다.

예수 탄생의 핵심인 성육신成肉身의 의미를 '인간을 통한 절대정신의 자기실현'이라고 해석한 헤겔 이후로 슈트라우스 D. F. Strauss를 비롯한 헤겔 좌파에서도 "예수에게 붙여진 하나님의 아들이라는 개념은 인류의 이상을 인격화한 신화"라고 규정했을 뿐, 예수를 사회혁명가로 보지는 않았습니다.

마르크스와 엥겔스에게조차도 예수는 '천국의 속임수로 인간을 오류로 이끈 프롤레타리아의 해독'이었을망정 결코 마르크시스트는 아니었습니다.

그러나 '역사참여는 하나님의 실천'이라고 고백하며 아마존 유역의 빈민굴에서 탄생한 해방신학은 '사회적 약자들의 연대를 통해 왜곡된 사회구조를 타파하는 해방자 예수'를 발견한 구티에레즈 G. Gutierrez의 울부짖음으로 전 세계인의 가슴을 파고들면서, 군부독재로 신음하던 한국 땅에 민중신학의 씨를 뿌렸습니다.

"예수는 특정인이 아니라 민중이라는 집단적 인격의 명칭이며 메시아는 민중 그 자체"라고 주장하는 민중신학의 눈에는, 십자가에서 흘린 예수의 피로 구원을 얻는다는 정통의 신앙고백은 섬뜩한 흡혈귀신학이거나 삶의 현실에서 유리된 주술에 지나지 않았으며 오직 '민중해방자'만이 진정한 예수였습니다.

그리고 마침내, 예수와 마르크시즘을 절묘하게 반죽한 '사회주의 혁명가 예수'가 블로흐 E. Bloch에 의해 탄생합니다. 요즈음 논란이 되고 있는 '빨갱이 예수'의 중시조 中始祖쯤 되지 않을까? 또 하나의 성탄절, 시뻘건 크리스마스 ― 슬픈 카멜레온의 탄생입니다.

자신의 이름이 장차 20여 세기에 걸쳐 시대와 역사적 정황에 따라 하나님의 아들 ― 종교사기꾼, 구세주 ― 공산주의 혁명가, 가난한 자의 친구 ― 자본가의 옹호자, 메시아 ― 독버섯 등 각양각색의 옷을 입었다 벗었다 하며 카멜레온처럼 기구(?)한 변신을 겪게 될 것을 미리 짐작한 듯, 예수는 제자들에게 "너희는 나를 누구라 하느냐?"고 물은 적이 있습니다.

칼라일 T. Carlyle이 영혼의 평안과 소망이 달려 있는 가장 중요한 물음이라고 정의한 바 있는 이 궁극의 질문에 대한 베드로의 대답 "살아 계신 하나님의 아들 그리스도"라는 고백은 베드로 개인의 대답이 아니라 제자들 전체를 대표한 수제자로서의 고백, 아니 그 이후 2천 년 동안 기독교의 공식적인 신앙고백이 되었으며 교회의 든든한 반석베드로으로 자리잡았습니다. 마태복음 16:15~18

오늘 이 땅에서 예수는 과연 누구인가? 헌금을 내고 사도신경을 외우기만 하면 마냥 복을 주고 병도 낫게 해주고 죽은 뒤에 천국까지도 보장해주는 '이승과 저승의 신통한 보험업자' 쯤의 대답이 튀어나옴직한 정통보수(?)를 한편에 두고, "예수의 이름"요한복음 14:13 대신에 "민중의 고통 속에 죽고 민중의 의식 속에 부활한 노동 열사의 이름으로" 기도하기를 마다하지 않는 급진참여주의를 다른 한편에 둔 한국 교회의 무정체성은 이미 오래 전부터의 해묵은 아픔이니, 새삼 한숨을 몰아 쉴 것도 없겠습니다.

아, 그러나 하필이면 성탄절을 바로 눈앞에 둔 이 시점이란 말인가? 정치적 성향 탓인지 특정 신념 때문인지는 알 수 없으나, 크리스천이라는 대학교수의 입에서 "빨갱이 예수, 국가보안법의 희생자"라는 말이 스스럼없이 튀어나오고 이에 맞서 "정치적 목적을 위해 권력에게 예수를 팔아넘긴 가룟 유다"라는 반격이 뒤따르는 이 기가 막힌 성탄전야 시뻘건 크리스마스 이브에, 내 귀는 지금 슬픈 카멜레온의 물음을 다시 듣고 있습니다.

"너희는 나를 누구라 하느냐?"

쌍둥이 예수

**복제된 예수
가짜 메시아**

베니스 비엔날레의 한국관 대표 작가로 참여했던 조각가 조상균 씨의 국내 초대전에 매우 충격적인 조각 하나가 전시되었습니다. 「쌍둥이 예수」라는 이름의 이 작품은 두 팔을 벌린 예수의 상 두 개가 2.7미터의 높이로 나란히 서 있는 조각입니다.

모양과 크기는 꼭 같은데, 왼쪽의 예수는 흰 바탕에 은은한 무지개 빛깔의 옷을 입었고 오른쪽 예수는 분홍빛 살색에다 화려한 갈색의 옷을 입고 있습니다. 왼쪽의 예수상은 성당이나 성화 속에서 흔히 볼 수 있는 것과 크게 다르지 않은 모습이지만, 번쩍이는 코팅 플라스틱 판으로 요란하게 치장한 오른쪽의 예수상은 경건하거나 성스러운 느낌이 전혀 없는, 세속적 권력가의 화려한 모습처럼 느껴졌습니다.

이들 두 예수 중의 하나는 물론 '가짜 예수, 복제된 예수'를 상징한다고 보겠습니다. 양도 복제하고 송아지도 복제하고 인간의 배아까지 복제하다가 이제는 사람마저도 곧 복제해낸다는 판이니 앞으로 또 무엇인들 복제해내지 못하랴마는, 마침내 예수님마저 복제의 대상으로 삼은 쌍둥이 예수상이 주는 시사는 매우 뜻깊습니다.

역사상 수많은 복제 예수들이 등장했다가 사라져갔고, 오늘도 여기 저기서 예수를 복제하고 다시 해체하는 일들이 끊이지 않고 있습니다. 이런 '예수 복제'의 흐름 속에는 뚜렷한 공통점이 있습니다. 나는 그것을 '상업적 종교성'이라고 말하려고 합니다.

모든 복제 행위의 동기는 효율성과 대체성이라는 경제적 사고이며, 여기에 시장성이 결합된 것이 상업화입니다. 선교의 대상을 선교시장 mission market으로 파악하고 선교의 기나긴 노정을 선교전략이라는 마케팅적 개념으로 이해하는 종교의 상업화가 허다한 복제 예수, 복제 메시아를 만들어낸 것입니다.

마케팅이란 한마디로 '소비자가 원하는 것을 충족시켜주는 상업전략'입니다. 제품의 품질을 고급화하고 가격의 경쟁력을 확보하여 경쟁자를 따돌린 가운데 이윤을 극대화하는 경영기법입니다.

제품이나 서비스는 그냥 팔려나가는 것이 아닙니다. 부단히 고객과 접근하고 광고를 통해서 널리 알려야만 합니다. 마케팅이란 소비자의 필요와 욕구를 만족시키는 '소비자 지향성'과 상품의 품질을 널리 홍보하여 유통상의 이익을 획득하는 '이익 지향성'을 그 목표로 하는 것이기 때문입니다.

예수님은 종교 소비자들의 욕구나 필요를 충족시켜주는 상인이 아니었습니다. 요즈음 '최고경영자 예수' CEO Jesus 라는 말이 대단히 유행하고 있지만, 예수는 자신의 이익을 극대화하기 위해 스스로를 홍보하는 기업의 경영인이 아닙니다. '소비자 지향성'과 '이익 지향성'이라는 마케팅 요소는 예수의 인격과는 아무런 관계도 없습니다.

    예수는 오직 '하나님의 나라와 그 의'를 지향했습니다. 마태복음 6:33 가난하고 소외된 이들을 향한 그의 사랑도 단순한 인간애의 차원에 머무르는 것이 아니라 '하나님 사랑'의 당연한 모습일 뿐입니다. 십자가의 길은 감동 어린 휴먼 드라마가 아닙니다. 십자가는 '하나님 나라'를 향하여 자신의 전인격을 허무는 헌신의 길이었습니다.

    예수는 '종교의 소비자나 수요자'들에게로 접근한 것이 아닙니다. 그는 사랑과 진실에 목마른 인격들, 거짓과 탐욕의 힘 앞에 찢기고 눌린 상처 입은 영혼들을 찾아간 것입니다.

    그는 자신의 성취를 위해 십자가를 지지 않았습니다. 오히려 그 자신이 고난의 한가운데에 들어감으로써 고난 속에 내동댕이쳐진 모든 소외된 이들과 더불어 있기 위해서였습니다. 그는 '소비자 지향성'도 '이익 지향성'도 모두 알지 못했습니다.

사람의 아들인가
신의 아들인가

십자가의 처형수인 예수에게는 '대체성'이 없습니다. 오직 십자가의 길 그것뿐이며, 다만 '진실과 사랑의 인격' 그것뿐이었습니다. 다른 무엇으로도 이것을 대체할 수 없습니다.

    화려한 교회당의 빛나는 십자탑이 예수의 십자가를 대신할 수 없고, 장중한 종교의식과 신비감에 휩싸인 성례전聖禮典들이 예수의 인격을 갈음할 수 없습니다. 교황의 의자도, 교단과 교회 안의 높은 자리도, 그리고 사자후 같은 명설교나 갖가지 질병을 몰아낸다는 안수기도의 영험도 결코 그리스도의 삶과 죽음을 대신할 수 없습니다. 이것을 대신하는 것들은 모두가 거짓의 손길로 복제된 '쌍둥이 예수'일 따름입니다.

오늘, 번쩍이는 분홍색 코팅 플라스틱판으로 요란하게 치장해놓은 화려한 예수는 과연 누구인가? 말구유에서 태어나 신을 모독한 죄로 십자가에서 가시관을 쓰고 처형된 '사람의 아들'인가, 아니면 황금빛 예복을 걸치고 머리에 번쩍이는 면류관을 쓴 전지전능한 '신의 아들'인가?

앞의 예수는 가난한 이들과 소외된 자들의 친구, 뒤의 예수는 기복祈福의 수요자들을 겨냥하여 스스로를 선전하는 종교적 경영인입니다. 앞의 예수는 사람다운 삶을 소망하는 가난한 마음들 앞에 '인격과 삶의 모범'으로 서 있고, 뒤의 예수는 탐욕스런 영적 소비자·종교적 기복의 수요자들 앞에 '신통한 주술적 영매靈媒의 복제'로 서 있습니다.

오병이어五餠二魚의 기적 앞에 열광했던 수만의 인파는 그 후 70인 제자들로, 다시 12제자로, 마침내는 도망과 배신의 입맞춤으로 모두 흩어지고 말았습니다. 상업으로서는 철저히 망해버린 장사요, 마케팅으로서도 우둔하기 짝이 없는 기법이었습니다.

그에 비하면 수천 수만의 신도를 거느린 대형교회의 으리으리한 예배당, 드높은 교육관, 넘쳐나는 예산과 재정은 얼마나 성공적이고 효과적인 마케팅의 결과이겠는가? 어느 쪽이 참으로 가치 있는 예수상이겠는가?

효율성과 대체성으로 완전무장한 '복제 예수'의 상업적 가치가 더 클 것은 두말할 나위도 없습니다. 마케팅의 기교가 흠씬 묻어나는 '쌍둥이 예수'의 경제적 가치가 훨씬 더 무거울 것은 묻지 않아도 뻔한 노릇입니다.

잘 팔리는 복음, 잘나가는 교회, 잘 올라가는 예배당, 잘 먹고 사는 종교인들. 그들이 애지중지해 마지않는 쌍둥이 예수의 화려한 그늘 아래, 삶과 인격의 모범인 십자가의 처형수는 오늘도 근심 어린 목소리로 우리에게 나직이 말씀을 건네오고 있습니다.

"거짓 선지자들을 삼가라. 양의 옷을 입고 나아오지만 속에는 노략질하는 이리가 들어 있다."마태복음 7:15

이것이 진짜 예수가 폭로한 복제 예수, 쌍둥이 예수의 감출 수 없는 정체입니다.

제사장의 길, 예언자의 길

**제사장은 성전에서
예언자는 들판에서**

성서의 기록은 크게 두 가지 전승傳承에 뿌리를 둔 것으로 알려져 있습니다. 하나는 제사장 전승이고 다른 하나는 예언자 전승입니다. 신구약성서는 제사장 전승과 예언자 전승이 충돌하는 긴장된 갈등으로 가득 차 있습니다. 제사장과 예언자는 그 직분이 서로 달랐습니다. 제사장은 백성을 대표하여 하나님께 속죄의 은혜를 구하는 직분이고 히브리서 5:1~3, 예언자는 하나님의 엄정한 공의公義의 음성을 백성들에게 대언代言하는 직분입니다. 예레미야 1:9,10

제사장 전승은 모세가 광야에서 이스라엘에게 전수한 율법에 기초를 둡니다. 오직 모세와 그 형 아론이 속했던 레위 지파만이 제사장의 직분을 맡을 수 있었는데, 이들은 구별된 예복을 입고 구별된 대접을 받으면서 오랫동안 세습적 지위를 확보해옴으로써 이스라엘의 엘리트 사제그룹으로 자리잡는 데 성공했습니다.

그러나 왕정王政이 체제를 갖추고 제사장제도가 확립되어가자 대부분의 제사장들이 왕권과 야합하여 백성들 위에 군림하는 새로운 귀족계급으로 탈바꿈하기 시작했습니다. 양의 무리를 돌보아야 하는 목자의 겸손한 자리가 도리어 양을 억압하는 권위의 자리로 변질되고, 하나님께 은혜를 구해야 하는 참회의 고백이 엉뚱하게도 권력 앞에 아부하는 역겨운 속삭임으로 전락한 것입니다.

이들 타락한 제사장 무리에 대하여 끊임없이 경고의 메시지를 보내고 공의와 회개를 촉구한 것이 바로 광야의 예언자들입니다. 제사장들이 귀족의 지위를 누리며 호의호식하는 동안, 예언자들은 소외되고 배척받는 백성들과 함께 고난의 길을 걸었습니다.

대부분이 거짓 선지자들이었던 궁정예언자宮廷豫言者 왕의 측근에서 장래의 신비한 일들을 예고하는 자들과는 달리, 오직 하나님의 부르심을 듣고 아무런 자격도 없이 홀로 세상에 나온 저 광야의 예언자 預言者 하나님의 말씀을 맡은 자들은 왕과 제사장들의 부정의를 엄중하게 질책하기 일쑤였습니다. 엘리야가 그러했고, 이사야·예레미야가 그러했으며, 아모스·미가·호세아 등이 모두 그러했습니다. 그러나 왕과 제사장들은 회개를 거부하고, 불의를 꾸짖는 예언자를 향하여 "교만하다"느니 "기름부음 받은 자를 감히 대적한다"느니 비난하면서 그들을 박해하였습니다. 제사장들이 가장 미워했던 대상이 바로 광야의 예언자들이었습니다. 그들이 제사장계급의 윤리적 파탄과 그 속에 숨겨진 부끄러움의 일들, 그 가식과 위선의 실체를 적나라하게 폭로했기 때문입니다.

오늘날도 마찬가지입니다. 세속의 권력을 쟁취한 세력들은 언론과 재야在野의 입에 재갈을 물려 그들의 날카로운 비판을 윽박지르고, 신성하다는 교회의 종교권력을 거머쥔 성직자들 역시 '신의 대리자'라는 비신앙적인 이름을 내세워 올곧은 광야의 목소리들을 억누르기 일쑤입니다.

성서는 예수 그리스도만이 유일한 참대제사장임을 선언했지만 히브리서 7:11~28, 정작 예수 자신은 제사장 전승을 따르지 않았음이 분명합니다. 예수님은 제사장 가문인 레위의 후손이 아니라 유다의 후손입니다. 처음부터 아예 제사장의 신분적 자격조차 없었던 셈입니다.

예수가 서 있던 삶의 자리는 '제사장 전승'이 아니라 '광야예언자의 전승'이었습니다. 그는 공생애를 시작하기 전에 광야에 나아가 악령의 유혹에 직면했고, 회당에서의 첫 설교를 광야의 예언자 이사야의 글로 시작했으며 누가복음 4:16~20, 자신의 모든 삶의 궤적을 구약의 예언들과 직결시켰습니다. 마태복음 21:4 더 나아가, 십자가 위에서 "다 이루었다"는 예언의 완성을 선포하기조차 했습니다. 요한복음 19:30 예수의 일생은 예언자의 자리였습니다.

예수님은 제사를 집례한 적도, 제물을 받은 적도, 또 제사장의 예복을 입은 적도 전혀 없습니다. 주제넘은 생각인지는 모르겠으나, 성직자들의 예복은 역사상 가장 멋진 넌센스라는 것이 내 소견입니다.

광야에서 외치는 공의의 목소리

예수님은 모든 죄인들을 사랑으로 넉넉히 용납했지만, 제사장과 바리새인들과 서기관들의 죄악만은 질타해 마지않았습니다. 마태복음 21:15,16 23:1~39 마땅히 회개의 모범이 되어야 할 그들 종교지도층이 오히려 회개의 권면을 배척하고, 공의의 목소리에 도리어 이를 갈며

대어드는 영적 오만에 사로잡혀 있었기 때문입니다.

서기관과 율법사는 모두 모세의 율법을 해석하고 실생활에 율법을 적용하는 법률전문가들이었지만, 율법사 lawyer는 일상생활 속에서 율법의 사법적 기능을 담당하는 세속적 직책이었던 데 반하여 서기관 scribe은 성전과 회당에서 율법의 종교적 측면을 해석하고 가르치는 종교적 직책이었습니다. 예수님이 서기관들을 제사장이나 바리새인의 무리와 더불어 질책의 대상으로 삼은 이유를 알 만합니다.

구약성서에 의하면 제사장들은 야훼 하나님의 언약궤를 메고 회중의 맨 앞에 서서 행진하게 되어 있습니다.여호수아 3:6 이것은 제사장들이 하나님의 말씀에 충실하여 백성들 앞에서 삶의 모범이 되어야 한다는 것을 뜻한다고 해석됩니다. 언제나 말과 행실이 일치하여 하나님의 공의를 실천하는 최선두에 서야 한다는 뜻이겠습니다.

그러나 이스라엘의 제사장들 대부분이 이 거룩한 임무를 저버리고, 입술로는 하나님의 말씀을 외치면서 그 삶의 실상은 깊이 부패되어, 가난한 백성들이 드린 제물로 섬김과 대접을 즐기는 타락의 길을 걸었습니다. 이것은 예수 당시 유대의 제사장들뿐만이 아닙니다. 그 이후의 모든 세대에 걸쳐 수많은 제사장적 직분들이 꼭 같은 죄악의 길을 걸어왔습니다. 중세의 부패한 교황들은 그 대표적인 예이고, 오늘날의 많은 직업종교인들 또한 예외가 아닙니다.

하나님 앞에 서원한 것, 사람들 앞에 언약한 일들을 헌신짝처럼 내던지고, 현란한 말장난과 위선적인 기교의 몸짓으로 백성들의 눈을 속이며 의식과 권위를 앞세운 종교적 상징조작으로 자신의 안일을 도모하는 삯군 목자요한복음 10:12들은 늘 우리 곁에 있습니다.

예언자 에스겔은 깊이 탄식합니다.

"양을 돌보지 않고 제 몸만 돌보는 이스라엘의 목자들아! 너희가 양의 젖이나 짜먹고 양털을 깎아 옷을 지어 입으며 살찐 양을 잡아먹으면서도, 양을 돌볼 생각은 하지 않는구나. 제 배만 불리고 양떼는 먹일 생각도 하지 않는구나." 에스겔 34:2~8

제사장 전승과 예언자 전승이 정면으로 충돌하는 매우 긴장된 대목입니다. 삶의 모범을 알지 못하는 제사장, 말과 행실이 다르고 백성들로부터 신뢰를 잃어버린 사제, 회개를 거부하고 공의를 외면하는 직업종교인. 그는 이미 제사장이 아닙니다. 참제사장은 예수님처럼 스스로가 양무리를 위한 제물이 되어 고난의 십자가를 짊어지는 모범과 섬김의 직분입니다.

가톨릭의 촉망받는 사제였던 마르틴 루터는 그 화려한 사제복과 제사장의 자격을 흔연히 벗어던지고, 아무 자격도 없는 예언자 전승을 따라 종교개혁의 좁고 험한 길을 걸었습니다. 제사장 전승에서 예언자 전승으로. 이것이 저 위대한 '평신도신앙' 의 첫걸음이었습니다.

남미의 젊은 신학자 보프 L. Boff 신부는 해방신학을 주창하다가 바티칸 교황청으로부터 파문을 당하여 사제직을 박탈당하자 "사제에서 평신도로 승진했다"고 술회했습니다.

루터가 발견한 개혁신앙은 가톨릭과 같은 제사장종교도, 유대교와 같은 성전종교도 아닙니다. 그것은 저 영광스러운 제사장 전승을 버리고 험난한 예언자의 전승을 따르는 광야의 신앙임이 분명합니다.

오늘도 제사장의 길과 예언자의 길은 곳곳에서 갈등을 드러내고 있습니다. 모두가 왕 같은 제사장들인 크리스천들은 오늘 과연 어느 토대 위에 서 있는가? 제사장 전승인가, 예언자 전승인가? 성전에 가득한 축복의 기원인가, 아니면 광야에서 외치는 공의의 목소리인가?

솔로몬의 행각, 그 소외된 자리의 예수

**외형적 번영은
신앙의 타락으로**

한국의 개신교는 세계선교사상 유례를 찾아보기 힘들 만큼 크나큰 외형적 성장을 기록하고 있습니다. 불과 1세기 남짓한 기간에 교회수가 무려 4만에 이르렀고 신도수도 1,000만을 넘었으며 목회자들만도 10만을 헤아린다고 합니다. 꾸준히 확산되어오던 교세가 최근에 다소 하향추세로 돌아섰다는 통계가 있기는 하지만, 아직까지는 전반적인 성장의 분위기를 무너뜨릴 정도는 아닌 듯합니다. 국내외의 종교계가 탄성을 올리는 이런 성취를 두고 하나님 앞에 감사와 찬송을 드려 마땅한 복이라고 여기는 기독교인들을 이해 못할 바도 아닙니다.

그러나 이 외형적 성장을 과연 자랑이요 감사거리로만 생각할 수 있을지, 깊은 의문을 갖게 하는 여러 부정적 현상들이 교계의 곳곳에서 나타나고 있습니다. 교파간의 심각한 분열현상, 교단들의 총회가 열릴 때마다 어김없이 터져나오는 듣기에도 민망한 부정선거 시비, 교회재정을 둘러싼 천문학적 액수의 비리들, 담임목사를 경계로 한 진흙탕 같은 분규의 소식들, 대형교회 당회장 자리를 아비와 아들 사이에 주고받는 황당한 배짱들, 신도들의 맹목적인 포퓰리즘으로 배수진을 치고 마음에도 없는 사표를 시도 때도 없이 꺼냈다 넣었다 하는 수법으로 종교권력을 극대화해가는 직업종교인들.

이런 일들은 그 자랑스럽다는 외형적 성장에도 불구하고 한국교회의 신앙을 의심하지 않을 수 없는 어두운 면들임에 틀림없을 것입니다. 일찍이 키에르케고르는 이렇게 경고했습니다.

"번영으로 쇠망한 종교는 기독교 밖에 없다."

예수님이 "돌 하나도 돌 위에 남지 않고 다 무너질 것"마가복음 13:2이라고 예언했던 헤롯의 예루살렘 성전은 주후 70년 로마의 티투스 장군이 이끄는 철기갑군단에 의해서 철저히 파괴되었는데, 당시는 유대의 성전종교가 가장 왕성했던 시기입니다. 루터의 종교개혁으로 교황이 치명적 상처를 입은 16세기 초반도 가톨릭이 가장 번영한 시대였습니다.

종교의 외형적 번영은 반드시 신앙의 타락으로 직결되어왔다는 것이 연면한 교회사가 가르치는 부인할 수 없는 교훈입니다. 가톨릭 신학자 카를 라너Karl Rahner는 "진정한 신앙은 모든 종교가 끝나는 데서부터 비로소 시작된다"고 단언했습니다.

예수님은 공생애를 시작하기 전에 광야에서 40일을 굶주리며 사탄으로부터 유혹을 받았습니다. 떡으로 표상된 현실적 기복의 문제, 성전 꼭대기에서 뛰어내려도 상하지 않을 것이라는 기적에의 믿음, 사탄에게 영혼을 팔아넘김으로써 얻게 될 화려한 세속의 영화. 이런 것들이 그리스도가 물리친 사탄의 유혹들입니다.

그리스도가 걸었던 삶의 길은 분명합니다. 널찍한 탄탄대로가 아니라 좁고 거친 길이었으며 마태복음 7:13,14 나날이 풍성해지는 성취의 길이 아니라 버림받고 멸시를 당하는 실패의 길이었습니다. 이사야 53:3

그러나 어찌된 일인지, 오늘의 신자들은 그리스도가 물리친 사탄의 유혹을 마치 그 자신들의 삶 속에 고스란히 받아들이고 있는 듯이 보입니다. 배부른 떡의 풍요를 하나님이 베푸시는 현실적인 복으로, 불치병은 물론 어떤 어려움도 거뜬히 물리친다는 안수기도를 신비한 영적 체험으로, 입신양명의 영광을 성장의 은총이라는 미명으로 그들의 신앙 속에 기꺼이 받아들이고 있지 않은지.

그렇게 자기의 이기심을 신앙의 이름으로 합리화하고, 사탄을 저주하면서 도리어 사탄의 유혹 앞에 무릎 꿇는 지독한 모순에 빠져 있는 것이 아닌지 모를 일입니다.

"네 시작은 미약하였으나 네 나중은 심히 창대하리라." 욥기 8:7

기독교들인이 운영하는 식당이나 영업소의 벽면에서 흔히 볼 수 있는 액자 속 성구입니다.

"정직하고 깨끗하게 사는 사람은 처음에는 보잘것없겠지만 나중에는 크게 될 것"이라는 욥의 친구 빌닷의 확신인데, "정의에 주리고 목마른 사람은 배부를 것"이라는 하늘의 은총 마태복음 5:6과 거의 같은 뜻으로 보아야겠습니다.

그런데, 곳곳에서 만나는 이 액자가 나에게는 신앙의 확신이나 하늘의 은총보다는 상업적 성공을 보장하는 풍요의 기원처럼 읽혀지곤 합니다. 굳이 틀렸다거나 나쁘다고 말하지는 않겠지만, 왠지 복에다 목을 매달고 있는 것이 아닌가 하는 느낌을 지우기 쉽지 않습니다.

지성소가 아닌
이방인의 뜰에 선 예수

나는 신약성경을 읽으면서 짧은 한 구절에 깊은 충격을 받고 그만 정신이 아득해지는 경험을 한 적이 있습니다. "예수께서 수전절修殿節에 성전에 올라가 솔로몬의 행각을 다니셨다"는 요한복음 10장 23절의 기록입니다.

주지하다시피 예루살렘 성전은 지성소와 성소, 유대인의 뜰, 여인의 뜰, 그리고 이방인의 뜰, 이렇게 여러 단계로 구획되어 있고, 솔로몬의 행각은 가장 외곽에 위치한 이방인의 뜰 한쪽 곁에 있는 회랑입니다. 유대인들은 유대력으로 제7월인 티슈리 월 제10일을 '욤 키푸르'라고 부르는 대속죄일로 지키는데, 지성소에는 1년에 단 한번 대속죄일에 오직 대제사장 한 사람만이 혼자 들어갈 수 있었습니다.

성소에는 제사장들만이, 유대인의 뜰에는 이스라엘 남자들이, 여인의 뜰에는 이스라엘 여자들이 들어갈 수 있었고, 이방인들은 가장 바깥쪽에 있는 이방인의 뜰에만 들어갈 수 있었습니다. 그렇다면, 이방인의 뜰은 '소외된 사람들을 위한 자리' 라는 뜻으로 읽어야겠습니다.

그런데 성서가 '유일한 참대제사장' 이라고 선언하는 예수님 자신히브리서 5:5~10은 정작 지성소는 물론이고 성소에도 들어가보지 못했습니다. 더욱이 유대인의 뜰도 아닌 가장 외곽의 이방인의 뜰, 그 한쪽 곁에 있는 솔로몬의 행각을 거닐었다는 것입니다. 예수가 참대제사장이 아니든가, 혹은 예루살렘 성전 안의 지성소가 참지성소가 아니든가, 둘 중의 하나일 수밖에 없을 터.

오늘 이 땅의 교회들 안에서 예수 그리스도는 과연 어디에 있는가? 교회의 머리라고 고백하는 예수님골로새서 1:18을 솔로몬의 행각처럼

솔로몬의 행각, 그 소외된 자리의 예수

가장 소외된 자리에 유폐시켜놓고, 일부 직업종교인들과 그들을 둘러싼 시끄러운 신자들이 지성소고 성소고 뜰이고 모두 차지해버린 채, 그들끼리만의 엉뚱한 제사를 드리고 있는 것은 아닌지 모르겠습니다.

예수님을 솔로몬의 행각, 그 소외된 자리가 아니라 성소, 아니 지성소에 바르게 모시고 있다면, 어떻게 교단장 선출과정에서 엄청난 액수의 돈이 뿌려지며, 어떻게 재정의 비리로 교회에 분규가 일어나며, 어떻게 강단을 세습 따위의 부끄러운 일들로 더럽힐 수 있을지.

예수 그리스도가 이 땅의 교회들의 머리가 아니든가, 혹은 이 땅의 교회들이 참그리스도의 교회가 아니든가, 둘 중의 하나일 수밖에 없을 터. 그래서 오늘도 가슴을 쳐오는 아픔으로 요한복음을 읽습니다.

믿기엔 충분한 빛이,
믿지 않기엔 충분한 어두움이

이성적 역사적으로
불가능한 부활

인류역사상 신하나님의 이름을 직접 소유한 유일한 사람이 있습니다. 그는 죽었다가 부활한 것으로 알려진 단 한 명의 인물이기도 합니다. 예수를 신의 아들 메시아로 고백하는 사람들은 그가 십자가에서 처형당한 지 사흘 만에 다시 살아났음을 아울러 고백하고 있습니다. 이것이 이성적으로, 역사적으로 가능하기나 한 일인가?

예수의 부활은 성서에만 기록되어 있는 것이 아닙니다. 요세푸스 Josephus로 알려진 주후 1세기의 유대 사가史家 요셉 벤 마타티야후 Joseph ben Mattatijahu는 『유대전쟁사』에 예수의 부활사건을 또렷이 기록해두고 있습니다.

요세푸스의 기록은 이렇습니다.

"만일 예수를 인간이라고 말할 수 있다면, 그는 죽은 뒤 다시 살아나 제자들 앞에 모습을 나타냈다. 그는 메시아였다."

크리스천이 아니었던 요세푸스가 이스라엘 정사正史로 취급되는 역사서에 예수의 부활사건을 포함시키고 있는 것은 놀라운 일입니다. 그래서 이 기록의 진위를 둘러싸고 많은 논란이 있어왔는데, 아직까지는 조작된 것이라는 확증을 찾기 어렵습니다. 물론 요세푸스의 친필기록이라는 주장에 대한 반론도 만만치 않지만.

서기 1350년경 프랑스 리레이에 있는 작은 성당 창고에서 낡은 세마포 한 벌이 발견되었는데, 이것이 예수의 시신을 쌌던 아리마대 요셉의 세마포 마태복음 15:43라고 믿는 일단의 사람들이 성수의聖壽衣라는 이름을 붙였습니다.

머리와 허리 부분에 상처의 흔적이 뚜렷한 이 낡은 옷은 그 후 이탈리아의 뚜린Turin으로 옮겨져 수많은 사람들에 의해 엑스레이 검사, 자외선 검사, 탄소 분석 등의 깐깐한 조사를 거쳤지만, 아직도 예수가 죽을 때 입었던 옷이라는 견해와 그보다 훨씬 뒤인 중세 때의 것이라는 견해가 팽팽히 대립하고 있습니다.

뚜린의 낡은 옷자락 하나로 예수의 부활을 과학적으로 입증해보려는 겁 없는 시도는 앞으로도 성공할 가망이 별로 없어 보입니다.

예수라는 인물의 역사적 실재 자체에 대해 의문을 품는 사람들은 말할 것도 없고 예수의 실재를 인정하는 사람들도 그의 부활에 대해서만은 강한 거부감을 나타냅니다. 과학과 문명의 세례를 흠뻑 받은 사람일수록 그런 경향이 뚜렷합니다. 죽은 자의 부활이라는 것이 인간의 '이성'과 '경험'과 '과학'에 어긋나기 때문입니다.

이성과 경험은 서양정신사의 두 기둥이요 과학은 현대인들의 우상입니다. 이성과 경험과 과학으로부터 모두 인정받지 못하는 부활을 무슨 수로 증명해낼 것인가? 아니나 다를까, 슈바이처가 "역사적 예수의 추적은 불가능하다"고 엄숙히 선언한 이래, 예수의 전기는 신화 이상의 취급을 받지 못하고 있습니다. 신학자 불트만 R. Bultmann은 "예수에 관한 성서의 기록은 신화이며, 그것을 역사적으로 고증하려는 것은 무의미하다"고 결론지었습니다.

본회퍼 D. Bonhoeffer조차도 "만일 예수의 부활이 역사적 사실로 증명된다면, 이제까지의 믿음이 환상이었음을 증명하는 셈"이라고 말했습니다. 부활신앙은 '심정心情과 신조信條'의 문제이지 '역사와 사실'의 문제가 아니라는 뜻이겠습니다.

그러나 샤르댕 T. de Chardin이 적절히 지적한 것처럼, 믿는다는 것이 모든 것을 다 이해한다는 뜻은 아닙니다.

"믿는 이에게는 충분한 빛이, 믿지 않는 사람에게는 충분한 어두움이 있다."

수학자이자 물리학자인 파스칼 B. Pascal의 말입니다.

부활은 소망 이전에 영적 도전

그렇다고 해서 부활의 신앙고백만으로 부활의 확신을 얻을 수 있는 것은 아닙니다. 어떤 신비한 체험이 부활의 확신을 가져다주는 것도 아닙니다. 체험은 완전하지 않습니다. 무릇 경험이란 온 인류와 더불어 공유하는 것이 아닙니다. 상대성원리와 양자역학에 의하면, 절대적 시공간 속에서 객관적으로 인식할 수 있는 대상이란 존재하지 않습니다. 모든 사물이 유동적이고 상대적입니다. 그 불완전한 사물의 전부를 완전하게 경험할 수는 없는 일입니다.

믿기엔 충분한 빛이, 믿지 않기엔 충분한 어두움이

따라서 자기가 겪은 신비로운 체험만을 고집하는 것은 종교적 아집 我執일 따름입니다. 다만, 자기와 경험을 달리하는 이들과 더불어 '더 높은 깨달음'에 다다르기 위해서만 경험은 우리에게 잠시 유익한 것이라는 견해에 동의하기로 합니다.

최초의 부활 증언은 예수의 제자들이 아니라 몇몇 여인들로부터 나왔는데 마태복음 28:1~10, 그들의 부활 증언은 제자들조차 믿지 않을 정도였습니다. 누가복음 24:11 더욱이 그 여인들 중에 과거 일곱 번의 정신병력이 있는 막달라 마리아가 끼어 있었던 사실이 오랜 논란거리를 제공해왔습니다. 마가복음 16:9

'제5복음서'라는 극찬과 함께 '사탄의 복음서'라는 악명을 함께 지니고 있는 『예수의 생애』 Vie De Jesus 라는 책에서 르낭 Ernest Renan은 막달라 마리아의 확신에 찬 부활 증언을 그녀의 여덟 번째 환각이었다고 깎아내렸습니다. 한 쪽의 확신이 다른 한 쪽에게는 더 할 수 없는 불신거리가 됩니다.

하기는 예수님의 제자들도 스승의 부활을 언뜻 믿지 못했습니다. 엠마오로 가는 길에서 예수를 만난 두 제자는 그가 누구인지 알아보지 못했고 누가복음 24:16, 막달라 마리아도 처음에는 예수를 동산지기로 잘못 알았습니다. 요한복음 20:15

이 몇 구절 때문에, 십자가에서 의식을 잃은 예수가 나중에 원기를 회복하여 동산지기의 옷을 갈아입고 나타난 것이라는 부활조작설이 생겨났습니다.

누구에게나 그렇듯, 경험은 오류를 동반합니다. 예수님은 자신의 손과 옆구리에서 못과 창 자국을 확인한 뒤에야 부활을 믿게 된 도마에게 "너는 나를 보았기에 믿느냐? 보지 않고도 믿는 사람은 복이 있다"

고 말씀했습니다. 요한복음 20:29 맹목적인 믿음을 권장하는 것이 아닙니다. 제한적이고 부분적이고 불완전할 수밖에 없는 한때의 경험을 훌쩍 뛰어넘는 '초월의 믿음'을 말하는 것이겠습니다.

 십자가에서 처형되기 전의 어느 날, 예수님은 제자들에게 "나는 부활이요 생명이다." 요한복음 11:25라는 말씀을 한 일이 있습니다. 아직 죽기도 전인데 벌써 죽음 후의 부활을 말하고 있는 것입니다. 이 말씀은 현재시제로 되어 있습니다.

 εγω ειμι η αναστασις και η ζωη... I am the Resurrection and the Life.

 "나는 부활할 것이다"가 아님에 유의하기로 합니다.

 나는 이 말씀을 "부활이란 장래에 일어날 어떤 사건이기 이전에, 우리의 현존재 자체가 이미 부활의 생명을 지니고 있다"는 존재론적 선언으로 읽습니다.

 부활의 새벽, "내가 날마다 죽는다"는 사도의 고백이 '날마다 죽고 날마다 다시 살아나는 부활의 현존재'라는 울림으로 내 마음을 두드립니다. 고린도전서 15:31

 부활은 소망이기 이전에 하나의 도전입니다. 부활은 오늘의 고통에 대한 사후의 나른한 위안도, 저승에서의 무슨 생명보험 같은 보상장치도 아닙니다. 그것은 삶의 현재적 쇄신을, 인격의 혁명적 전도顚倒를 요구하는 영적 충격의 불화살입니다. 그 불화살이 우리의 현존재를, 우리들 삶과 인격의 중심을 꿰뚫고 들어올 때, 우리는 비로소 사도 베드로와 함께 이렇게 고백할 수 있을 것입니다.

 "하나님께서 예수를 살리셨다. 우리는 모두 그 증인들이다." 사도행전 2:32

믿기엔 충분한 빛이, 믿지 않기엔 충분한 어두움이

신의 고백

**부활의 은총
하나님의 고백**

예수님은 언젠가 이런 말씀을 했습니다.

"선한 일을 한 사람은 부활하여 생명을 얻고, 악한 일을 한 사람은 부활하여 심판을 받을 것이다." 요한복음 5:29

이 말씀에 따르면, 부활은 예수님에게만 해당되는 특유한 사건이 아니고 모든 인간에게 공통된 보편적인 사건입니다. 선한 사람도 악한 사람도 모두 부활합니다. 이제 부활은 '신조'Credo의 문제가 아니라 '실존'Esse의 문제가 된 것입니다.

십자가의 고난이 하나님을 향한 예수의 고백이었다면, 부활의 은총은 예수를 향한 하나님의 고백이었습니다. 하나님은 오늘도 십자가를 지고 고난의 길을 걷는 당신의 자녀들에게, 저 예수에게처럼 부활의 은총으로 고백하실 것입니다. 왜냐하면, 2천 년 전 십자가에서 죽은 예수를 다시 살리신 하나님은 과거의 하나님이 아니라 오늘의 하나님이시기 때문입니다.

"하나님께서 나는 아브라함의 하나님이요, 이삭의 하나님이요, 야곱의 하나님이라고 말씀하시지 않았느냐? 하나님은 죽은 사람의 하나님이 아니라 살아 있는 사람의 하나님이시다."마태복음 22:32

예수님의 이 말씀은 현재시제로 되어 있습니다. 예수의 하나님은 '아브라함의 하나님이었고 이삭의 하나님이었고 야곱의 하나님이었던' 분이 아닙니다. 아브라함의 하나님이요 이삭의 하나님이요 야곱의 하나님, 곧 '현재의 하나님' 입니다.

부활은 죽음 건너편에 있는 것이 아니라, 바로 지금 여기에hic et nunc, now & here 우리의 현존재와 더불어 있습니다. 사도 요한은 부활한 예수님이 호숫가에 앉아 제자들과 함께 생선을 구워먹었다고 기록했습니다. 요한복음 1:8~14

죽었다가 부활한 신의 아들이 아직 죽지도 않은 인간들과 함께 생선을 구워먹고 앉아 있다니. 요한의 이 기록만큼 난해한 구절도 없습니다.

하나님은 육체가 아니라 영靈이시며요한복음 4:24, 캄캄한 데 계시는 분열왕기상 8:12이며, 숨어 계시는 초월적 존재 Deus Absconditus 입니다. 그리고 부활한 예수의 몸 역시 시간과 공간의 제약을 받지 않는 초월적 존재였습니다. 닫힌 문을 열지 않고 방 안으로 쑥 들어갈 수 있었고요한복음 20:26, 예루살렘으로부터 갈릴리까지의 먼 거리를 마치 축지법 쓰듯 순식간에 왕래할 수 있었습니다.마태복음 28:7~10 영적 존재, 초월적 존재이기 때문입니다.

영혼은 생선 따위를 먹지 않습니다. 굳이 '불에 구워서 먹는' 문화적 방법을 동원할 필요는 더욱 없습니다. 살과 뼈를 가진 영혼도 없거

니와 누가복음 24:39, 못 자국과 상처의 흔적을 고스란히 지닌 영혼도 없습니다. 그런데 부활한 예수님의 몸에는 못과 창 자국이 있었고, 생선을 불에 구워먹는 살과 뼈의 '육체'를 지녔습니다.

부활한 몸은 순수한 영혼도, 순수한 육체도 아니라는 뜻입니다. 나는 그것이 '영적 육체' spiritual body, 영과 육이 둘이 아니라 하나인 영육불이靈肉不二의 전인격 곧 '하나님의 형상' Imago Dei 일 것이라고 추정해봅니다.

인격과 삶으로 참여하는 부활

동양사상이 자연 속에서 신성을 찾아왔고 서양사상이 이성이나 신화 속에서 신을 찾아왔다면, 부활한 예수는 역사의 현실 속에서 하나님의 모습을 보여주었습니다. 그 모습을 두 눈으로 또렷이 목격한 사람들이 있습니다.

사도 바울은 "부활한 예수를 막달라 마리아와 열한 제자와 오백여 명의 사람들이 목격했다"고 썼습니다. 고린도전서 15:6 이 서신은 그 목격자들이 아직 태반이나 살아 있었을 때인 서기 56년경, 십자가 사건으로부터 불과 20여 년 밖에 지나지 않았던 때의 일입니다. 거짓말을 쓸 수 있는 상황이 아니었다는 말입니다.

당시의 유대사회에서는 어느 인간을 가리켜 신이라고 부르거나 그가 죽었다가 부활했다고 말하면 신성모독으로 그 즉시 돌에 맞아 죽게 되어 있었습니다. 그런 상황 속에서 수백 명의 사람들이 아무 근거나 확신 없이 목숨을 내걸고 공개적으로 예수의 부활을 외친다는 것은 상식적으로 있을 수 없는 일입니다.

 거짓말이나 꾸며낸 이야기 때문에 순교할 사람은 아무도 없습니다. 사상, 성격, 성장환경, 사회적 신분이 제각각인 수백 명의 사람들이 동시에 똑같은 환상을 본다는 것은 우리의 경험법칙에 어긋나는 일이며, 어떤 신화가 불과 20여 년 사이에 체계적으로 형성되어 문서의 형태로 기록되고 유포되고 보존된다는 것 또한 인류의 오랜 문화경험과 역사의식에 비추어 상상할 수 없는 일입니다.

 신화란 모름지기 수백, 수천 년 동안의 구전口傳과 해석 및 재해석 과정을 거친 다음, 영롱한 시적 감성과 의미심장한 종교적 은유의 광채로 은은히 윤색되고 난 다음에야 비로소 문자로 기록되는 법입니다. 태어난 지 20여 년 만에 문자로 기록된 신화는 지구상 어디에서도 찾아볼 수 없습니다. 예수와 동시대를 살았던 수백 명의 사람들이 일시에 보았던 것은 결코 환상이나 신화일 수 없습니다. 생생한 역사적 현실이 아니면 안 되는 일입니다.

 예수의 제자들은 엄숙하게 신앙을 고백했다가 금방 그것을 뒤집는가 하면 마태복음16:16~23 죽기를 맹세하고서도 곧바로 도망친 사람들입니다. 마태복음 26:33, 69~75 그런 사람들이 180도 변화되었습니다. 대제사장과 왕들 앞에서 목숨을 아끼지 않고 당당히 부활을 외치는 증인들이 된 것입니다. 그 이유를 소설「침묵」의 작가 엔도 슈샤쿠遠藤周作는 그의 저서『예수의 생애』에 이렇게 적고 있습니다.

 "제자들이 변화된 것은 그들이 예수의 부활을 체험했기 때문임이 분명하다."

 이 체험은 아마도 육안肉眼이 아니라 영안靈眼의 확인을 뜻하는 것일 터입니다.

거짓말이 인격을 변화시킬 수는 없습니다. 꾸며낸 이야기가 삶을 쇄신할 수는 없는 일입니다. 변화와 쇄신에는 반드시 그 바탕이 되는 진실이 있게 마련입니다. 제자들은 바로 그 진실을 만났던 것이라고 밖에는 달리 해석할 길이 없습니다.

그러나 부활의 증거로는 아직 부족합니다. 확신과 확증은 같지 않습니다. 제자들의 확신이 다른 사람들의 신념을 위한 확증이 되는 것은 아닙니다.

부활을 믿느냐 믿지 않느냐 하는 것은 당시의 목격자들이나 제자들의 문제만이 아닙니다. 그것은 우리들 자신의 실존적 문제입니다. 오늘의 삶 속에서 고백되지 않는 부활은 그야말로 신화일 뿐, 고백하는 자의 인격으로 체화體化되고 삶으로 육화肉化되지 않은 부활의 신조는 그 실존적 진실성을 인정받을 수 없습니다. 주일학교 때부터 졸졸 외워온 사도신경의 고백이, 또는 비몽사몽간에 찬란한 광채와 함께 흰 옷을 입고 나타난 예수님의 환상이 부활의 증거가 될 수는 없습니다.

십자가의 고난 없이는 부활의 영광도 없습니다. 삶을 쇄신하는 부활의 현존재, 인격을 변화시키는 실존의 고백은 십자가의 고난 없이 쉽게 터져나올 수 있는 것이 아닙니다.

"복음과 함께 고난을 받으라." 디모데후서 1:8

신조의 암송이 아니라 인격과 삶으로써 부활에 참여하겠노라고 고백하는 고난의 증인들에게, 그리고 이 땅의 교회들에게 하나님은 부활의 은총을 허락하실 것입니다. 이것이 2천 년 전의 예수를 향했던, 그리고 오늘의 우리들을 향한 하나님의 고백임을 믿습니다.

초월과 이탈

족보를 넘어서 1

**아브라함과
다윗의 자손**   세계화의 물결이 온 지구촌을 뒤덮어가는 21세기, 유일 초강대국 미국이 주도하는 정치 군사 문화 정보 경제의 단일화정책에 위기를 느낀 유럽과 남미의 각국은 민족성을 뛰어넘는 '지역 대통합'의 길을 재촉하고 있는 중인데, 동아시아에서는 한국 중국 일본 등 3국이 역사 논쟁과 영토분쟁에 빠져들어 새삼스레 민족주의의 열정을 드높이며 반목과 대립을 격화해가고 있습니다.

20세기초 서구 열강의 제국주의에 당당히 맞섰던 '저항민족주의'는 민중의 각성과 민족의 독립이라는 큰 울림을 토해냈지만, 오늘날 동아시아 3국이 서로를 향해 질세라 내뿜는 민족적 분노는 누구를 향한, 무엇을 위한 저항인가? 세계화의 큰 흐름에 휩쓸려 민족의 정체성을 잃어버리지 않기 위해서라도 일정 범위의 지역적 연대와 근린의 상호협력은 필수적인 과제일 터인데.

인격이나 인간관계는 민족성만이 아니라 성별 종교 언어 인종 취미 관습 문화 등 다양한 층위의 요소들이 함께 어우러져 형성되어가게 마련인데, 민족주의는 오직 민족성이라는 단 하나의 요소를 유일가치로 삼아 인격과 인간관계의 전부를 규정하려드는 근본주의적 도그마의 오류를 범하기 쉽습니다.

치 떨리는 나치의 경험에서 보듯, 세계적 보편성으로부터 소외된 자민족우월주의의 오만은 비민주적 전체주의의 광기라는 함정에 빠지기 일쑤입니다. 이제 민족주의는 '저항'이라는 소극적 코드를 넘어서 보다 진취적인 내실을 갖추고 저 드넓은 세계성의 바다를 헤엄쳐가야 하지 않을까?

그렇다고 곧바로 탈민족주의의 깃발을 치켜들자는 성급한 말이 아닙니다. 학계와 정치권을 중심으로 민족주의와 탈민족주의의 논쟁이 한창인 이즈음, 민족 또는 민족주의는 영성과 신앙의 영역에서 과연 어떤 의미를 지니는가 하는 물음이 솟아오르기에, 절박한 궁금증을 안고 하는 말입니다.

남북왕조의 분열과 바벨론 유수幽囚로 민족이 갈가리 찢겨진 천여 년 동안 이스라엘의 유일한 희망으로 저들의 삶을 지탱해준 메시아신앙은 로마의 식민지가 된 1세기 무렵에 절정을 이루는데, 그 영적 긴장의 시기에 국경과 인종의 벽을 넘어 온 인류에게 대망의 구세주 메시아를 선포하는 마태복음 1장은 한가롭게도(?) 어느 유대인 가문의 종족사에 지나지 않는 족보이야기로부터 시작됩니다.

마태가 들춰내는 것은 '아브라함과 다윗의 자손 예수 그리스도'의 족보인데, 아브라함은 이스라엘 족장들의 조상, 다윗은 이스라엘 왕권의 상징입니다. 이스라엘 왕가의 족보라니. 고난과 십자가의 구세주가 등장하는 팡파레치고는 뭔가 잘못되지 않았나 하는 느낌이 슬그머니 솟구칩니다.

그뿐이 아닙니다. 누가복음 3장에 기록된 예수의 족보는 마태의 족보와는 사뭇 다릅니다. 전통적인 하향식 족보를 써내려간 마태는 아브라함으로부터 시작해서 41대째에 예수가 탄생한 것으로 기록하지만, 상향식인 누가의 족보는 예수로부터 거꾸로 거슬러 올라가 56대 조상에 아브라함의 이름을 기록해두고 있습니다. 두 족보의 신뢰성에 심각한 의문이 드는 대목입니다.

마태는 이스라엘의 조상 아브라함을 족보의 시조로 삼은 반면, 누가는 아브라함에서 그치지 않고 최초의 사람 아담까지, 아니 마침내 창조주 하나님에까지 이릅니다. 마태가 민족적이라면, 누가는 범인류적입니다.

그렇지만 누가가 남성중심의 가부장제 고유의 특성인 부계혈통을 따르는 데 비하여 마태는 이채롭게도 여성과 이방인들까지 포함하고 있는 점에서 오히려 마태가 민족성의 한계를 뛰어넘었다고 볼 수 있습니다.

닫힌 민족애에서
열린 인류애로

마태든 누가든 그들의 족보에는 이렇듯 민족을 초월하는 메시지가 담겨 있습니다. 더욱이 고대사회의 가계혈통은 장자계승이 원칙이었지만, 예수의 족보는 이마저도 무시하고 있습니다. 12지파의 조상인 야곱의 족보는 장자인 르우벤이 아니라 넷째인 유다가 계승합니다. 르우벤보다 유다가 더 훌륭해서가 아닙니다. 훌륭하기로는 총리가 된 요셉이나 제사장 가문의 시조인 레위가 더 낫겠습니다.

오히려 유다는 며느리 다말과의 불륜으로 베레스를 낳았는데, 아들인지 손자인지 아리송한 이 서출庶出의 베레스가 적출嫡出인 오난과 셀라를 제치고 가통家統을 이어갑니다. 고대 동방사회에서는 좀처럼 보기 드문 예입니다. 결국 불륜의 유다와 수상쩍은 서자 베레스의 후손으로 태어난 이가 예수요 메시아라는 이야기인데, 구세주의 가문치고는 과히 자랑스럽지 못합니다.

이쯤 되면 예수의 족보를 기록하는 의도가 약간 의심스러워집니다. 수치스런 과거사를 들춰내려는 음험한 뜻이 아니고서야 이처럼 대수代數도 맞지 않고 가문의 혈통적 정통성도 없으며 윤리적으로 당당하지도 못한 족보를 두 가지씩이나 기록할 필요가 있을까? 차라리 숨기고 말 일을, 구태여 까발린 이유가 뭘까?

이스라엘 민족의 조상 아브라함은 '복' 자체가 아니라 '복의 근원'으로 부름받았습니다. 창세기 12:2 이스라엘은 구원의 씨였을지언정 구원의 열매, 구원의 완결편은 아니었습니다. 그래서 사도 바울은 "이스라엘의 넘어짐으로 구원이 이방인에게 이르렀다"고 믿었습니다. 로마서 11:11 이스라엘의 넘어짐. 민족의 실패, 민족주의의 오류를 통해서 하나님의 구원은 비로소 성취되어갑니다.

예수는 아마도 아브라함을 자기의 조상으로 여기지 않았던가 봅니다. "너희 조상 아브라함은 나의 때 볼 것을 즐거워하다가 보고 기뻐하였느니라."요한복음 8:56

'내 조상 또는 우리 조상 아브라함'이 아니고 '너희 조상 아브라함'이라니. 아무리 짧게 잡아도 대략 천오륙백 년 전의 조상인 아브라함이 수십 대 후손인 예수를 기다리다가 보고 기뻐했다니. 아, 영성靈性의 예수는 이미 아브라함의 자손이 아니었습니다.

신약성서 첫머리의 예수의 족보는 이렇게 지워지고 맙니다. 아브라함의 후손으로 났으되 아브라함을 넘어선 분, 족보에 기록되었으되 족보를 초월한 분, 가슴 가득 민족애를 품었으되 애끓는 인류애가 더 깊었던 분, 그분에 의해서.

족보를 넘어서는 것과 족보를 버리는 것은 전혀 다릅니다. 앞엣것이 초민족적이라면 뒤엣것은 민족을 이탈하는 것, 탈민족적입니다. 초월과 이탈은 정반대입니다. 초월은 사랑에서, 이탈은 미움에서 비롯되는 것이기에.

예수는 민족을 초월했을지언정 민족을 이탈한 적이 없습니다. 족보를 넘어섰을지언정 족보를 버린 적이 없습니다. 족보를 버렸다면, 그것을 성서에 기록해둘 필요는 없었을 터. 족보를 통해서 족보를 넘어가라, 민족을 통해서 민족을 초월하라는 뜻이 아닐까?

신앙을 가리켜 민족적이라거나 탈민족적이라고 가벼이 단정하지 못하는 이유입니다. 다만, 그 방향성만은 분명해 보입니다. 닫힌 민족애가 아니라 활짝 열린 인류애에로. 족보를 넘어서.

스스로 지우는 족보

족보를 넘어서 2

민족을 넘어서는 구원의 메시지

"날마다 다짐하는 국민적 결의." 종교사가 르낭이 정의한 민족의 개념입니다. 르낭에 의하면, 같은 언어를 사용한다고 해서 반드시 같은 민족이 되는 것은 아닙니다. "민족은 과거의 영광과 현재의 관심을 공유하고 미래에도 그 공유를 계속하고자 하는 자발적 의지이며, 지적이고 애정 어린 선택"이라는 것이 그의 민족관입니다.

민족은 인종이나 종족과는 다릅니다. 종족宗族은 가계 중심의 혈족을, 종족種族은 혈통을 같이 하는 생활공동체를 가리키는 사회적 단위이고, 인종은 생물학적 개념입니다. 그에 비하면, 민족은 정치적인 요소를 짙게 가집니다. 민족은 자연발생적인 생물학적 단위가 아니라 보다 인위적인 정치과정이 수반되는 개념이기 때문입니다.

그러기에 민족은 늘 국가와 연관되곤 합니다. 프랑스 한림원이 민족을 "같은 국가에서 같은 법규범 아래 같은 언어를 사용하는 주민들의 총체"라고 정의한 것도 같은 의미라고 볼 수 있겠습니다.

그러나 민족이 반드시 국가나 법규범이나 언어 따위로만 구성되는 것은 아닙니다. 민족성에는 보다 의지적인 요소—정치적 결단과 선택으로서의 의지—가 내포되어 있습니다.

정치적 속성을 지닌 민족주의는 산업화와 시민혁명을 거친 유럽에서 중앙집권적 통일국가의 형성에 핵심적 역할을 했고, 아시아와 제3세계에서는 열강의 제국주의에 맞서는 저항공동체의 정서적 연대의식으로 자리잡았습니다.

국가를 우선시하는 유럽의 민족성을 계약민족, 국가보다 민족을 우선시하는 아시아의 민족성을 문화민족 또는 혈통민족이라고 부르는데, 혈통민족은 저항과 해방의 운명공동체 의식이 강합니다.

민족이 우선인가 국가가 우선인가 하는 물음은 오늘의 민족주의 탈민족주의 논쟁과도 일정 부분 맥을 같이합니다. 민족을 우선시하는 입장에서는 저항과 해방의 공동체적 연대감에 집착하는 반면, 민족보다 국가를 우선시하는 입장에서는 새로운 현대국가의 형성을 위한 의지에 보다 큰 비중을 둡니다.

계약민족인 유럽 각국이 민족의 벽을 넘어 지역통합으로 나아가고 있는 것도 민족보다 국가를 우선시하는 탈민족주의의 한 예라고 볼 수 있습니다.

민족성은 문화와 혈통으로 계승되어갑니다. 문화는 정신적 요소이고 혈통은 생물학적 요소인데, 혈통은 본래 부계혈족의 장자승계를 원칙으로 합니다. 민족주의가 가부장적·남성중심적이라고 비판받는 이유입니다. 여성해방과 가부장제의 해체에 일찌감치 눈뜬 서구사회가 탈민족주의 경향으로 흐르는 것은 당연한 귀결인지도 모릅니다.

민족성을 초월한 예수의 족보

다시 예수의 족보로 돌아옵니다.

서자와 여성, 그리고 이방인들의 이름을 다수 포함하고 있는 예수의 족보는 혈통과 장자계승이라는 민족성의 요소를 버린 점에서 보학譜學의 일반원칙에 어긋납니다. 그럼에도 불구하고 마태와 누가 등 복음사가들이 그들의 복음 첫 부분에 예수의 족보를 기록해둔 까닭은 '족보를 넘어서는' 어떤 메시지를 전해주려는 뜻임이 분명합니다.

민족의 조상 아브라함을 뛰어넘고 이방의 여인들까지 끌어들인 예수의 족보는 그 '민족성의 초월'이라는 특징을 통하여 '구원과 영성의 범인류적 성격'을 뚜렷이 드러내고 있습니다. 기껏해야 어느 한 종족의 혈통적 내력에 지나지 않는 족보가 혈족의 울타리를 허물고 성별과 인종의 한계, 아니 민족의 벽까지 뛰어넘었다는 것은 이미 족보가 아니라는 뜻입니다.

이렇듯 예수의 족보는 민족성이라는 족보 고유의 특성을 스스로 지우고 있습니다. 족보를 지우기 위한 족보의 기록. 이민족 로마의 압정으로 어느 때보다도 민족혼의 고취가 절실히 요청되는 시기에 스스로의 민족성을 뛰어넘는다는 것은, 우리 같으면 곧바로 민족반역이라는 낙인이 찍힐 일인지도 모르겠습니다.

더욱이 마태는 족보 끝부분에서 약간의 기교(?)를 부립니다.

"야곱은 마리아의 남편 요셉을 낳았으니, 마리아에게서 그리스도라 칭하는 예수가 나시니라." 마태복음 1:15,16

요셉과 예수 사이의 친자관계를 슬쩍 비껴갑니다.

누가도 크게 다르지 않습니다.

"사람들의 아는 바로는 요셉의 아들이니, 요셉의 이상은 헬리요 그 이상은 맛닷이요."누가복음 3:23

사람들의 아는 바로는 요셉의 아들이라니, 사실은 그렇지 않다는 뜻이 아닌가?

요셉과 예수 사이에 갑자기 동정녀 마리아가 끼어들어 부자의 혈연이 곧장 이어지지 않는 듯한 뉘앙스를 풍기는 것은 마리아의 처녀성을 지켜내기 위한 의도이겠지만, 이렇게 어수룩한 기록을 어찌 제대로 된 족보라 할 수 있을까? 이들 족보의 기록대로라면 굳이 요셉이니 야곱이니 헬리니 맛닷이니 하며 숨 가쁘게 아브라함까지, 아담까지, 아니 하나님까지 거슬러 올라갈 필요가 있을까?

"이방인의 길로도 가지 말고 사마리아인의 고을에도 들어가지 말고, 차라리 이스라엘 집의 잃어버린 양에게로 가라."마태복음 10:5,6

민족성이 특히 두드러지는 마태가 예수를 지독히도 옹졸한 민족주의자처럼 등장시키는 대목입니다.

"구원은 유대인에게서 난다"요한복음 4:22고 믿었던 예수는 애타게 도움을 구하는 이방 여인에게 "나는 이스라엘 집의 잃어버린 양 외에는 다른 데로 보내심을 받지 않았다"는 냉담한 말을 내뱉은(?) 적도 있습니다. 마태복음 15:24

의도야 어떻든, 인류의 구세주에게는 어울리지 않을 법한 편협한 민족성에 꽤나 당혹스러워집니다. 그러나 이것은 속 좁은 민족애에서 나온 말이 아닙니다. 하나님이 유대인의 부족신에 불과하다는 뜻도 아닙니다.

내가 알기에, 구원이 유대인에게서 나온다는 것은 구원이 유대인에게만 미친다는 뜻이 아니라 "유대에서 비롯된 구원이 이방에까지 미

스스로 지우는 족보

친다"는 의미이며, 복음의 경로와 구원의 서정序程에 관한 하나님의 예정일 따름입니다.

이스라엘의 제사장은 반드시 레위의 자손이라야 합니다. 신명기 10:8 마음과 몸을 경건히 하여 하나님의 성전에서 거룩한 사제의 직분을 받들던 레위의 후손에서 나와야 할 '영원한 대제사장' 히브리서 6:20 이 성적 패륜의 본보기인 유다의 후손에서 나오다니.

예수의 족보는 이렇듯 사제혈통의 제사장 전승조차 아낌없이 지워 버림으로써 성례전 중심의 제사종교와 그 폐쇄적 윤리를 부정하고 있습니다.

하나님께 제사를 드려야 할 장소가 예루살렘 성전인지 그리심산인지를 묻는 이방여인의 물음 — 정통 이스라엘족과 이방혼혈족 사마리아인들의 해묵은 민족갈등이 깊이 배어 있는 '제사장소' 논쟁 — 에 예수는 "예루살렘도 아니고 이 산도 아니고 지금은 영혼과 진실로써 예배를 드릴 때"라는 다소 엉뚱한 답을 내놓습니다. 요한복음 4:20~24 '장소'를 물었는데, '시간'과 마음가짐으로 답합니다.

진정한 예배에는 이스라엘 민족의 예루살렘 성전이든 사마리아족의 그리심산이든 아무런 의미가 없고 오직 영혼의 진실만이 필요할 따름.

"과거의 영광과 현재의 관심을 공유하고 미래에도 그 공유를 계속하려는 자발적이고 지적이며 애정 어린 정치적 선택"인 민족도, 그리고 사제 전승의 종교적 법통도 모두 뛰어넘은 예수의 자유혼이 내어놓은 이 답변은 신약성서 첫머리에 기록된 저 의문투성이의 가계혈통과 품은 뜻이 크게 다르지 않을 것입니다. 족보를 넘어서.

사랑에의 의지

족보를 넘어서 3

민족의 뿌리는 고른 인간애

"민족은 상상의 공동체일 뿐."

민족주의 연구에 일가를 이룬 앤더슨 Benedict Anderson의 견해입니다. 역저 『혁명의 시대』를 쓴 마르크시스트 역사학자 홉스봄 Eric John Ernst Hobsbawm도 "민족주의는 정치 엘리트들에 의해 조작된 전통"이라고 규정했습니다. 민족이나 민족주의가 인류역사와 더불어 호흡을 같이해온 '원초적 일체감의 실체'가 아니라, 근대에 이르러 정치적 목적에 의해 구성된 '허구적 지배 이데올로기'라는 주장입니다.

민족이라는 말은 일본 메이지유신 시대에 미야자키 무류 宮崎夢柳라는 학자가 프랑스어 아샹블레 나쇼날 Assemblee Nationale을 민족의회 民族會議로 번역한 데서 유래합니다. 원래 '국가'에 가까운 뜻을 지녔던 프랑스어 national보다 '종족'이라는 개념의 독일어 Volk에 더 근접한 듯한 뉘앙스를 풍깁니다. 그래서인지 동양에서의 민족개념은 앤더슨이나 홉스봄의 견해와는 달리 정치적 구성물이라기보다는 '인종적 공동체, 역사적 실체'라는 어감이 더 짙습니다.

"나라는 망해도 핏줄은 영원하다, 몸은 죽어도 정신만은 지키자"라는 약소민족의 정서는 본시 저항적일 수밖에 없습니다. 일제시대 같은 외적의 침략기 외에는 민족주의의 나래가 활짝 폈던 기억을 딱히 찾아보기 어렵습니다.

반상 班常의 계급적 차별이 뚜렷했던 왕조시대에는 서민과 노비들까지 아우르는 민족의 개념이 분명치 않았기에, 근대적 의미의 민족주의는 19세기에 이르러 열강의 제국주의에 맞서는 '민주적 안티테제'로서 비로소 역사의 마당에 얼굴을 내밀었습니다.

식민시대가 종식된 후 한동안 뜸했던 민족주의가 이즈음 다시 드센 바람을 일으키고 있습니다. 세계의 화약고로 불리는 발칸반도에는 보스니아와 코소보 내전의 여진이 아직 짙게 남아 있고, 중동에서는 유대족과 아랍족의 누천 년 분쟁이 격화되어가는 상태입니다.

제국주의와 냉전체제가 사라진 21세기의 민족주의 앞에서 앤더슨은 '돌연변이 민족주의'라고 당황해했지만, 민족은 결코 상상의 공동체이거나 정치적 지배 메카니즘만이 아닙니다.

세계화시대의 지구촌에서 새삼 민족주의가 고취되고 있는 것은 초강대국 미국 주도의 세계화정책에 대한 반발이 주요 원인이라는 데 별 이견이 없지만, 한중일 3국에서 최근 고조되고 있는 민족감정은 역사논쟁과 영토분쟁을 통해 드러난 한족 漢族과 왜족 倭族의 팽창정책에서 비롯된 바가 더 큽니다. 한국정부가 한때 동북아균형자론을 내걸었지만, 이것을 저들의 팽창욕구와 동일시하기는 어렵겠습니다.

내부적 요인보다 외부적 요인에 더 민감하게 반응하게 마련인 민족감정은 강력한 내부 결속력과 함께 제어하기 어려운 배타성을 지닙니다. 외부의 자극이 크면 클수록 민족주의는 정치종교화하는 교조주의적 현상을 드러냅니다. 자유 문화 교육 산업 시장 등 일체의 가치와 사회요소들을 민족이라는 유일가치 아래 복속시키는 도덕적 절대성의 독선을 휘두르기 일쑤입니다.

가장 나쁜 것은 자민족우월주의ethnocentrism와 결합한 인종주의racism입니다. 그 최악의 예인 나치의 유대인 학살이나 앵글로색슨의 인디언과 흑인노예에 대한 만행은 물론, 모든 집단적 테러의 배후에는 어김없이 광신적인 인종주의가 도사리고 있습니다.

타종족에게 인종청소(?)까지 감행했던 코소보 사태는 세르비아 민족주의의 표출이었고, 미국의 9·11 테러 역시 이슬람 근본주의에 취한 아랍 민족주의자들의 소행이었습니다.

그러나 나는 저들을 차마 민족주의자의 리스트에 올리지 못합니다. 저들의 신념이 명백히 인간애와 민주주의의 정신을 파괴하고 있기 때문입니다.

노비나 상인常人 등 하층민들이 동족으로서 정당한 인격적 대우를 받지 못했던 비민주적 왕조시대의 기층민중에게는 민족주의란 그저 낯선 단어였을 뿐. '기층민중 없는 민족, 양반들만의 민족주의'란 상상조차 할 수 없는 허구입니다. 진정한 민족애는 아무 차별 없는 인간애이며 또 그에 터잡은 '민주적 신념' 일 터이기에.

일제에 대한 항거의 기반이요 민주시대의 시발점이었던 우리의 민족주의는 그 후 국토분단과 남쪽의 군사독재, 북쪽의 세습독재를 거치면서 개인의 실존을 지배하는 절대권력의 이념으로 우상화되었고, 모든 가치판단의 준거를 자처하는 반민주적 정치도구로 변질되고 말았습니다.

　유신독재 시절의 '민족적 민주주의'나 북한의 '민족주체사상' 같은 것들을 진정한 민족주의라 부를 수 없는 것은 바로 이같은 반민주성 때문입니다.

　저항성이라는 부정적 성격, 감성적 원리주의에 빠져들기 쉬운 취약성, 그리고 독재의 도구로 전락해온 뼈아픈 정치적 역사적 경험으로 인해서 민족주의는 이제 근본적인 재검토의 도전을 맞고 있습니다. 민주정신으로부터의 도전을.

　민주주의를 모르는 민족주의는 '기층민중을 배제한 민족'처럼 공허하고 비인간적인 구호일 뿐. 민족의 뿌리는 다름 아닌 '고른 인간애' 아, 사랑 외에 아무것도 아닙니다.

족보를 넘어서는
고양된 민족혼

　　　　　　　　　　　　인종에 차별을 두지 않는 열린 마음, 계급적 구별 없는 민주정신을 민족주의의 튼실한 내용으로 받아들이기 위해서는 구시대의 자민족우월주의에 찌든 '닫힌 민족주의'를 전향적으로 해체하지 않으면 안 됩니다. 탈민족주의를 말하려는 것이 아닙니다.

　해체deconstruction는 단순한 '파괴와 부정'이 아닙니다. 자크 데리다의 생각처럼 "해체는 잠재적 실체를 새롭게 재구성하는 창조적 작업"입니다.

　'열린 민족애'를 지향하며 폐쇄적인 옛 민족주의를 해체하는 아픔 이야말로 민족성의 내실을 더욱 풍성하게 만드는 진정한 세계화를 위한 산고 産苦일 것입니다. 이 세계화의 길은 시장과 정보와 군사력의 자기집중을 뜻하는 초강대국의 세계화정책과는 전혀 다릅니다. 뒤엣 것이 힘에의 의지 Wille zur Macht로 밀어붙이는 '팽창된 민족주의'에 불과하다면, 앞엣것은 사랑에의 의지 Wille zur Liebe를 그윽이 품어안 은 '고양된 민주혼'이겠습니다.

"평화는 전투의 부재가 아니라 정의의 현존"이라고 외친 마틴 루터 킹 목사의 어법을 빌려 말하자면, 민족주의란 "우리 민족의 이익에 배 치되는 것들을 배제해나가는 배타성이 아니라 자유와 평등의 민주정 신으로 민족성의 내실을 더욱 드넓게, 더욱 두텁게 하는 포용성"에 있 을 터. 민족주의의 열매는 드높은 민주정신, 곧 정화된 인간애여야 한 다는 믿음의 고백입니다.

가부장적 남성우월주의가 지배하던 폐쇄적 종족사회에서 여인들과 서자들을 기꺼이 품어안고 이방의 이민족들마저 넉넉히 받아들인 예 수의 족보는 '닫힌 민족애'를 넘어 '열린 민족성'에로, 더 나아가 '국 경 없는 세계성'에까지 닿아 있습니다.

그 불가사의한 포용력은 무애 無碍한 인간애, 아무 차별 없는 민주적 정신이라 믿습니다. 사랑 가득한 민주혼, 족보를 넘어서는.

잡종사회
족보를 넘어서 4

보편성에서 주체성으로
주체성에서 관계성으로

생물학 연구의 성과에 의하면, 혈통의 순수성을 유지하는 동종교배는 오히려 질적인 면에서 저하현상을 초래한다고 합니다. 강인한 생명력, 왕성한 적응력은 이종교배異種交配에서 확연히 나타납니다. 순종보다 잡종의 번식력이 훨씬 더 큰 이유입니다. 순혈純血을 자랑하는 동종교배는 안으로 안으로 움츠러드는 폐쇄성 탓에 환경 적응력이 미약하게 마련입니다.

반면에, 이종교배로 태어난 잡종은 억센 생명력으로 척박한 생존환경을 스스로 개척하면서 외부세계에 능동적으로 적응해갑니다. 생명의 수정 때부터 이질적 요소들이 서로 부딪쳐 갈등과 융합이라는 어려운 적응과정을 거쳐오는 동안 타자와 공존하는 법, 다양성을 수용하는 능력을 터득하여 이를 유전자로 깊이 품어 대대로 이어내려가기 때문입니다. 생명의 신비로움입니다.

근본적으로 생명공동체 현상임에 틀림없는 사회와 문화의 세계도 이와 다르지 않습니다. 이질적인 것들을 철저히 배제하는 동종끼리만의 편 가르기식 응집은 비록 자주적 정체성은 뚜렷할지 몰라도 타자와 함께하는 상생의 포용력이 미흡하기에 '전체 세계와의 의미 있는 공존'을 기약하기 어렵습니다. 혈통숭배의 우상은 생명의 호흡을 세계와 더불어 나눌 수 없습니다.

자기중심의 폐쇄성을 과감히 뚫고나와 이질적인 것들을 두루 아우르는 이종교배의 생명력은 사회와 문화의 세계에도 그대로 적용됩니다. 이른바 잡종사회 Hybrid Society, 잡종문화 Hybrid Culture라고 불리는 '열린 사회, 열린 문화'의 생명력입니다. 이것은 한마디로 "삶의 양식과 이념을 달리하는 다수의 주체들이 갈등을 극복하고 공존하는 사회, 서로 간의 긴장과 모순을 조절하며 상생을 모색하는 잡종의식의 문화"라고 할 수 있습니다.

절대주의의 엄숙한 담론들은 인생과 우주를 단 하나의 보편적 의미체계로 해석하려 들지만, 다양한 개체들과 복잡다기한 층위들의 총합인 인간의 삶과 세계가 그처럼 유일한 의미로만 환원될 수는 없습니다. 그렇다고 모든 개체들이 각자의 주체성을 내세워 절제되지 않은, 무분별한 자유를 향유할 수도 없습니다. 삶과 역사를 피 터지는 싸움터로 만들지 않기 위해서는.

다양하고 복잡다기한 개체들이 자유롭고 품위 있는 주체성을 지닌 채 서로의 이해와 '소통'을 통하여 갈등을 조절하고 모순과 길항拮抗의 긴장관계를 해소해나가는 것이 잡종문화가 지향하는 상생의 관계입니다.

'보편성'의 들판 칸트와 헤겔을 지나고 '주체성'의 봉우리 사르트르와

하이데거를 넘어 드디어 '관계성'의 너른 바다 화이트헤드와 데리다에 다다른 깨달음입니다.

데리다는 이 소통을 '산포'散布, dissemination라고 불렀는데, 만년의 데리다가 '호혜'hospitalit의 문제에 그토록 집착했던 이유는 소통과 산포야말로 해체주의가 지향하는 상생세계의 모습이기 때문입니다.

"소외된 이를 돌보고 나그네를 대접하며 고아와 과부의 원통함을 풀어주는"신명기 10:18 호혜의 정신은 개인적 윤리만이 아닙니다. 인종과 종교의 분쟁으로 곳곳에서 피바다를 이루곤 하는 오늘의 지구촌에서 가장 절실히 요구되는 생명가치이기도 합니다.

종족우월과 남성중심의 혈통문화에 의존하는 폐쇄적 민족주의는 동종교배 식의 '편 가르기' 성향이 강한 탓에 이질적 요소들과의 소통을 완강히 거부하며, 그 결과 여성과 이방인들은 사회의 중심에서 밀려나 소외되고 억압받는 위치로 전락하게 마련입니다.

오늘날 이 땅에서 혹심한 차별대우를 받고 있는 외국인 노동자들도 폐쇄적 민족감정의 희생자들입니다. '제국주의적 신인종주의'라는 비난을 받아도 딱히 내세울 변명거리가 떠오르지 않습니다.

"나를 남자로 창조하신 하나님께 감사드리나이다."

여자보다 먼저 창조된 남성아담의 우위를 신의 섭리로 여겼던 유대사회에서, 남성 가장이 식탁 앞에 앉아 당당하게 드리는 감사의 기도문입니다.

뒤이어 아내가 잦아드는 목소리로 나지막이 읊조립니다.

"나를 여자로 만드신 하나님의 뜻에 순복하나이다."

감사의 기도라기보다는 차라리 한숨 섞인 체념에 가깝습니다.

나그네와 고아를 위해
열매를 남기라

창세기에 기록된 천지창조는 무생물에서 하등생물로, 하등생물에서 고등생물로, 식물에서 동물로, 동물에서 인간으로, 그리고 남성에서 여성으로 이어지는 진화적 모델을 취하고 있습니다.

먼저 창조된 것보다 나중에 창조된 것이 더 우수할 것은 불문가지일 터인데, 남성보다 나중에 창조되고 모든 피조물 중에서도 가장 늦게 창조된 여성이 어째서 남성보다 열등하다는 것인지, 창조의 순서에 어긋나는 남성우월주의가 어떻게 신의 섭리라는 것인지 참으로 모를 일입니다.

사회주의 경향의 페미니스트인 도쿄대학의 우에노 치즈코 上野千鶴子 교수는 "민족의 틀을 넘어설 때만 여성해방이 가능하다"고 단언했습니다. '민족의 틀을 깨라'는 말이 아닙니다. '민족의 틀을 넘어가라'는 초월에의 권유입니다.

민족의 경계는 하나님이 정하신 것입니다. 신명기 32:8 결코 민족을 부정할 수는 없습니다. 민족을 긍정하고 사랑하되, 남성우월적 혈통주의에 얽매일 일은 아니라는 말입니다. 또 민족감정의 과도한 분출도 절제되지 않으면 안 됩니다.

민족적 national 인 것과 민족주의 nationalism 는 다릅니다. 민족주의도 '열린 민족주의'와 '닫힌 민족주의'는 구별되어야 합니다. 간디와 만델라는 '피해자인 약소인종의 관용'이라는 열린 민족주의로 승리의 영광을 안았고, 히틀러와 밀로셰비치는 '가해자인 우수인종(?)의 오만'이라는 닫힌 민족주의의 독기를 내뿜다가 그만 반인류적 범죄자로 낙인 찍히고 말았습니다.

잡종사회

원래 족보에 오를 수도 없는 서자와 기생, 불륜여성과 이방여인의 피를 이어받은 예수의 족보는 전통적 민족주의의 눈으로 볼 때 완전한 엉터리요 이종교배의 잡탕입니다. 그러나 이 잡종혈통 속에 소외된 이들과 고아와 과부와 나그네와 뭇 소수자들을 따뜻이 보살피는 호혜와 소통의 정신이 진득이 녹아 있습니다.

남성중심의 순수혈통이라든지 자민족우월주의 따위의 폐쇄윤리를 멀리 초월한 잡종혈통이 예수의 핏줄이자 메시아의 탄생배경입니다.

베트남과 필리핀의 꽃다운 처녀들이 한국 남성의 아내가 되어 이 땅에 몸을 뉘고, 어두운 공장에서 외국인 노동자들이 밤낮없이 비지땀을 흘리며, 공항에는 이민자의 행렬이 들고나는 이 나라에서 호혜와 소통의 정신은 매우 절실한 윤리입니다.

민족의 혈통을 깨고 모두 혼혈족이 되자는 억지가 아닙니다. 정치 경제 문화 종교 등 모든 부면에서 동종교배의 '끼리끼리' 의식이 일상화된 우리의 갈등사회가 반드시 배우지 않으면 안 될 지혜, 그 잡종의식의 '관계성'을 말하는 것입니다.

존재들의 '관계'를 따뜻이 보살피는 이 지혜는 또한 하나님의 마음이기도 합니다. "포도를 따고 올리브를 수확할 때, 남은 열매를 다 따내지 말고 나그네와 고아와 과부를 위해서 남겨두라"는 것이 하나님의 뜻입니다. 신명기 24 : 20, 21 하나님은 본래 인류의 모든 종족들을 한 혈통으로 지으신 분이기에. 사도행전 17 : 26

그래서 나그네를 영접하는 것은 곧 메시아를 받아들이는 것입니다. "내가 나그네 되었을 때에 너희가 나를 영접하였다." 마태복음 25 : 35 예수님의 말씀입니다.

고대사회에서 어린아이들은 족보에 오를 수 없는 것은 물론, 사람의

숫자에도 들지 못했습니다. 출애굽기 12:37

그러나 예수님은 선언합니다.

"누구든지 내 이름으로 어린아이 하나를 영접하면 곧 나를 영접하는 것이다." 마태복음 18:5

아, 잡종의식은 다름 아닌 사랑입니다. 소외된 이를 돌아보고 나와 다른 것들을 주저 없이 품어안는 호혜의 마음은 곧 그리스도의 인격이며 예수의 잡종혈통이 지닌 깊디깊은 관계성의 지혜입니다. 잡종사회의 지혜, 족보를 넘어서는.

화쟁의 숲

족보를 넘어서 5

극단적 민족주의는
적대적 공범관계

"최근 동북아시아에서 고조되고 있는 민족주의는 지역 내 각 민족의 열등감을 해소하기 위한 수단에 불과하다."

중국 상하이에 있는 푸단대학의 모 교수가 한국과 중국, 일본에서 일고 있는 민족주의 바람이 자민족의 열등감을 해소하는 수단으로 이용되고 있다고 주장하여 파문을 일으켰습니다. 합리적 분석인지, 또는 한중일 3국의 민족주의가 지닌 특성을 간과한 얼치기 분석인지는 단언하기 어렵습니다.

외국을 식민지배한 과거사를 합리화하기 위해 역사왜곡에까지 나서고 있는 일본에 대해 "중국보다 낙후됐던 민족적 열등감, 서구 열강의 압력에 굴복해 문호를 개방했던 열등감을 해소하려는 것"이라고 폄하한 그는, 일본과 다오위타오열도 釣魚島列島, 센가쿠 열도 영유권 분쟁을 일으키고 있는 중국에 대해서는 "아편전쟁 이후 서구 열강과 일본의 침략으로 굴욕적인 불평등 조약을 체결했던 열등감을 해소하려는 의도"라고 비꼬았습니다.

"한국인들에게는 중국인과 일본인을 비하하는 경향이 있다"고 지적한 그 교수는 "한국은 중국에 조공을 바치고 일본의 식민지배를 받은 과거사에서 생긴 열등감을 해소하기 위해 민족주의를 이용하고 있다"고 비판했습니다.

민족주의가 정치적 포퓰리즘으로 이용되고 있다는 일부 비판론과는 다소 관점이 다르지만, 최근 한국에서 고조되는 민족주의의 순수성을 의심하는 점에서는 차이가 없습니다.

원래 중국 한족漢族의 민족주의는 자신의 우수성을 드러내지 않고 느긋하게 때를 기다리는 '도광양회' 韜光養晦의 자세였습니다. 그러나 경제성장에 수반되는 국민의 정치적 욕구와 소수민족의 자립 움직임을 통제할 필요가 커진데다가 특히 사회주의를 버리고 시장경제로 방향을 튼 이념적 열등감을 덮기 위해 꺼내든 것이 "평화롭게 일어선다"는 '화평굴기' 和平掘起의 대국주의 大國主義 정책입니다.

세계의 눈길은 앞의 '화평'보다는 뒤의 '굴기'에 담긴 '중화민족주의'에 더 큰 관심과 경계를 기울이고 있는 듯합니다.

일본의 민족주의는 중국에 비해 매우 폐쇄적이어서, 다른 나라에 대한 과거의 침략과 식민지배마저도 '진출'이라고 왜곡하는 시혜론施惠論 따위의 망언을 일삼는가 하면, 심지어 전쟁의 반성에 기초한 평화헌법마저 없앨 작정인 듯합니다. 나치의 유럽 침략과 아우슈비츠 만행을 정당화하려는 억지와 다를 바 없습니다.

총리대신의 야스쿠니 신사참배도 일본 전역에 몰아치는 극우적 국수주의의 광풍에 올라탄 포퓰리즘의 술수임에 틀림없어 보입니다. 90

년대의 오랜 거품경제를 극복하고 유일 초강대국 미국의 후원까지 확보한 일본의 '팽창민족주의'는 그 목표가 군사경제대국임은 말할 나위도 없습니다.

그러나 한쪽의 민족주의가 강해지면 다른 쪽의 민족주의도 따라서 강해지는 법. 서로를 향해 으르렁거리는 두 민족주의는 결국 서로를 부추기고 강화시켜줄 따름입니다. 이 모순을 어느 학자는 '적대적 공범관계'라는 멋진 옥시모론 oxymoron 으로 꼬집었습니다.

지난날 중국과 일본으로부터 자심한 불행을 경험했던 우리로서는 중국의 대국주의, 일본의 팽창주의 앞에서 민족적 저항의식이 다시금 발동하는 것을 막을 도리도 막을 이유도 없습니다. 수많은 외침을 겪어온 우리네의 민족주의가 비록 저항의식이 깊고 또 상당히 배타적인 것도 사실이지만, 이를 가리켜 열등감의 소치로만 치부해버리는 것에는 쉬 수긍하기 어렵습니다.

중국대륙의 한쪽 끝 비좁은 반도에서 독자적 언어와 문자, 고유한 역사와 문화를 유지하면서 누천 년에 걸쳐 단일혈통을 이어온다는 것은 인류학과 인류역사의 모든 일반적 현상들에 배치됩니다. 기적 같은 생명력, 신화 같은 창의력입니다. 그것도 대국의 침략군을 육지와 바다에서 여러 차례 격파해가며 이어온.

우리 민족의 의식 속에는 외세의 침략과 지배를 받은 역사적 경험의 열등감과 함께 그보다 훨씬 더 큰 문화적 우월감이 유전자처럼 내재해 있습니다. 문제는, 우리 민족주의의 뿌리가 열등감이든 우월감이든 그것이 밖으로는 이기적이고 폐쇄적인 쇼비니즘으로 인식될 우려가 크다는 점입니다.

조화의 세계로
화쟁의 숲으로

서울월드컵경기 때 감동의 쓰나미를 불러일으켰던 붉은 악마의 함성이 일부 외국인들의 눈에는 섬뜩한 민족감정의 표출로 비쳤고, 미군 장갑차에 희생된 여중생들의 추모집회를 뒤덮은 촛불바다는 외신기자의 카메라 앵글을 두려운 내셔널리즘의 충격으로 위축시켰습니다.

"역사란 아我와 비아非我의 투쟁이다."

민족주의 역사학의 태두로 숭앙받는 단재丹齋 신채호申采浩의 역사관입니다. 단재의 역사의식이 마치 배타적인 것처럼 인식되곤 하는 이유는 그의 열렬한 항일독립운동 때문이지 그의 민족관이 편협해서가 아닙니다.

비록 '투쟁'이라는 용어를 쓰고는 있지만, 단재의 탁월성은 오히려 유아독존적 쇼비니즘을 멀리 벗어나 있다는 점입니다.

> 무엇을 我라 하며 무엇을 非我라 하는가? 무릇 주관적 위치에 선 자를 我라 하고 그 외에는 非我라 하나니, 이를테면 조선인은 조선을 我라 하고, 英 露 法 美 등을 非我라 하지만 영 로 법 미 등은 각기 제 나라를 我라 하고 조선을 非我라 하며, 무엇에든지 반드시 我와 대치한 非我가 있어 非我에 대한 我의 분투가 더욱 맹렬하여 인류사회의 활동이 휴식될 사이가 없으며 역사의 전도가 완결될 날이 없나니.

단재가 『조선상고사』朝鮮上古史에 쓴 글입니다.

타민족의 존재로 인해 의미가 더욱 깊어지는 내 민족의 정체성, 아와 비아의 공존, 그 상생을 바탕으로 한 인류사회의 평화와 역사발전. 단재의 혜안이 헤집어낸 역사의 변증법입니다.

단재의 민족주의는 역사의 전도前途를 꿰뚫어보는 이상주의적 민족애입니다. 조선의 왕조사관과 일제의 식민사관을 모두 타파하고 단재가 새로이 건설하려던 세계는 다름 아닌 상생과 호혜적 공존의 '민중공동체'였습니다.

하나만을 아는 극단주의의 도그마가 우리의 삶을 슬프게 만듭니다. 꾀꼬리의 노랫소리만 들려오는 숲은 매우 적막할 것이고, 장미꽃만 만발해 있는 들판은 너무나 단조로울 것입니다. 온갖 잡새들이 어울려 지저귀는 숲에 생명력이 넘치고, 이름 모를 잡풀들이 더불어 숨쉬는 들판이 더 사랑스럽습니다. 화쟁和諍의 숲이요 조화의 들판입니다.

내 민족만의 이해에 집착하지 않고 모든 민족의 공존을 추구한 단재의 상생민족관은 원효元曉의 화쟁사상和諍思想에서 그리 멀지 않습니다.

일체의 분별을 끊고 화합和과 다툼諍을 한 품에 끌어안는 불일무이不一無二의 정신. 상반된 둘을 융합하되 하나로 획일화하지 않고, 일방적 교의敎義에 얽매임 없이 긍정과 부정을 두루 왕래하는 무이이불수일無二而不守一의 깨우침.

아, 그처럼 거침없는 자유혼이라면, 어찌 온갖 잡새들 어울려 지저귀고 무수한 잡초들 더불어 숨쉬는 화쟁의 숲을 떠나 저 초라한 아집의 울타리 안에 갇혀 있으랴?

오랜 은원恩怨을 품은 한국 중국 일본의 민족주의가 배타적 길항의 긴장을 뿜어내는 이즈음, 유난히 아쉬워지는 원효의 화쟁, 단재의 상생관은 또한 서자와 불륜여성과 이방여인들의 피를 이어받은 예수의 잡탕족보가 그리는 세계관이기도 합니다. 탄생만이 아닙니다. 그분의 삶과 죽음 또한 그러했습니다.

"예수께서 자기 민족만 위하실 뿐 아니라 흩어진 하나님의 자녀들을 모아 하나가 되게 하기 위하여 죽으실 것을 미리 말하셨다." 요한복음 11:51,52

자기 민족만이 아니라 다른 민족들을 위해서까지 십자가에 죽은 메시아는 선민選民의 우월감에 젖은 유다이즘의 벽을 허물고 숱한 잡종 혈통의 끝자락에 탄생한 분입니다.

그분의 탄생과 삶과 죽음 속에는 애끓는 민족애가 있을지언정 '닫힌 민족주의'는 없었기에, 그의 발걸음은 냉대받는 이방인들과 창기들조차 모두 한 친구로 만나는 조화의 새 세계를 향해 뚜벅뚜벅 걸어 나갈 수 있었습니다.

조화의 세계로, 화쟁의 숲으로. 종족의 경계를 넘어, 민족적 열등감과 혈통의 우월감을 넘어, 그리고 족보를 넘어서.

라틴어를 할 줄 몰랐던 첼레스티누스 V세는 그것을 전혀 부끄럽게 여기지 않고 모국어인 이탈리아어로 미사를 집전했습니다. 의식과 인습에 얽매이지 않고 자신의 부족함을 조금도 감추지 않는 고결한 인격의 표현이었습니다. 라틴어를 모르는 대신, 그는 진실을 알고 있었습니다. 그래서 첼레스티누스 V세는 '라틴어가 아닌 다른 언어로 미사를 집전한 최초의 개혁적 교황'이 되었습니다. 그는 교황이 되기 전에 산속의 동굴과 오두막에 거하면서 고행과 경건의 훈련을 생활화하는 '바보들의 수도회'를 이끌었습니다. 그 바보들은 깊은 영성과 청빈한 삶으로 주위에 큰 감화를 끼쳤고, 사제들뿐 아니라 많은 신자들로부터 신뢰와 존경을 받았습니다.

2부

오두막집 교황

루터는 흰 장미와 검은 십자가 그리고 붉은 색의 심장으로 자신의 문장紋章을 만든 일이 있습니다. 심장 안의 검은 십자가는 그리스도의 고난에 대한 '마음으로부터의 믿음'을 상징합니다. 고백과 교리의 습관적인 암송이 아니라 '마음 속의 확신'이 진정한 믿음이라는 뜻입니다.

루카스 크라나흐, 「설교하는 루터」, 1545~50년경

마르틴 루터의 장미꽃

오직 은혜
오직 믿음

1517년 10월 31일 제성기념일 Hallowmas(미국에 건너가 Halloween Day로 변신) 하루 전날 밤, 독일의 젊은 수도사 마르틴 루터는 비텐베르크 성당 문에 교황 레오 X세의 면죄부 발행에 반대하는 '95개조의 반박문' Die 95 Thesen을 내걸었습니다. 종교개혁을 향한 기나긴 고난의 첫 발걸음이었습니다. 루터의 나이 34세 때였습니다.

루터의 95개조는 "예수 그리스도가 선언하는 회개는 신자들의 전 생애가 지속적으로 참회되어야 할 것을 요구한다" Dominus et magister noster Iesus Christus dicendo Penitentiam agite & comnem vitam fidelium penitentiam esse voluit는 유명한 논제로 시작합니다.

루터가 요구하는 회개는 신자들보다는 우선적으로 교황과 사제들을 향한 것이었습니다. 당시의 유럽은 정치 경제뿐 아니라 사회 문화 등 모든 삶의 조건들이 오직 가톨릭교회라는 유일한 터전 위에 결정되어 있었습니다. 교황에 대한 루터의 도전은 그 현실적 삶의 터전을 깡그리 부정하는 것이었고, 파문과 소외는 물론 죽음까지도 무릅써야 하는 크나큰 모험이었습니다.

르네상스의 인문주의가 무르익어가고 있던 유럽에 루터의 영향으로 종교개혁의 불길이 점점 크게 번져가자 가톨릭교회는 드디어 루터를 파문합니다. 1521년 4월 17일 찰스 황제에 의해 제국의회에 소환된 루터는 가톨릭의 종교심판관들로부터 자신의 주장을 철회할 것을 요구받자 이렇게 외쳤습니다.

"나는 달리 어떻게 할 수 없습니다. 오 하나님, 지금 여기 내가 서 있습니다. 나를 도우소서."

'오직 성경, 오직 그리스도, 오직 은혜, 오직 믿음, 오직 하나님께 영광' Sola Scriptura, Solus Christus, Sola Gratia, Sola Fide, Soli Deo Gloria이라는 종교개혁의 모토는 오늘날에도 그대로 유효한 개혁신앙의 근본 원리입니다.

> 교회의 전통과 교리가 아니라
> 오직 성경의 말씀으로만 신앙의 척도를 삼고
> 교황과 사제의 권위가 아니라
> 오직 그리스도의 머리되심에만 복종하며
> 인간의 행위가 아니라 오직 하나님의 은혜로써만 구원을 얻고
> 인간의 공로가 아니라 오직 믿음으로만 의롭다 함을 얻으며
> 교회와 교황에게가 아니라 오직 하나님께만 영광을 돌린다.

이러한 루터의 신조는 바로 예수 자신과 사도 바울의 확고한 신념에

기초한 것입니다. 예수님과 바울은 제도종교의 권위 아래 무릎을 꿇은 적이 단 한 번도 없었습니다. 부패한 세리, 음탕한 매춘부, 가난한 병자, 철없는 아이들, 소외된 사마리아 여인 등 온갖 부류의 보잘것없는 인간들이 아무 차별 없이 예수님의 친구가 되었지만 최고위의 직업종교인인 대제사장과 권위 있는 신학자인 서기관들은 예수의 거침없는 비판에 직면해야 했습니다. 제도종교의 기득권자들은 이를 북북 갈면서 예수를 죽일 궁리를 꾀했습니다. 마태복음 12:14 누가복음 19:47,48

바울은 성직자들의 수장首長인 대제사장 아나니아를 향하여 "회칠한 담이여, 하나님이 너를 치실 것이다"라고 저주했습니다. 사도행전 23:3 이것은 당시로서는 사형에 해당하는 엄청난 죄였습니다. 교황무오설을 방패로 내걸고 성직에 대한 일체의 비판을 봉쇄했던 중세가톨릭, 목회자를 향한 어떤 지적과 권면도 철저히 금기시하고 있는 오늘날의 개신교에 비추어보면 대제사장에 대한 바울의 비난은 실로 놀라운 일이 아닐 수 없습니다.

성직은 더 이상 지성소의 휘장 뒤에 숨어서 하늘의 권위를 빌려 스스로를 우상화하는 제사장계급이 아닙니다. 평신도와 성직을 구분하는 지성소의 휘장은 그리스도가 십자가 위에서 열어놓은 새로운 생명의 길 앞에서 여지없이 찢겨져버렸습니다. 마태복음 27:51 히브리서 10:20 루터의 만인사제설이 출발하는 대목입니다.

그는 모든 신자들이 직분의 어떠함에 구별됨 없이 모두 '왕 같은 제사장'들임을 확신하고 있었기에 베드로전서 2:9 감히 사제들의 으뜸이요 '하나님의 가장 큰 종'이라는 교황을 향하여 그토록 통렬한 비판을 가할 수 있었던 것입니다. 이것이 종교개혁의 위대성입니다.

종은 노비를 뜻합니다. 이즈음 교계 일각에서 목회자에게 스스럼없이 붙여주고 있는 '하나님의 크신 종'이라는 말처럼 모순되고 불신앙적인 말도 또 없으리라고 봅니다. 주인 앞에서 종을, 하나님 앞에서 사람을 높이는 꼴입니다. 더욱이 '종'이라고 하면서 그 앞에다 '크신'이라는 극존칭을 갖다 붙이는 것처럼 웃지 못할 넌센스도 없습니다. 어법에도 맞지 않고 예절에도 어긋날 뿐 아니라 신앙적으로는 '인간 우상화'의 잠재적 표현일 따름입니다. 할아버지 앞에서는 아버지를 부를 때도 '아버님'이라고 호칭하지 않는 법입니다. 하물며 하나님 앞에서 사람을 가리켜 '크시다'라니…….

오늘날에는 가톨릭에서조차도 이런 표현을 쓰지 않습니다. 개혁신앙의 후예라는 사람들이 이런 표현을 즐겨 쓰고 즐겨 듣는 것은 무식과 무지의 안타까움을 넘어 반개혁적인 우상화의 슬픔이요 어두움이 아닐 수 없습니다.

"진리가 너희를 자유롭게 하리라"고 선언한 요한복음 8:32 예수의 일생은 영혼의 자유를 옥죄는 위선적인 제도종교, 기만적인 종교권력에 대한 항의Protest와 투쟁으로 일관되었습니다. 바울과 루터의 투쟁 또한 이와 맥락을 같이하는 것입니다. 그래서 예수와 바울과 루터는 모두 항의자Protestant들의 원형이었습니다. 개신교를 프로테스탄트라고 부르는 이유입니다.

그는 살아계시다!

사람의 종교적 본성은 '보이지 않는 하나님'이나 '만질 수 없는 영혼과 인격의 자유'보다는 언제나 가시적이고 감각적인 '종교의 틀과 형식'을 더 좋아하게 마련입니다. 사람들의 온갖 체취가 묻어나는 삶의 현장을 즐겨 찾았던 예수님은 그러나 성전에서의 제사를 별로 좋아하지 않았습니다. 심지어 장장 46년에 걸쳐 건축된 헤롯의 화려한 성전을 가리켜 "돌 하나도 돌 위에 남지 않고 다 무너질 것"이라고 독설을 퍼붓기도 했습니다. 누가복음 21:6

사도 바울은 "사람이 곧 하나님의 성전"이라고 믿었습니다. 고린도전서 3:16 예수님은 "천국은 너희 안에 있다"고 말씀했습니다. 누가복음 17:21 사도 요한은 "하늘나라에는 성전이 없다"고 단언했습니다. 요한계시록 21:22 외형적인 성전종교는 예수와 아무런 관계도 없습니다.

그러나 예수가 세상을 떠나자마자 제자들은 다시금 성전으로 곧장 발길을 옮겼습니다. 사도행전 2:46 유대교의 핍박을 피하기 위한 한 방편일 수도 있었겠지만, 성전이 지닌 '종교적 신성의 분위기'를 좀처럼 떨쳐버릴 수 없었던 것도 한 이유였을지 모릅니다. 이것이 제도종교가 지닌 엄청난 매력이요 또한 마력이기도 합니다.

그래서 구약시대의 종교개혁자 예레미야는 수세기 동안 이스라엘의 정신적 지주로 자리잡아온 예루살렘 성전의 문 앞에 서서 "이것이 야훼하나님의 성전이다, 야훼의 성전이다, 야훼의 성전이다라는 거짓말을 믿지 말라"고 외쳤습니다. 선동이라면 엄청난 선동이었습니다. 예레미야 7:3,4 이것은 물론 돌에 맞아 죽을 행위였습니다. 그러나 나는 이것이야말로 진정한 개혁정신임을 확신합니다.

대제사장보다 더 권세가 컸던 교황, 예루살렘 성전보다 더 장엄했던 바티칸의 성당과 대결한 루터는 중세의 예레미야였고 16세기의 사도 바울이었습니다.

루터는 흰 장미와 검은 십자가 그리고 붉은 색의 심장으로 자신의

마르틴 루터의 장미꽃

문장紋章을 만든 일이 있습니다. 심장 안의 검은 십자가는 그리스도의 고난에 대한 '마음으로부터의 믿음'을 상징합니다. 고백과 교리의 습관적인 암송이 아니라 '마음 속의 확신'이 진정한 믿음이라는 뜻입니다.

흰 장미꽃 안에 놓인 심장은 마음으로부터의 믿음이 장미꽃 같은 기쁨과 위로와 평화를 가져온다는 것을 말해줍니다. 이 평화와 기쁨은 세속적인 것과는 다르기에 여느 장미꽃처럼 붉은 색이 아니라 영들과 천사들의 색깔인 흰색의 장미로 표현되어 있습니다. 루터는 이 문장 안에다 자신이 평생 품어온 종교개혁의 신념을 단 한 마디의 라틴어로 적어넣었습니다. "Vivit! 그는 살아 계시다!"라고.

'오직 성경'이 폐쇄적인 근본주의의 도구로 전락하고
'오직 그리스도'가 배타적 기복 신앙의 피난처로 오용되고
'오직 은혜'가 거짓과 불의를 감추는 도덕률폐기론으로 둔갑하고
'오직 믿음'이 고백과 교리의 암송으로 형해화하는가 하면
'오직 하나님께 영광'을 인본적人本的인 종교권력을 우상화하는 슬로건으로 삼고 있는 한,

이 시대의 개신교는 또 다른 모습의 '제도종교, 성전종교'에 불과합니다.

교황무오설 대신에 성직자무오설이
마리아 숭배 대신에 목회자 숭배가
성베드로 성당 대신에 거대하고 화려한 교회당이 신자들의 마음을 지배하고 있는 한,

오늘의 한국교회는 더 이상 피할 수 없는 개혁과 갱신更新의 대상임을 스스로 증거하고 있을 뿐입니다.

만약 루터가 이 시대 이 땅에 살아 있다면 95개조가 아니라 아마

950개조는 써야 할지도 모르겠습니다. 가톨릭이 아니라 한국의 개신교를 상대로 해서 말입니다.

종교개혁은 과거의 역사가 아닙니다. 그것은 "개혁되었고 또 나날이 개혁되어가는" 오늘과 내일의 지속적인 과제입니다. 신학자 몰트만은 "교리의 이단만이 이단이 아니다. '삶의 이단'이야말로 진짜 이단이다"라고 갈파했습니다. 고백과 삶이 서로 다른 위선적 신앙에 대한 질책이라고 해야겠습니다.

오늘의 종교개혁은 교리나 제도의 개혁이 아니라 마땅히 '인격과 삶의 쇄신'을 지향해야 합니다. 이른바 정통의 교리, 정통의 교단 속에 숨어 있는 '삶의 이단'을 척결해야 합니다. 입술의 고백 뒤에 감추인 삶의 거짓을, 은혜의 핑계 아래 도사린 부끄러운 행실들을 도려내야 합니다.

종교개혁기념일을 맞으면서 루터의 장미꽃 문장이 절실하게 아쉽습니다. 그가 확신했던 것처럼, 고난의 그리스도는 오늘도 살아 있기에. Vivit!

대천덕 신부

반쪽 진리는
진리가 아니다

강원도 태백시 삼수동에 있는 외나무골 산골짜기를 20분쯤 가파르게 오르면 아담한 산장 같은 건물 하나와 문득 마주칩니다. 스위스의 라브리 L'abri처럼 세계적으로 널리 알려진 '예수원'이라는 공동체 겸 수도원입니다.

"여기에는 자신을 위한 기도는 없습니다. 이웃과 사회를 위한 기도만 있을 뿐입니다."

예수원 설립자인 성공회 소속의 대천덕戴天德 신부가 남긴 말입니다. 남을 위한 기도만이 참신앙의 기도라고 믿었던 그는 "노동하는 것이 기도요, 기도하는 것이 노동"이라는 베네딕트 수사의 가르침을 충실히 따랐습니다. 대 신부는 언제나 "노동을 하되 하나님 섬기듯 정성을 다 하고, 기도에는 노동하듯 힘을 들여야 한다"고 가르쳤습니다.

마르크스와 엥겔스가 처음으로 공동 집필했던 책의 제목이 『신성가족』Holy Family인데, 세계를 노동자 농민과 부르주아지 계층의 사람들로 구분하고, 노동자 농민의 가족만이 거룩한 가족이라고 단정하면서 "노동이 기도요, 공장이 교회다"라고 선언한 바 있습니다. 공산주의를 "네 발로 기는 기독교"라고 야유했던 도스토예프스키의 신랄한 비유는 아마도 이 선언을 겨냥한 것이 아닐까?

노동이 기도라는 말은 마르크스와 대천덕 신부가 꼭 같이 말했지만 그 뜻은 전혀 다릅니다. 마르크스는 노동으로 기도를 '대체' 해야 한다는 것이지만 대천덕 신부는 노동을 '기도하는 마음으로' 해야 한다는 뜻이겠습니다. 놀랍게도 노동pala과 기도palal는 히브리어로 그 어원이 같습니다. "땀 흘려 일하라"창세기 3:19는 창조섭리에 순응하는 노동의 자세는 곧 창조주에 대한 기도의 자세라고 할 수 있습니다.

본명이 토레이R. A. Torrey인 대천덕 신부는 1918년 중국 산동성에서 미국인 선교사의 아들로 태어나 15세 때 평양 외국인학교에서 고등학교 과정을 마쳤고, 미국 데이비슨 남침례 신학교와 프린스턴 신학대학원, 하버드 대학에서 공부한 뒤 노동운동에 뛰어들었다가, 1946년 성공회로 개종하여 사제 서품을 받고 미국에서 12년 동안 목회 활동을 했습니다.

선원 생활과 건축노동 같은 서민들의 일상적 경험을 두루 섭렵한 대신부는 1957년 전쟁으로 폐허가 된 한국 땅에 발을 디뎠습니다. 성공회의 미가엘 신학원 원장으로 부임하여 근무하던 그는 손수 땀흘려 일하는 신앙공동체의 체험이 필요하다는 생각에서 1965년 외딴 산골 탄광촌에 예수원을 설립했는데, 12명의 노동자 농부들과 함께 전깃불도 들어오지 않는 해발 920미터의 첩첩산중에 군대용 텐트를 치고 손발에 피멍이 들어가면서 공동체를 만들어갔습니다. 부인과 함께 손수

나무를 베어 집을 짓고 텃밭을 만들어 채소를 가꾸면서 그는 이렇게 외쳤다고 합니다.

"하나님이 시작하게 하신 일은 반드시 이루어진다."

대 신부는 "반쪽 진리는 진리가 아니다"라고 말했습니다. 말씀과 축복의 홍수 속에 묻혀 사는 이 땅의 크리스천들은 복음에 대한 지식은 많지만 복음의 선포를 그대로 순종하는 실천이 없는 반쪽의 신앙 곧 불신앙 속에 빠져 있다는 지적입니다. 이처럼 왜곡된 신앙에 반대하여 후미진 탄광촌에 공동체를 만들고, 광야처럼 척박한 땅을 손수 개간하면서 그 피땀어린 수확을 가난하고 소외된 이웃들과 나누는 개신교 수도생활의 실천적 모범을 보여왔습니다.

대 신부는 개인의 영성뿐 아니라 사회정의의 실현을 위한 프로그램도 꾸준히 개발해왔는데, 특히 근로소득세를 폐지하고 그 대신 토지세를 올려야 한다고 역설함으로써 토지정의에 각별한 관심을 나타냈습니다. 대 신부는 역대의 거의 모든 대통령과 국회의원, 장관들을 찾아다니며 성서적인 토지정의를 강론했습니다.

『진보와 빈곤』 *Progress and Poverty* 이라는 책을 쓴 19세기 미국 경제학자 헨리 조지 Henry George는 "노동생산물의 개인소유권은 인정해야 하지만 토지는 사유화할 수 없고 모든 사람에게 평등하게 나눠주어야 한다"는 이상론을 폈는데, 대 신부는 헨리 조지의 사상에 깊이 공감했습니다.

대 신부는 예수원의 공동체운동을 통해 '신앙생활의 세 가지 실험'을 시도했습니다. 첫째 하나님과의 인격적 관계인 기도 Prayer, 둘째 신앙인들 상호간의 관계인 친교 Koinonia, 셋째 신앙공동체와 비기독교 사회와의 관계인 선교 Mission 입니다.

하루 3시간의 기도, 7시간의 노동, 그리고 3시간의 침묵명상을 규칙적으로 지키는 예수원의 일과 중 매일 점심식사 전 30분과 월요일 저녁 2시간을 오직 남을 위한 기도의 시간으로 따로 떼어놓고, 전 세계의 가난한 이들과 난민들, 병자들, 옥에 갇힌 이들, 재난을 당한 사람들을 위해 함께 기도합니다.

이 기도는 기도로만 끝나지 않고 나눔과 선교로 이어집니다. 대 신부의 선교관은 거리나 지하철에서 '예수천당, 불신지옥'의 으스스한 팻말을 휘둘러대는 것이 아니었습니다. 불의의 탁류에 휩쓸려가는 사회를 향하여 정의를 강물처럼 아모스 5:24 끊임없이 흘려보내야 한다는 것이 그의 선교적 신념이었습니다.

안락한 종교
모험의 신앙

예수원의 정회원이 되려면 2년의 수련기간을 거쳐야 하는데, 정회원들은 다시 손님부 가정부 시설부 출판부 교육부 농장부 등으로 나뉘어 역할을 분담해야 합니다. 남자들도 여자들과 꼭 같이 취사와 세탁을 맡습니다.

예수원에는 어린이를 포함하여 70여 명이 함께 생활하면서 하루 세 번의 기도와 묵상 대화 독서 등으로 영성을 수련하고, 목장 일과 공예 등의 노동을 통해서 자급자족의 검박한 삶을 영위하고 있습니다. 매년 1만여 명에 가까운 사람들이 2박 3일 동안 이곳을 찾아 대 신부의 말씀을 듣고 영적 감화를 받는다고 합니다. 목장과 텃밭에서 땀의 가치를 확인하며 수고의 열매를 거두는 이들의 마음은 대 신부와 마찬가지로 자신들에게는 태산처럼 엄격한 반면, 다른 사람에게는 바다처럼 너그럽습니다.

그는 늘 이렇게 기도했습니다.

"모든 성공이 하나님의 것임을 기억하게 하시고, 모든 영광이 하나님의 것이라는 것을 알게 하소서. 그리고 제가 해야 할 모든 일을 마쳤을 때, 나는 무익한 종이라는 것을 알게 하소서."

"나의 가르침은 내 것이 아니라, 나를 보내신 분의 것이다. 하나님의 뜻을 따르려는 사람은 누구든지 이 가르침이 하나님께로부터 난 것인지, 내 마음대로 말하는 것인지를 알 것이다. 자기 마음대로 말하는 사람은 자기의 영광을 구하지만, 자기를 보내신 분의 영광을 구하는 사람은 진실하며, 그에게는 불의가 없다." 요한복음 7:16~18

자신이 가장 아꼈던 요한복음의 말씀처럼, 대 신부는 자신의 영광을 구하지 않고 늘 하나님의 영광만을 추구했습니다.

"돈을 사랑하면 남을 사랑할 수 없다"는 믿음으로 평생을 청빈과 나눔으로 일관한 대 신부는 항상 '신앙은 모험'이라고 말해왔습니다. 자기 중심의 세계를 탈출하여 하나님 중심의 새 세계로 진입하는, 그래서 욕망의 노예로부터 진리의 자유인으로 전환하는 신앙은 분명히 일생의 모험입니다.

루이스 C. S. Lewis는 이렇게 말한 적이 있습니다.

"나는 행복해지려고 종교를 찾은 것이 아니다. 그런 행복은 와인 한 병으로도 얻을 수 있는 것이다. 안락함을 느끼기 위해 종교를 원하는 사람들에게, 나는 결코 기독교를 권하지 않겠다."

신앙의 길은 안락하고 평탄한 길이 아니라 좁고 험난한 영적 모험의 길임을 알고 있기 때문입니다.

대 신부는 이 영적 모험의 길을 기도와 함께 꾸준히 걸어갔습니다. "매순간 무엇을 해야 할지 알려주소서. 해서는 안 되는 일, 변화시킬 수 없는 일들은 하지 않게 해주시고, 해야 할 일과 변화시킬 수 있는 일은 할 수 있는 용기와 열심을 주소서. 그리고 그 두 가지를 구별할 수 있는 분별력을 주소서. 죄를 생각할 때 슬퍼하는 마음을 주시고, 주님을 생각할 때는 기쁨과 평안이 가득하게 하소서. 좌절하거나 무거운 짐을 질 때, 배반당하고 다른 사람의 반대에 부딪쳐 괴로울 때, 나로 하여금 오래 참으며 견디게 하소서."

1995년 공동체 운영권을 후진들에게 물려준 노신부는 입버릇처럼 "죽어서도 여기 묻히겠다"고 말해오다가 2002년 8월 6일 숨을 거두고 그의 말대로 강원도 태백의 산골짜기 예수원 안에 그 뼈를 묻었습니다. 평생을 가난한 이들과 함께하며 한시도 기도를 잊은 적이 없는 대 신부는 신앙인격의 모범과 삶의 귀감을 찾아보기 어려운 오늘 이 땅에 참으로 보기 드문 성자의 발자취를 뚜렷이 새겨놓았습니다.

『예수원 이야기』『산골짜기에서 온 편지』『개척자의 길』 등 영성의 문을 두드리는 몇 권의 저서 외에는 개인적 유산을 아무것도 남기지 않은 노신부는 멋진 유언 또한 한 줄 남기지 못했지만, 예수원이라는 거룩한 산지와 함께 언제까지나 잊히지 않을 소중한 마지막 한 마디를 우리에게 남겨주고 갔습니다.

"먼저 쉬러 가겠다."

80일 동안의 깊은 잠에 빠져들기 직전, 아들 대영복 신부에게 남긴 말 그대로 그는 우리보다 먼저 저 영원한 안식의 나라에 들어갔습니다. 부끄러움과 그리움의 긴 탄식을 대 신부님이 묻힌 태백 땅으로 띄워 보냅니다.

영광의 자리, 수치의 고백

**목사님들,
예수 잘 믿으세요**

"목사님들, 예수 잘 믿으세요."
정확한지는 잘 모르겠지만, 임종을 앞둔 한경직 목사님이 병문안을 온 교계의 원로 중진 목사님들에게 당부한 말씀이라고 전해 들었습니다.

이 말을 들은 목사님들은 아마도 무척 황당하다는 느낌을 받았을지 모르겠습니다. 다른 사람도 아닌 교계의 원로 중진 목사님들에게 예수 잘 믿으라니. 외형적 성장에 걸맞은 영적 감화를 이 나라 이 사회에 전혀 끼치지 못하고 있는 한국교회를 향한 노목사님의 안타까운 탄식이었을 것입니다.

일제 때 신사참배를 한 과오 때문에 평생 죄의식을 떨쳐버리지 못하다가 종교계의 노벨상이라고 불리는 템플턴상 수상자로 선정된 한 목사님은 1992년 6월 18일 독일 베를린의 수상식장에서 장중하게 입을 열었습니다.

"나는 신사참배를 한 죄인입니다. 이 죄인을 하나님이 사랑하고 복을 주셔서 한국교회를 위해 일하도록 이 상을 주셨습니다."

귀국 후 영락교회 주최로 열린 수상축하 연회에서도 그의 참회의 고백은 계속되었습니다. 여러 저명인사들의 극진한 축하연설이 있은 뒤, 그는 수백 명의 축하객들 앞에서 자신이 한평생 지녀온 영혼의 깊은 상처를 털어놓으며 머리를 떨구었습니다. 수많은 동료 목사와 신자들이 일제에 맞서 투옥되고 순교할 때, 자신은 그들과 함께 고통의 자리에 있지 못하고 일본 신사神社에 머리를 숙였노라고.

'가장 영광스러운 자리에서 가장 수치스러운 고백을 한 사람.'

나는 한 목사님을 이렇게 부릅니다. 그 정직한 용기야말로 곧 신앙의 힘이라고 믿습니다. 신앙이란 절대로 죄를 짓지 않는 것이 아니라, 죄에 빠지지 않으려고 애를 쓰다가도 불현듯 저지르게 되는 죄과들을 뼈아프게 뉘우치며 정직히 고백하는 회개, 바로 그것일 터이기 때문입니다.

한 목사님은 이미 8·15 해방 직후에도 영락교회의 교우들 앞에서 공개적인 참회를 했다고 합니다. 그 참회가 템플턴상 수상식을 통하여 전 세계 신앙인들의 마음을 다시 울린 것입니다.

이토록 그의 영혼을 늘 깨어 있게 만든 것은 바울의 가시처럼 양심의 붉은 속살을 줄곧 찔러오는 신사참배의 아픈 기억이 아니었을까?

"주께서는 내가 교만하지 않게 하시려고 내 몸에 가시를 주셨다. 그것은 사탄의 하수인이라고 할 수 있는데 그것으로 나를 치셔서 나로 하여금 교만하지 않게 하려 하신 것이다. 나는 더욱더 기쁜 마음으로 내 약점들을 자랑하려고 한다. 내가 약할 그때에 오히려 내가 강하기 때문이다." 고린도후서 12:7~10

다른 모든 신앙의 위인들처럼 이 위대한 사도도 자신의 약점을 숨기지 않았습니다.

실패한 목회자
거룩한 바보

1980년대 권위주의정권 시절 한 목사님은 당시의 집권세력을 위한 기도회에 참석하여, 많은 사람들에게 상당한 충격을 안겨주었습니다. 나 역시 그 일을 두둔할 마음이 조금도 없습니다. 무도한 신군부 측의 기도요청을 단호히 거절했더라면, 아니 도리어 공의로운 질타의 목소리를 크게 울려주었더라면, 하는 아쉬움이 아직껏 길게 남아 있습니다.

유신정권과 군사정권을 거치는 동안 신구교와 불교계의 적지 않은 종교인들이 인권과 민주화를 외치면서 연금 투옥 등 혹독한 탄압을 받아왔음을 생각하면, 한 목사님에게도 마땅히 그런 기대를 걸어봄직한 일이겠습니다.

그렇지만 기도를 거절하거나 공의의 목소리로 반독재 투쟁의 횃불을 높이 드는 것이 보수적 복음주의 신앙가였던 그분에게 과연 요청할 만한 일이었을지는 글쎄, 별로 자신이 없습니다.

죄인들의 영혼을 위한 기도는 성직자로서는 어떤 상황, 어떤 사람의 경우에도 거부할 수 없는 일입니다. 아마도 그는 당시의 집권군부에게 무슨 정치적 정당성 따위를 부여해주기 위해서라기보다는, 엄청난 정치적 사회적 갈등의 현장에서 저들의 영혼과 나라의 안정을 위해, 그리고 무엇보다도 더 이상 민중의 희생이 되풀이되는 것을 막아보기 위해 그 부끄러운 자리에 나아간 것이 아닐까 하는, 내 나름대로의 희망 섞인 추정을 해볼 따름입니다. 또한 그 일로 두고두고 욕을 얻어먹은 것으로 그 값을 어느 정도는 치르지 않았을까 치부해보기도 합니다. 물론 이것으로도 찜찜한 느낌을 다 사위지 못하는 이들이 많겠지만.

나는 또 그분을 감히 '실패한 목회자'라고 부릅니다. 불경不敬을 추궁당한다면, 추모시에서 그를 '바보 목사님'이라고 불렀던 것과 같은 의미에서임을 밝혀두겠습니다.

이 땅의 어느 성공한 목회자가 산꼭대기의 허름한 집에서 병약한 노년의 세월을 보냈던가? 그것도 손수 가꾸어온 가장 크고 부유한 교회를 곁에 둔 채. 그리고 세습을 시켜도 시원치 않을 만큼 사랑스러운 외아들을 먼 나라에 목회자로 내보낸 채.

야훼 하나님은 이사야를 예언자로 부르실 때 뜻밖에도 그의 사역이 실패할 것을 예고하셨습니다.

"너는 가서 이 백성에게 '너희가 듣기는 들어도 깨닫지는 못한다. 너희가 보기는 보아도 알지는 못한다'고 일러라. 너는 이 백성의 마음을 둔하게 하여라. 그 귀가 막히고, 그 눈이 감기게 하여라. 그리하여 그들이 볼 수 없고 들을 수 없고 또 마음으로 깨달을 수 없게 하여라. 그들이 보고 듣고 깨달았다가는 내게로 돌이켜서 고침을 받게 될까 걱정이다." 이사야 6:9,10

거듭되는 회개의 촉구에도 도무지 귀를 기울이지 않는 이스라엘 백성들에 대한 반어법적 경고입니다.

선지자의 외침이 실패한 자리에서 문득 성취되는 하나님의 목소리. 사람의 사역이 실패한 자리에서 비로소 성공하는 성령의 사역. 이것이 목회의 겸손이며, 세속적 실패로써 영적 성공을 얻는 십자가의 길이 아닐까 합니다.

현실적 성취의 드넓은 자리를 자신이 차지하려 하지 않고, 그 자리를 성령께 내어드리기 위해 스스로 실패의 좁은 문으로 들어간 종. 한 목사님은 그렇게 실패한 분이었습니다.

내 믿음이 변변치 않은 탓이겠지만, 내 기억으로는 그의 설교에 그다지 큰 매력은 없었던 듯싶습니다. 겉으로 드러나는 카리스마도 돋보이지 않습니다. '들려주는 설교'에 관한 한, 그는 별로 유능하지 못했던 것 같습니다. 대신 그는 '보여주는 설교'의 달인이었습니다.

적빈赤貧의 삶 자체가 눈에 보이는 설교였고, 순수한 일상이 곧 복음의 걸음걸음이었으며, 평생토록 이어진 진솔한 참회는 회개와 용서의 모범이었습니다. 그리고 아무것도 남기지 않은 그의 빈자리는 바로 충만한 은총의 자리였습니다.

'말로 들려주는' 산상수훈들은 차고 넘치는데 '삶으로 보여주는' 산상수훈은 어디에서고 찾아보기 어려운 오늘 이 땅에서, 탄신 100주년을 맞는 한경직이라는 실패한 목회자를 내가 다시금 애타게 찾고 그리워하는 이유입니다.

아버지라 부르지 말라

**교황의 이름
신앙의 아버지**

바티칸의 성베드로 광장에서 열린 로마교황 요한 바오로 2세의 장례미사에 세계 각국의 대통령과 총리를 비롯하여 수만 명의 조문객들이 모여들었다고 합니다. 미처 식장에 들어가지 못한 사람들을 위해서는 두 군데의 축구경기장을 비롯, 27개소에 대형 멀티비전이 설치되기도 했습니다.

'예수 그리스도의 대리자' The Vicar of Jesus Christ라는 칭호를 가진 교황의 장례행사는 두 번 거행되었는데, 그 엄숙하고 장중하기 이를 데 없는 광경이 시신을 삼베로 싸서 돌무덤에 누인 것이 고작이었던 예수님의 마지막 길 마태복음 27:59과는 전혀 딴판입니다.

공산권 폴란드 출신으로 제264대 교황의 위에 오른 고인은 재임 27년 동안 가톨릭의 제도와 전례典禮에 관하여 괄목할 만한 개혁조치들을 단행했고, 개신교 유대교 이슬람 불교 등 타종교들에 대한 이해와 관용의 큰 발걸음으로 개혁신앙의 프로테스탄트보다 한층 더 진보적인 면모를 과시함으로써 세계인들에게 깊은 감화를 끼쳤습니다.

젊은 시절 시와 희곡을 쓰고 연극무대에 서기도 했던 고인은 그 개방적이고 자유로운 정신으로 바티칸의 완고한 가슴을 보다 넓게 열어 종교다원화의 시대를 능동적으로 주도하면서, 20세기의 가톨릭을 그 명칭에 걸맞은(?) '보편 종교'Religion of Catholicity로 변모시켜 나갔습니다.

명칭 이야기가 나온 김에 로마교황의 명칭을 잠깐 들여다볼까 합니다. 교황은 수많은 이름를 가지고 있습니다. 제1대 교황인 사도 베드로의 후계자, 로마교구 수석대주교, 예수 그리스도의 대리자, 전 가톨릭교회의 총대주교, 이탈리아 수석대주교, 바티칸시국市國의 원수, 하나님의 종들 중의 종.

천주교 전래 당시 교화황敎化皇이라는 명칭을 사용했던 한국천주교회는 그 뒤 교종敎宗이라는 호칭을 잠시 쓰다가 1965년 제2차 바티칸 공의회 이후에는 교황敎皇이라는 칭호를 공식적으로 사용해오고 있는데, 본래의 명칭과는 꽤 거리가 있는 듯합니다.

교황을 이탈리아어로는 일 빠빠Il Papa, 그리스어로는 빠떼르 $\pi\alpha\tau\eta\rho$ pater, 영어로는 포프 The Pope라고 부르는데, 모두 아버지라는 뜻의 라틴어 빠빠스Papas에서 유래된 말입니다. 일반적으로 가톨릭 성직자를 가리키는 신부神父라는 칭호도 마찬가지입니다.

생부生父를 말하는 것이 아님이 분명한 '일 빠빠 빠떼르 빠빠스' 등의 호칭은 결국 신앙의 아버지 또는 영적인 아버지라는 뜻이며 세속적 군왕의 의미는 지니고 있지 않습니다. '로마교구의 최고 수장'The Supreme or Sovereign Pontiff in Rome이라는 행정적 명칭도 종교조직상의 호칭일 뿐, 정치적 의미는 전혀 없습니다.

자체의 통치기구를 가진 독립국가 바티칸시국이 헌법으로 삼고 있는 교회법전 Codex Juris Canonici 제135조는 "통치권은 입법권과 집행권과 사법권으로 구분된다"고 규정하고 있습니다. 평의회 국무원 재판소 등 3권이 분립된 민주국가 형태를 채택한 듯 보이지만, 3권 모두 교황권에 종속된 비민주적 신정체제를 유지하고 있습니다. 교황이 아버지라면, 철저히 권위적인 가부장이겠습니다.

땅에 있는 자를 아버지라 부르지 말라

"빠빠"를 외치며 눈물짓는 조문객들의 모습에서 문득 예수님의 말씀이 상기되는 것은 웬 까닭인가?

"땅에 있는 자를 아버지라 부르지 말라. 지도자로 불리지도 말라. 너희 아버지, 너희 지도자는 한 분뿐이니 곧 하늘에 계신 분이다." 마태복음 23:9

어찌 친부親父를 아버지라 부르지 말라는 뜻이랴? 예수님 말씀의 뜻은 "어떤 사람도 신앙의 아버지나 영혼의 지도자가 될 수 없고, 또 그렇게 여겨서도 안 된다"는 '영적 예속의 단절'이며, 종교의 굴레에 묶여 영혼을 노략질당하고 있는 신자들에게 선포하는 '자유롭게 하는 진리' 요한복음 8:32 입니다.

교황이라는 군주적 칭호에서는 중세의 타락한 정치사제들, 그 역겨운 종교권력의 악취가 풀풀 풍겨나와 달갑지 않지만, 일 빠빠의 호칭은 "아버지라 부르지 말라"는 예수님의 가르침에 일부러 어깃장을 놓는 것만 같아 여간 황망스러운 것이 아닙니다.

그리스도 외에는 하나님과 인간 사이에서 어떤 중보자도 인정하지 않고 도리어 이를 우상으로 간주하는 성서의 눈으로 볼 때, 신앙의 아버지나 영혼의 지도자를 뜻하는 일 빠빠의 호칭은 성서적이지도 신앙적이지도 않습니다. 차라리 교황이라는 군왕君王의 칭호가 정치사제들의 역사적 정치적 실체에 더 잘 어울리는 솔직한 표현이 아닐까?

"야훼께서 목자들을 대적하여 양의 무리를 그 손에서 찾으리니, 목자들이 양을 먹이지 못하며 그들 자신도 다시는 먹지 못하리라." 에스겔 34:10

"소경이 누구냐? 내 종이 아니냐? 나의 사자使者 같은 귀머거리가 또 누구이겠느냐?" 이사야 42:19

번지르르한 직업종교인들을 우상만큼이나 미워했던 광야예언자들의 분노를 예수님은 한층 더 무서운 경고로 이어갑니다.

"소경이 소경을 인도할 수 있느냐? 둘이 다 구덩이에 빠질 뿐. 거짓 선지자들을 삼가라. 양의 옷을 입고 오지만 그 속은 약탈하는 이리다." 누가복음 6:39 마태복음 7:15

성서 속의 제사장들, 중세의 정치사제들만을 향한 경고가 아닙니다. 그들 못지않게 사제화된 여타 종교의 성직자들, 관료적 조직의 정상에 앉아 종교권력의 쏠쏠한 재미를 누리고 있는 직업종교인들. 이들이 저 섬뜩한 광야의 경고에서 제외되어야 할 어떤 이유도 나는 알지 못합니다.

고인에 대한 애도의 뜻을 가톨릭인들과 기꺼이 공유하는 나는 그분의 고상한 인품, 소외된 이들을 향한 따뜻한 배려, 그리고 진취적인 평화의 업적들을 결코 작지 않은 마음으로 추모하고 있습니다.

그렇기는 해도 '빠빠'라는 중보자의 호칭에서 오는 영적 부자유의 느낌, '교황'이라는 군주적 칭호에 담긴 종교권력에의 향수 따위는 아무래도 마뜩찮습니다.

"교황은 어느 한편만을 위해서 봉사하지 않고 모든 인류의 영광을 위해 애쓴 최고의 휴머니스트였다."

고인을 '일 빠빠'가 아니라 뛰어난 휴머니스트로 회고하는 비신앙인 고르바초프의 추모사가 차라리 그리스도의 음성에 더 가까울지도 모르겠습니다.

"땅에 있는 자를 신앙의 아버지라, 영혼의 지도자라 부르지 말라."

오두막집 교황

라틴어를 모르는
무식한 교황

'고뇌하는 교황'이라고 불렸던 바오로Paolo Ⅵ세는 자유주의자들과 보수주의자들 양쪽으로부터 동시에 비난을 받았던 딱한 인물입니다. 현대사조의 급격한 흐름 속에서 바오로 Ⅵ세 자신은 상당히 자유주의적인 입장에 서 있었지만, 과격한 개방론자들은 교황이 과거의 전통을 과감하게 내어버리지 못한다고 비난했고, 반대로 보수주의자들은 교황의 여러 개혁조치들을 늘 못마땅하게 여겼습니다.

상반되는 주장으로 가톨릭교회의 정체성이 흔들리게 되자, 고뇌하는 교황 바오로 Ⅵ세는 13세기말의 교황이었던 첼레스티누스 Celestinus Ⅴ세의 무덤을 찾아 무릎을 꿇었습니다. 첼레스티누스 Ⅴ세, 그는 가톨릭 역사상 유일하게 교황의 옥좌에서 스스로 걸어 내려온 인물입니다.

첼레스티누스 Ⅴ세의 시대는 교황의 권력이 세속영주들의 힘보다 더 컸던 시기였습니다. 종교권력의 맛에 취한 정치적 사제들이 2년 간이나 힘겨운 권력다툼을 벌인 끝에 이탈리아 시골의 무식한 농부 출신인 첼레스티누스 V세를 교황으로 선출하는 데 합의할 수 있었던 것은, 그가 권력에 욕심이 없는 순결한 인격자였으므로 허수아비를 세워놓고 뒷장난을 칠 수 있겠다는 못된 생각 때문이었을 것임이 분명합니다.

라틴어를 할 줄 몰랐던 첼레스티누스 V세는 그것을 전혀 부끄럽게 여기지 않고 모국어인 이탈리아어로 미사를 집전했습니다. 의식과 인습에 얽매이지 않고 자신의 부족함을 조금도 감추지 않는 고결한 인격의 표현이었습니다. 라틴어를 모르는 대신, 그는 진실을 알고 있었습니다. 그래서 첼레스티누스 V세는 '라틴어가 아닌 다른 언어로 미사를 집전한 최초의 개혁적 교황'이 되었습니다.

그는 교황이 되기 전에 산속의 동굴과 오두막에 거하면서 고행과 경건의 훈련을 생활화하는 '바보들의 수도회'를 이끌었습니다. 그 바보들은 깊은 영성과 청빈한 삶으로 주위에 큰 감화를 끼쳤고, 사제들뿐 아니라 많은 신자들로부터 신뢰와 존경을 받았습니다.

첼레스티누스 V세의 경건한 신앙심은 드디어 그를 교황이 되게 했지만, 그것은 또한 그의 교황직 수행을 어렵게 한 원인이 되기도 했습니다. 경건한 신앙심만으로는 얽히고설킨 권력관계의 갈등을 조절하는 일이 불가능했던 것입니다.

아니나 다를까, 세속영주들은 첼레스티누스 V세의 겸손하고 비정치적인 성품을 악용하여 가톨릭교회의 힘을 빼앗으려 했고, 권력의 맛에 대한 기억을 잊지 못하는 정치적 사제들은 자기들의 손으로 권좌에 앉힌 교황을 이제는 제거하기 위해서 혈안이 되었습니다.

평생을 청빈하게 살아온 첼레스티누스 V세는 교황청 안에서도 관저의 전용 침실을 사용하지 않고 경내에 오두막을 짓고 들어가 살았다고 합니다. 궁궐 안의 호의호식에 젖은 나머지 영적으로 나태해지지 않을까 염려했기 때문입니다. 요즈음 식으로 말한다면, 관저나 호화 아파트에서 나와 산꼭대기 달동네로 들어간 셈입니다.

그는 일부 타락한 사제들이 혼배성사婚配聖事나 종부성사終傅聖事 때 신도들로부터 은밀히 받아 챙겨오던 사례비의 관행을 과감히 폐지했습니다. 교황청에서 사제들에게 지급하는 생활비 외에는 누구로부터의 어떤 명목의 금전수수도 허락하지 않았고, 도리어 이를 뇌물로 간주하여 처벌했습니다. 그런 '숨은 부끄러움의 관행'들이 고린도후서 4:2 돈을 사랑하게 만드는 일만 악의 뿌리디모데전서 6:10임을 잘 알고 있었기 때문입니다.

혼인예배니 발인예배니라고들 하지만 분명히 '예배'라고 말할 수 없는 행사들을 굳이 교회당 안에서 치르면서, 시중市中의 일반 예식장 비용보다 별로 적지도 않은 사례비를 신도들로부터 넙죽넙죽 받아오고 있는 목사님들에게는, 첼레스티누스 V세의 사례비 폐지조치는 여간 씁쓰레한 일이 아니겠습니다.

첼레스티누스 V세는 자신이 사제였을 때는 교황의 수장권首長權을 인정하고 그 권위를 존중했지만, 스스로가 교황이 되어서는 아무런 권위도 위엄도 부리지 않았습니다. 교회의 머리인 '그리스도의 권위' 외에는 그 어떤 권위나 위엄도 인정하지 않았던 것입니다. 당연히 그는 권력에 눈먼 '정치사제'들과 돈맛에 길들여진 '삯군사제'들로부터 미움을 사게 되었고, 세속영주들과의 사이에서도 심한 갈등을 겪지 않을 수 없었습니다.

당시 첼레스티누스 Ⅴ세가 취할 수 있었던 가장 쉽고도 현실적인 방법은 전통적인 교황의 힘을 구사하여 정치사제들의 입맛을 맞춰주고 세속영주들의 기를 꺾는 한편, 타락한 삯군사제들의 탐욕을 적당히 눈감아줌으로써 자신의 현실적 위치를 확고히 다지는 일이었을 것입니다. 그런데 첼레스티누스 Ⅴ세는 느닷없이 교황직을 사임하고 시골의 오두막으로 다시 돌아가버렸습니다. 즉위한 지 불과 5개월 만의 일입니다. 다른 사람은 몰라도, 그는 오직 '버림'만이 최선의 길이었음을 확실히 깨달았던 모양입니다.

정치권력보다 더 타락한 것이 종교권력이요, 세속의 권세보다 훨씬 더러울 수 있는 것이 종교적 권위입니다. 오늘날 기독교든 불교든, 정통이든 이단이든 한국의 모든 종교계가 그 전형典型의 모습을 적나라하게 보여주고 있습니다.

버리는 교황
빼앗는 교황

첼레스티누스 Ⅴ세는 종교권력을 휘두르며 정치적 농단을 일삼는 교황청의 옥좌에 높이 앉은 채 '참사도'의 길을 걸을 수 없었습니다. 세속권력이든 종교권력이든, 권력이란 어차피 신앙과 바르게 만날 수 없는 것임을 그는 밝히 깨달았습니다. 그는 영광의 길을 버리고 고난의 길, 십자가의 길을 걸었습니다. 궁궐을 버리고 다시금 오두막을 택한 것입니다.

그러나 애석하게도 첼레스티누스 Ⅴ세는 그 오두막에서조차 편안하게 거할 수 없었습니다. 그의 뒤를 이어 교황이 된 보니파스Bonifas Ⅷ세란

자가 턱없는 이유를 걸어 그를 감옥에 가두었고, 곧이어 자객을 보내 암살하고 말았기 때문입니다.

타락한 정치사제요 스스로를 교황이 아니라 '황제'라 불렸던 보니파스 Ⅷ세는, 경건한 수도사들과 신자들로부터 여전히 추앙을 받는 전임자를 그냥 두고 볼 수 없었습니다. 자신의 삶과 너무도 대조적이었기 때문입니다. 그 윤리적 열등감이 정략적 음모와 야합하여 교황인 자신에게 살인자의 낙인을 찍고 말았습니다.

첼레스티누스 Ⅴ세가 '버리는 교황'이었다면 보니파스 Ⅷ세는 '빼앗는 교황'이었습니다. 그런데 이 '버림의 교황'은 죽은 뒤에까지도 또 버리고 버려야만 했습니다. 열렬한 교황숭배자였던 문호 단테는 첼레스티누스 Ⅴ세가 교황직을 함부로 떠났다는 이유로 그를 지옥에 보내버렸기 때문입니다. 그의 희곡 「신곡」Divina Commedia 속에서 말입니다.

그러나 나는, 단테가 만약 지옥에 갔다면 첼레스티누스 Ⅴ세가 아니라 아마도 보니파스 Ⅷ세를 만나지 않았을까 짐작해봅니다. 단테가 첼레스티누스 Ⅴ세를 만나기 위해서는 아마도 천국에 가야만 했을 것입니다. 첼레스티누스 Ⅴ세는 저 위대한 '버림'을 통하여 천국의 모든 것을 얻었고, 보니파스 Ⅷ세는 그 천박한 '빼앗음'을 통하여 천국의 모든 것을 잃었으리라 여겨지기 때문입니다. 누가복음 9:24

소용돌이치는 가톨릭의 내분 속에서 첼레스티누스 Ⅴ세의 무덤을 찾아 무릎 꿇었던 바오로 Ⅵ세는, 자신도 그 무덤 속의 선배처럼 세속화된 교권을 몽땅 내어버리고 싶었을지도 모릅니다.

손수 개척을 시작하여 10년 동안 피와 땀과 눈물로 섬겨온 교회, 인근 여학교에 수십 억 짜리 강당을 공짜로 지어주고는 거꾸로 그 강당을 빌려 예배를 드리면서 스스로는 아무런 건물도 부동산도 소유하지 않은 아름다운 교회, 그 나눔과 무소유의 표본 '주님의 교회'를 아무 미련 없이 교우들에게 고이 맡긴 채 머나먼 선교지로 훌쩍 떠나간 어느 목사님의 아름다운 퇴장은, 700년 전 저 '버림의 교황' 첼레스티누스 V세의 이야기처럼 우리의 마음속에 아직도 꺼질 줄 모르는 감동으로 뜨겁게 남아 있습니다.

현실적 안일의 울타리를 '버림'으로써 목사님은 이 땅의 신앙인들로부터 사랑과 신뢰와 존경의 마음을 모두 얻은 것입니다. 그리고 그 자신의 마음도 영적 평안을 얻었을 것입니다.

수십 년 동안 당회장 자리에 홀로 앉아 있어온 것도 모자라 이제는 제 아들에게까지 대물림을 해주고 싶은 어떤 세습종교인들에게, 교회의 성장을 하나님의 은총으로 여기지 않고 자신의 공로와 업적으로 치부하여 그 수고의 대가를 회수하려고 혈안이 된 어떤 상업종교인들에게, 저 오두막집 교황 첼레스티누스 V세가 걸었던 '버림의 발자취'를 들려주고 싶습니다. 아무리 들려주고 또 들려주어도 별 소용이야 없겠지만.

거룩한 옷

절기에 따라 바뀌는 가운

무릇 종교의식을 유지하는 데에는 엄숙한 물질적 규제가 매우 유용합니다. "관념적인 것은 정신과 사유의 형태로 반영된 물질적 세계 이외의 다른 어떤 것도 아니다"라는 마르크스의 믿음이나 "믿게 하려면, 먼저 무릎을 꿇게 하라"는 레닌의 말처럼, 어떤 의식이든지 신체의 규제나 물질적 장치를 통한 통제가 매우 효과적임을 부인하기 어렵습니다.

이러한 '의식의 물질화'는 종교와 신앙을 '진리로서의 사랑'으로 이해하지 않고 푸코Michel Foucault가 지적한 것처럼 '권력으로서의 지식'으로 이해하려는 경향과 무관하지 않습니다.

진리를 '자유의 실천'이라고 보는 푸코는 "진리는 자유로운 영혼의 보상도 아니고 스스로를 해방시킨 자들의 특권도 아니다. 진리는 이 세상의 것이요, 권력을 동반한 것이다"라고 말하면서, 기독교가 자신의 진리를 나타내는 두 가지 규제형식으로 사실의 인지exomologsis와 고백exagoreusis을 들고 있습니다. 사실의 인지는 참회자의 입장을 객관적으로 표현하는 것이고, 고백은 절대자에 대한 완전한 복종관계를 승인하는 언어적 표현을 말합니다. 이러한 규제형식들이 신도들에 대한 관계에서 권력종교권력을 창출한다는 것입니다.

　종교의식의 물질적 규제로서 대표적인 것 중의 하나가 이른바 성의 聖衣라고 불리는 사제복장입니다. 주후 4세기경 성 아나타시오라는 사람이 가톨릭 사제들의 제복을 처음 고안했고, 6세기경에 로마 귀족들의 복장을 본따서 만든 팔리움pallium이라는 직사각형의 두루마기식 사제복이 생겨났습니다. 동방교회 주교들의 공동표지였고 로마 가톨릭의 일부 주교들이 오늘날에도 사용하고 있는 팔리움은 십자가의 장식이 달린 양털 사제복인데, 오랫동안 교황에 대한 친교親交와 일치의 표징으로 여겨져왔습니다.

　1251년 드디어 수탄soutane이라는 검정색 가운이 가톨릭의 사제복장으로 정식 채택되는데, 이것은 엉뚱하게도 이교도 사제들의 예복을 그대로 본딴 것입니다. 로마 교황이 어깨에 걸치는 영대領帶stole도 로마시대 이교도 사제들의 제복에서 차용한 것이고, 머리에 쓰는 물고기 모양의 어두관魚頭冠은 물고기의 신 다곤에서 유래한 것으로 알려져 있습니다. 블레셋의 우상사무엘상 5:2이었던 다곤은 사람의 상반신과 물고기의 하반신을 가진 길이 8미터 가량의 괴물인데, 밤중에 바다에 나타나 배를 습격하고 보석과 부녀자들을 약탈하는 전설적인 악신惡神입니다.

　수탄은 프랑스어로 '밑에까지 내려오는 긴 옷' 이라는 뜻입니다. 검은색은 하나님께 봉사하기 위해서 자신을 죽인다는 뜻이고, 발밑까지

온 몸을 덮는 것은 하나님 앞에서 자신을 감춘다는 의미라고 합니다.

프로테스탄트의 종교개혁으로 존립의 근본문제에 직면하게 된 가톨릭은 1545년부터 1563년까지 트리엔트 공의회를 개최하여 교회조직과 교의敎義 및 제도 등의 일대 개혁을 단행함으로써 역종교개혁逆宗敎改革, Counter - Reformation이라고 불리는 근대 가톨릭의 문을 열었는데, 여기서 채택된 수탄의 격식을 보면 일반사제는 검정색을, 주교는 진홍색을, 추기경은 붉은색을, 교황은 흰색을 입도록 규정하고 있습니다.

오늘날 개신교 목사들의 가운 위에 걸치는 스톨이 절기에 따라 색깔을 달리하는 것도 교황 인노센트 3세가 규정한 가톨릭의 전통을 그대로 따른 것입니다.

그러나 개신교에는 원래부터 성직의 제복이라는 것이 따로 없었습니다. 종교개혁자 루터는 "성찬에 참여하는 신도들은 교황이 집례자에게 기름을 부었는가 아닌가, 제복을 입혔는가 아닌가를 물을 필요가 없다. 성찬은 집례자에게 속한 것이 아니라 성찬을 받는 자에게 속한 것이다"라고 단언했습니다.

한국교회 초기의 목사님들은 양복을 입지 않았습니다. 당시에는 양복이 친일파나 반민족적 인사들의 옷처럼 인식되었기 때문입니다. 그렇다고 따로 무슨 제복을 만들어 입은 것도 아닙니다. 그저 우리 고유의 한복을 깨끗하게 차려 입었을 뿐입니다. 지금 우리도 한복을 다시 꺼내 입자는 말이 아닙니다. 개혁교회는 예배의 의상에 관한 한 어떤 격식이나 규제도 가지고 있지 않다는 뜻입니다.

이즈음 설교자가 예배시간에 예복을 입지 않는 교회들이 늘어나고 있습니다. 영국교회는 목회자의 예복을 허용하면서 성가대의 예복을 반대하고, 미국의 일부 교회들은 성가대의 예복은 허용하지만 목사의 예복은 반대하는데, 그 이유는 설교자의 예복이 설교자와 회중을 갈라놓을 우려가 있기 때문이라고 합니다. 설교자가 홀로 거룩한(?) 옷을 입고 강단에 높이 서 있는 한, 만인제사장의 교회 안에서 그만이 홀로 제사장처럼 인식될 수 있고, 이같은 권위주의적 경직성이 교회 안에 또 다른 외형적 특별계층을 형성할 수 있다는 우려입니다.

개혁신앙은 유대교나 가톨릭과 달라서 예복이나 색깔 따위로 성직자와 평신도를 구분짓는 일을 알지 못합니다.

긍정과 부정
참여와 초월

흔히들 예복이 하나님을 향한 정성을 나타낸다고 말하는데, 예수님이나 베드로나 바울 그리고 신약시대의 모든 사도들이 특별한 예복을 입지 않았지만 그렇다고 해서 그분들에게 하나님을 향한 정성이 없었다고 말할 수 없을 것입니다. 하나님의 말씀을 나날의 삶 속에서 가르치고 실천하며 몸소 모범을 나타내야 하는 목회의 영적 사명에 신도들의 옷과 다른 무슨 특별한 복장이 있어야 된다는 법을 나는 도무지 알지 못하겠습니다.

가룟 유다는 예수님을 잡으러 가기 직전에 로마 군사들과 미리 암호를 짜두었습니다.

"내가 가까이 가서 입을 맞추는 사람이 바로 그 사람이니, 그를 잡으시오. 그자가 곧 예수요." 마태복음 26:48

왜 굳이 이런 암호가 필요했을까? 예수님의 복장이 다른 사람의 옷과 아무런 차이가 없었기 때문이라는 것이 내 추측입니다. 예수가 남의 눈에 띌 만큼 특별한 옷을 있고 있었다면 그런 암호가 필요 없었을 것입니다. 예수님은 옷 따위로 남과 구별되는 분이 아니었습니다. 경건의 모양은 있으나 경건의 능력은 없는 디모데후서 3:5 제사장과 종교지도자들이 화려한 예복으로 스스로를 다른 사람들과 구별했던 것과 크게 다릅니다. 예수님의 경건은 가시적인 외형의 모습 속에 있지 않고 보이지 않는 내면의 영혼 속에 있었습니다.

"인간의 궁극적 관심인 절대적 신앙은 어차피 상징적인 언어로 밖에는 표현할 수 없다"고 지적한 폴 틸리히 Paul Tillich는 "종교적 상징들은 긍정되는 동시에 부정되어야 한다"는 모순된 주장을 폈습니다. 종교적 상징들을 긍정함으로써 궁극적 관심인 절대적 신앙에 '참여'하지만, 어차피 인간의 유한한 경험에서 솟아난 것에 불과한 상징들은 그 자체로는 궁극적 관심을 충족할 수 없기 때문에 상징을 상징 그대로만 받아들여서는 안 되며 그것을 초월해야 한다는 의미입니다.

제정러시아 말기 러시아 정교회의 사제들은 민중의 혹독하고 고된 삶을 외면한 채 "축도를 할 때 손가락을 어떻게 펼 것인가, 사제복을 무슨 색깔로 만들 것인가" 하는 따위로 허구한 날 논쟁을 일삼다가 그만 볼셰비키 혁명을 맞아 종말을 고하고 말았습니다. 상징을 긍정할 줄만 알았지 그것을 넘어서는 부정을 몰랐고, 참여만 있었을 뿐 초월이 없었기 때문입니다.

옷이 없으면 성직의 삶을 나타내지 못하고 옷을 벗으면 성직마저도 벗는 것으로 여길 만큼 '예복의 상징성' 그 자체에 얽매어 있는 오늘의 모습 속에서 '긍정되는 동시에 부정되어야 하는, 참여와 동시에 초월이 있어야 하는' 상징의 의미가 새롭게 다가옵니다.

"내가 손을 들어 유대와 예루살렘의 모든 주민을 치겠다. 이곳에 남아 있는 바알 신상을 없애고, 이방 제사장을 부르는 그마림이란 이름도 뿌리뽑겠다." 스바냐 1:4

그마림은 '검은 옷'이라는 뜻의 아람어로, 이방 제사장들이 입던 검은 사제복 곧 수탄을 가리킵니다. 수탄 사제복의 이름마저도 멸절시키려는 것이 야훼 하나님의 뜻입니다.

"예후가 예복을 관리하는 신하에게 말하기를, 예복을 내어다가 바알을 섬기는 자들에게 주라 하였다." 열왕기하 10:22

아합과 바알 우상을 척결한 예후 왕의 종교개혁조치 중 대표적인 것이 사제복을 입은 바알 사제들을 모두 쳐죽인 일이었습니다.

"율법학자들과 바리새파 사람들이 하는 행실은 모두 사람에게 잘 보이려고 하는 것이다. 그들은 이마나 팔에 성구聖句 넣는 갑을 크게 만들어 매달고 다니며, 옷단에는 길게 늘어뜨린 옷술을 달고 다닌다." 마태복음 23:5

옷술을 길게 늘인 예복 곧 수탄에서 바리새인들의 위선적 종교성을 본 예수님의 날카로운 지적입니다. 저들이 몸에 걸친 소위 '거룩한 옷'에서 예수님은 경건이 아니라 도리어 짙은 허위의식을 꿰뚫어보고 있습니다.

"확실한 기능이 없이 종교적 상징물을 사용하는 것은 상징이 나타내고자 하는 본질을 가릴 위험이 크다"는 틸리히의 우려가 반드시 기우만이 아닌 것은 예나 지금이나 매한가지인 듯합니다.

맥 못 추는 산상수훈

기독교정당론 1

크리스천 이중도덕의 위선자

"누가 네 오른쪽 뺨을 치거든 왼쪽 뺨마저 돌려 대라. 네 속옷을 가지려는 사람에게는 겉옷까지도 내주어라." 마태복음 5:39,40

'윤리학의 에베레스트'라고 불리는 산상수훈의 한 구절입니다. 산상수훈은 그러나 단순한 윤리규범의 하나가 아니라 그리스도 신앙의 핵심이요 요체입니다.

"그리스도인은 예수의 산상수훈을 자기 삶 속에서 직접적이고 구체적으로 실현해나가도록 부름을 받은 사람이다."

정치권력의 폭압성에 온 몸을 던져 저항한 본회퍼 목사의 신념입니다.

막스 베버는 심정윤리心情倫理와 책임윤리責任倫理를 구분하고, 양심으로는 수긍하지만 실제의 삶에서는 결코 따르지 못하는 고차원의 심정윤리를 책임적 행동윤리의 규범에서 제외시키는 관용을 보였지만, 본회퍼는 이를 완강하게 거부하고 예수님의 산상수훈을 일상 속에서 성실하게 실천하는 것만이 그리스도인의 정체성이라고 믿었습니다. 그가 히틀러 암살모의에 가담했다가 옥사한 것도 "정의를 위하여 박해를 받은 사람은 복이 있다. 하늘나라가 그의 것이다"라는 산상수훈마태복음 5:10을 글자 그대로 따르려는 고집스러운 결단 때문이었을 것입니다.

『예수의 생애』를 쓴 슈바이처는 산상수훈이 '임박한 종말을 대비하는 잠정윤리暫定倫理'에 불과하며, 자기 생전에 하나님의 나라가 도래할 것이라는 착각에 빠졌던 예수의 묵시적 환상이었을 뿐이므로 폐기되어 마땅하다고 주장했습니다. 교회당의 파이프 오르간에 앉아 장중한 바흐의 코럴과 칸타타를 즐겨 연주했던 슈바이처는 산상수훈과 종말론에 관한 한 크리스천이기를 포기한 현대 자유주의 신학자들 중의 한 사람이었습니다.

자유주의 신학자들뿐이 아닙니다. 스스로 크리스천이라고 고백하는 사람들 중 상당수가 사실은 슈바이처와 조금도 다르지 않은 생각을 마음 속 깊이 숨겨두고 있다고 까발린다면 꽤나 야박스러운 폭로가 되겠지만, 우선 나 자신부터 그런 자유주의자라는 혐의에서 완전히 자유롭지 못함을 고백해두는 것으로 용서를 구하겠습니다.

예수를 따른다면서도 그의 산상수훈 얘기만 나오면 그냥 멀거니 웃기만 하는 사람들이 적지 않습니다. 산상수훈의 그 깊은 깨달음을 어찌 말로써 논단하겠느냐는 불립문자不立文字의 미소는 물론 아닐 테고, 산상수훈을 바르게 지키지 못하여 계면쩍어하는 솔직함의 표현도 아닌 그 야릇한 웃음의 정체는 아마도 '아직 세상살이를 잘 몰라서 하는 말이지' 하는, 나름대로 인생의 복잡다단한 기미를 다 터득한 달관의 표출인지도 모르겠습니다. 삶의 모진 풍파를 다 겪어보지 못한, 나이 서른을 갓 넘긴 청년 예수의 순진한 이상론이거나 아니면 종교들에 으레 따라붙게 마련인 도덕적 훈계쯤으로 여기는 시각이겠습니다.

그래서인지 "예수 믿으면 복 받는다"며 열심히 전도를 하는 사람들의 입에서도 "가난한 사람이 복이 있다"라든가 "의를 위하여 핍박을 받는 사람은 복이 있다"는 산상수훈의 가르침을 별로 들어본 적이 없습니다. 한마디로, 산상수훈에 그리 큰 신뢰를 두지 않고 있는 것입니다. 교회와 신자들의 숨길 수 없는 현실인식입니다.

"누구든지 살인하는 사람은 심판을 받을 것이라는 옛말을 너희가 들었다. 그러나 나는 너희에게 말한다. 자기 형제나 자매를 바보라고 부르는 사람은 누구든지 지옥 불 속에 던짐을 받을 것이다. 간음하지 말라는 말을 너희가 들었다. 그러나 나는 너희에게 말한다. 여자를 보고 음욕을 품는 사람은 누구나 이미 마음으로 그 여자와 간음한 것이다. 네 오른 눈이 너로 죄를 짓게 하거든 그것을 빼어서 내버려라. 네 오른손이 너로 죄를 짓게 하거든 그것을 찍어서 내버려라. 신체의 한 부분을 잃는 것이 온몸이 지옥에 던져지는 것보다 낫다. 누가 너더러 억지로 오 리를 가자고 하거든 십 리를 같이 가주어라. 네게 달라는 사람에게는 주고, 네게 꾸려고 하는 사람을 물리치지 말아라. 네 이웃을 사랑하고 네 원수를 미워하라는 말을 너희가 들었다. 그러나 나는 너희에게 말한다. 너희의 원수를 사랑하고 너희를 박해하는 사람을 위하여 기도하라."마태복음 5:21~44

더 읽어 내려가기에는 너무 숨이 찹니다. 신상명세서의 종교란에 크리스천이라고 써넣기가 쑥스러울 만큼 문득 '나, 크리스천 맞아?' 하는 의심이 들 정도입니다. 크리스천들이란 입으로는 산상수훈이라는 높은 가치관을 암송하면서도 현실의 이해 앞에서는 영악스럽도록 민감한 이중도덕의 잣대를 지닌 위선자들이라는 비판에 별 변명거리가 떠오르지 않습니다.

그나마 개인적인 삶의 자리에서는 이중도덕의 뻔뻔함에 다소간 양심의 갈등이라도 느낄 법하지만, 사회나 국가의 영역에 이르면 양두구육 羊頭狗肉의 얼굴을 아무 거리낌 없이 여기저기 내밀고 다니는 신자들의 모습을 얼마든지 만날 수 있습니다. 교단의 선거판을 보거나 정치계에 진출한 크리스천들을 보더라도 부인할 수 없는 사실입니다. 오죽하면 총회장 선거에 제비뽑기라는 원시적(?) 방법까지 동원해야 했을까? 정치인들의 부정선거를 우렁찬 목소리로 질타하던 교계지도자들이 총회장선거에는 몇 억을 썼느니, 무슨 향응을 베풀고 다녔느니 하는 양심선언(?)이 총회의 계절이 채 끝나기도 전에 터져나오는 판입니다. 산상수훈을 신뢰하는 신앙인들의 모습이 아닙니다.

빛과 소금은
역할 아닌 존재

277명의 국회의원 중 137명이 기독교신자라는 제16대 국회는 비리사건으로 구속되는 의원을 사상최대로 배출한 불명예를 안았습니다. 미션계 대학총장을 지낸 국회의원 한 사람이 십억대의 불법선거자금을 은밀히 받은 일이 발각되어 구속되기도 했습니다. 그 의원은 정치에 입문하기 전에 강단에서 산상수훈을 설교하던 성직자인데, 구속되면서 내뱉은 말이 "돈을 받아 전달하기만 했는데 이럴 수가 있느냐?"는 항변이었습니다. 그 항변 어디에서도 산상수훈의 엄정한 윤리는 찾아볼 수 없습니다. 대통령을 당선시킨 정당의 선거대책본부장도 돈 문제로 구속되었는데, 대를 이어오는 모태신앙의 5선의원입니다. 두 사람 모두 재판을 거쳐 유죄가 확정되었지만, 얼마 후 곧 사면되었습니다.

기독교신자인 국회의원 몇 사람을 탓하는 말이 아닙니다. 정치현실에서 전혀 맥을 못 추는 산상수훈의 가엾은 처지가 안쓰러워서 하는 말입니다. '크리스천들에게 산상수훈은 과연 무엇인가?' 하는 근본적인 물음이 떠오르는 것은 당연합니다. 산상수훈을 곧이곧대로 믿었던 본회퍼는 너무 순진했던가?

본회퍼까지는 아니더라도, 그 실천불가능한(?) 하나님의 가치 앞에서 적어도 번민하고 갈등하는 고뇌 정도는 늘 가슴에 품고 있어야 하지 않을까? 예수는 산상수훈에서 크리스천들에게 "세상의 빛이요 소금"이라는 듣기에도 민망한 명명命名을 내렸지만 "맛을 잃은 소금은 버림받아 발에 짓밟힐 뿐"이라는 무서운 경고도 잊지 않았습니다. 마태복음 5:12, 13

나는 크리스천의 실천적 정체성이 '산상수훈에 대한 신뢰'에 있다고 굳게 믿습니다. 남의 신앙에 어깃장을 놓으려는 심보에서가 아닙니다. 내 믿음을 반성하는 자책에서입니다. 그 동안 산상수훈을 신뢰하지 않는 사람들이 한국교단과 교회들을 떡 주무르듯 주물러왔다고 말한다면 돌팔매를 맞아야 할지도 모르지만, 돌에 맞는 것보다 더 걱정스러운 일이 눈앞에 벌어지고 있어서 꼭 한 마디 하지 않을 수 없게 되었습니다.

총선을 앞두고 개신교 목회자들이 기독교정당을 창당한다는 뉴스가 그렇게 황당하게 들릴 수 없습니다. 그분들의 창당선언문에는 "정치적 논리가 아닌 신앙의 논리로 하나님 나라를 구현하기 위해 빛과 소금의 역할을 하는 정당이 되겠다"는 창당이념과 "격변기에 사회통합과 조정 화해 상생을 통해 국익을 대변하는 정치를 실현하겠다"는 엄숙한 결의가 들어 있습니다.

'기독교정당'도 엄연히 정치결사인 이상, 그것이 어떻게 정치논리가 아닌 신앙의 논리가 될 수 있는지도 의아하지만, 빛과 소금의 '역할' 운운하는 대목에 이르면 놀라서 벌어진 입이 다물어지지 않습니다. 교회와 목사의 자리만으로는 빛이요 소금일 수 없었던가? 정당을 만들고 정치인이 되지 않고는 빛과 소금의 역할을 할 수 없다는 말인가?

예수님은 크리스천들에게 "빛과 소금이 되라"고 말씀하지 않았습니다. "빛과 소금의 역할을 하라"고도 명령하지 않았습니다. "너희가 이미 빛이요 소금이다"라는 것이 예수가 정의한 크리스천의 정체성입니다. 크리스천은 그 자체로서 이미 빛이요 소금이어야 합니다. '존재' 자체의 문제이지 무슨 '역할'의 문제가 아닙니다.

빛이 빛으로서 제 자리에 서 있기만 하면 어두움은 저절로 물러가는 법입니다. 따로 무슨 역할을 하고 말고 할 것이 없습니다. 스스로를 녹여 주변을 정화하는 소금의 소명은 '자신의 해체'이지 '동지들과의 결사'가 아닙니다. 해체는 무슨 역할이 아니라 존재의 소멸일 뿐입니다. 세상이 어두운 까닭은 기독교인들의 '정당'이 없어서가 아닙니다. 크리스천들의 '정체'가 없어서입니다. 정당이 필요한 것이 아니라 빛의 정체성이 필요합니다.

개신교 장로와 가톨릭 신자가 연이어 대통령이 되었어도 깨끗해지지 못한 정치, 갖가지 화려한 정강 정책의 미사여구에도 불구하고 한 걸음도 진전하지 못하고 있는 이 지지리도 못난 정치계가, 성경을 가슴에 안은 직업종교인들이 선거팸플릿을 뿌려대는 직업정치인으로 변신한다고 해서 과연 더 나아질 수 있을 것인지. 기대에 차서 하는 말이 아닙니다. 절망감이 더 커질까 걱정이 되어 하는 말입니다.

  들기 싫겠지만, 지금처럼 빛도 어두움도, 소금도 모래도 아닌 모호한 정체성을 가지고 어떻게 빛과 소금의 역할을 다 하겠다는 것인지 그저 아득한 느낌뿐입니다. 교회와 강단에서조차 전혀 맥을 못 추는 산상수훈을 들고 저 아수라장 같은 정치판을 개혁해보겠다는 배짱이라면 그 위선의 두터움에 기가 질릴 따름이고, 산상수훈일랑 고이 접어 성서의 갈피 속에나 끼워둔 채 1,000만 신도의 머릿수를 업고 정치계에 뛰어들 심사라면 '기독교' 운운하는 따위의 명의도용만은 제발 삼가주었으면 하는 마음입니다.

가이사와 하나님

기독교정당론 2

정치권력에 대한 예언자적 비판

그 동안의 은인자중(?)을 풀고 드디어 정치에 직접 손을 대야겠다고 결심한 개신교 목사님들의 의욕이 그리 엉뚱하기만 한 것은 아닐지도 모릅니다. 교회 숫자가 6만에 이르고 목회자만도 10만 명을 넘은데다가 신도수가 1,000만에 달한다는 교세 때문만이 아닙니다. 지난 수십 년 동안 개신교 성직자들만큼 정치역량을 꾸준히 키워온 그룹도 달리 없을 것이기에 하는 말입니다.

교권을 둘러싼 지독한 분열의 발자취, 혼탁한 선거운동의 이력들은 지금 당장 현실정치에 그대로 옮겨놓는다 한들 조금도 손색이 없을 정도입니다. 이합집산으로 어지럽기 짝이 없는 한국정당사도 한국개신교단의 분열상에는 차마 미치지 못합니다. 장로교단 하나만도 170여 개로 쪼개지고 갈라져 있는 형편이니 말입니다. 이런 '정치실습장'이 없습니다. 이제까지 교권주의자들의 노회한 정치적 행태에서 산상수훈에 대한 신뢰를 찾아볼 수 없는 것은 나 혼자만의 경험이 아닐 것입니다. 이미 공지公知의 사실에 속하게 된 일입니다.

그래서 걱정되는 것이, 기독교정당을 창당하겠다고 나선 이들의 면면 속에 이제껏 총회와 교단의 고위직을 지내오면서 '종교권력'의 바벨탑 위에 우뚝 올라앉은 인사들이 어지러이 섞여 있지 않은가 하는 의혹입니다. 목회세습이나 성추문으로부터 자유롭지 못한 얼굴들도 간간이 보이는 모양입니다. 일체의 비판과 충고를 '하나님의 종'이라는 성직의 울타리로 엄중 차단한 채 교회와 사회로부터의 윤리적 지탄을 애써 외면하는 목회자일수록 정치활동에 더 열심인 듯합니다. 무슨 자격지심에서의 보상심리야 아니겠지만.

정당이란 것이 어차피 정권의 획득을 목표로 하는 결사인 이상, 평신도가 아닌 직업종교인들이 만들려는 기독교정당의 모습이 결국 '종교권력' 위에다 '세속권력'을 더 얹으려는 것 외에 다른 무엇이 될 것인지, 선명한 모습이 언뜻 떠오르지 않습니다.

종교권력의 축적을 통한 정치실습의 경력만이 아닙니다. 한겨울 추위보다 더 으스스했던 유신시절부터 지금까지 줄곧 계속되고 있는 국가조찬기도회인가 무슨 기도회인가 하는 식사모임은 정치권력과 종교권력을 매우 친숙한 관계로 만들어왔습니다. 유신독재와 신군부의 철권 아래 어린 학생들이 줄줄이 투옥되고 젊은 노동자들이 제 몸에 기름 부어 불을 그어댈 때, 이 땅의 유명한 목사님들은 최고급 호텔에서 풀코스로 나오는 양식 테이블에 앉아 은은한 밴드의 반주에 맞춰 찬송가를 부르며 최고통치자를 위한 기도를 간절히 드려왔습니다. 물론 나라를 잘 이끌도록 도와주십사 하는 기도였음에 틀림없을 터이니 무슨 시빗거리야 될 턱이 없지만, 왠지 찜찜한 느낌을 지우기도 쉽지 않습니다.

대통령과 권력의 실세들이 임석하는 조찬기도회의 설교나 기도 순서를 맡으려고 물밑 교섭을 벌인다거나 성직자들끼리 협상을 한다는 따위의 뜬소문에는 귀를 기울이기도 싫습니다. 아무려니, 정말 그렇기야 할까. 허튼소리로 접어두겠습니다.

다만 불의한 왕과 제사장들에게 기도가 아니라 저주와 질타를 퍼부었던 구약의 예언자들이 생각나는 것은 어쩔 도리가 없습니다. 예언자들은 왕권과 '친화관계'가 아니라 늘 '긴장관계'를 유지했습니다. 권력에 대한 예언자들의 위치는 "조정과 화해의 정치를 지향한다"는 정치목사님들의 나긋나긋한 속삭임보다는 "내가 세상에 평화를 주러 온 줄로 생각하지 말라. 화평이 아니라 칼을 주러 왔다"는 예수님의 섬뜩한 도전 마태복음 10:34 쪽에 더 가까웠습니다. 그것이 성서가 말하는 예언자들의 정치참여였습니다.

"가이사의 것은 가이사에게, 하나님의 것은 하나님에게" 마태복음 22:21 라는 예수님의 말씀을 고전적인 정교분리의 원칙으로 써먹는 데에 동의할 생각은 없습니다. 예수님의 뜻은 정치원리가 아니라 '영성의 거룩함'에 있는 것으로 보아야 하겠습니다.

사람은 누구나 정치의 현장에 소속되게 마련입니다. 기독교인이라고 예외가 아닙니다. 하나님의 백성이라 해도 가이사의 왕국을 이탈할 권리는 없습니다. 로마서 13:1 싫든 좋든, 소극적 피동적으로나마 어떻게든 정치와 관계를 맺지 않고는 살아갈 수 없습니다. 투표를 하고 세금을 내야 하며, 전쟁이 나면 참전을 하거나 피난을 가야만 합니다. 투표를 거부하거나 납세와 국방의 의무에 저항하는 것 역시 일종의 정치행위로 분류될 개연성이 높습니다.

개인으로서의 크리스천이 개인의 이름과 자격으로 정치에 참여하는 것처럼, 교회는 교회의 이름과 자격으로 정치에 참여합니다. '정치권력에 대한 예언자적 비판', 그것이 바로 교회와 종교의 정치참여 방식이라는 데 나는 아무 의심도 가지지 않습니다. 편협한지는 모르지만, 다른 형식의 정치참여가 따로 있을 수 없다는 것이 내 생각입니다.

유럽의 기독교정당이라는 것들도 실은 기독교의 간판만 내세운 세속적 직업정치인들의 정치집단인 경우가 대부분입니다. 기독교정당은 프랑스의 나폴레옹 치하에서 수도원 원장인 라므네Lamennais가 중심이 되어 만들었다가 7월혁명을 거치면서 흐지부지되고 만 것이 맨 처음의 일이고, 19세기 후반 독일에서 기독교사회노동당이, 프랑스에서 기독교민주당이 각각 결성되었으나 수명이 그리 길지 않았습니다. 그 후 독일과 이탈리아에서 잇따라 기독교민주당이 창당되어 한때 집권당의 자리를 차지하기도 했지만 그 동안 당내에서 수많은 비리 독직사건들이 터져나와 국민의 신뢰를 크게 잃어갔습니다. 그래도 "무슨 기독교정당들이 그 모양이냐?"는 비판은 들려오지 않습니다. 어차피 세속정치인들의 정치집단일 따름인 것을 누구나 알고 있기 때문입니다.

정치판에서는 표가 하나님이더라

세속도시The secular city 안에 살고 있는 크리스천들이라고 해서 곧바로 세속적 정치과정에 직업정치인으로 가담해야 하는 것은 아닙니다. 이방선교에 온 생애를 바친 사도 바울도 자기 민족의 역사에 진지하게 참여했던 사람입니다. 오죽하면 "혈육을 같이하는 내 동족을 위해서라면, 나 자신이 저주를 받아 그리스도에게서 떨어져 나갈지라도 조금도 한이 없겠다" 로마서 9:3라고까지 토로했을까?

그러나 바울은 정치결사를 조직하지 않았습니다. 로마의 압제 아래 신음하는 조국의 참담한 정치현실에도 불구하고 바울은 애국적 정치투쟁에 나서지 않았습니다. 구약의 예언자들처럼 불의한 권력을 향해 사자후 같은 질타를 쏘아댔을망정 사도행전 26:25~29, 가이사와 헤롯을 상대로 정치투쟁이나 정권획득운동에 나선 일이 없습니다. 그것은 하나님을 신앙하는 사도의 정치참여 방식이 아니기 때문입니다.

모르긴 해도, 장로교단이 정당을 만들면 아마 침례교와 감리교단도 곧장 뒤따라 정당을 만들려 할 테고, 그 보수색채에 치를 떠는 인사들은 따로 기독교개혁정당이란 것을 창당하려 들 것은 뻔한 노릇입니다. 그렇게 되는 날엔 가톨릭이나 불교나 유교 쪽에서도 가만히 있지만은 않을 것 같습니다. 단군교인가 하는 토속종교에서는 이미 오래 전부터 정당활동을 해오고 있는 터입니다.

그렇지 않아도 숱한 정당들의 포말 같은 생멸 生滅에 정신이 산란한 판인데, 장로교정당과 감리교정당, 보수기독교당과 크리스천개혁당, 불교당과 가톨릭당, 유교당과 단군교정당이 시도 때도 없이 생겼다가 사라지고 또 붙었다가 다시 떨어지곤 하는 지겨운 꼴을 보아야 한다면, 아아, 이보다 더 쓰레기 같은 종교정치의 계절이 지구상에 또 있었던가 싶어질 것이, 지레 겁부터 먹게 됩니다.

가뜩이나 지역과 계층을 따라 철저히 갈라져온데다 다시 여와 야로, 보수와 진보로, 친미와 반미로, 성장과 분배로 갈가리 찢어져 정치판이 너덜너덜한 지경인데, 이제 와서 느닷없이 종교와 교파별로 또 쪼개지고 나뉜다면 사회갈등만 더 크게 조장될 것은 불문가지입니다.

빛과 소금이라니? 교회와 강단에서조차 제대로 비추지 못하던 빛을 어찌 정치판에서 갑자기 비추겠으며, 자신의 삶 속에서도 녹아내리지 못하던 소금이 어떻게 권력투쟁의 현장에서 스스로를 해체하며 희생해갈 수 있을까?

"산상수훈만으로는 정치를 할 수 없더라"라는 목사님들의 뒤늦은 고백이 내 귀에 벌써 들려오는 듯합니다. "정치판에는 하나님이 따로 없더라. 표가 곧 하나님이더라"라는 철늦은 깨달음도 뒤따르지 않을까 미리부터 안쓰러워집니다.

개혁과 시민운동의 물결이 전에 없이 거칠게 넘실거리는 이 시기에 꼭 기독교정당을 만들어야겠다는 생각을 굳힌 종교인들의 속마음이야 자세히 알 길이 없지만, 나름대로는 '걷잡을 수 없이 세력을 뻗어가는 친북좌파親北左派의 흐름을 기독교의 힘으로라도 차단하지 않으면 안 되겠다'는 절박감 때문이 아니겠는가 추측해봄 직합니다. 그 절박감이 '공산주의를 꺾고 세계시장을 정복한 자본주의체제가 기독교의 원리에 부합하는 것'이라는 단단한 자신감에서 나온 것이라면 그 단세포적인 역사인식을 우려하지 않을 수 없습니다.

'프로테스탄티즘의 윤리와 자본주의의 정신' 막스 베버만으로는 합리화되지 않는 모순들이 현대금융자본주의의 시장 안에 수두룩하고 그 폐해의 늪 또한 자못 깊습니다. 마르크시즘이 명백히 성서의 원리에 어긋나는 것이라 해서 곧바로 자본주의체제가 성서의 경제관에 전적으로 부합한다는 섣부른 단정을 내리기에는 아직 이릅니다.

"마음이 가난한 사람은 복이 있다"라는 마태복음의 산상수훈이 누가복음에서 "가난한 사람은 복이 있다" 5:3라고 수정되어 있는 것에 예민하게 주목하는 나로서는, 예수님이 '가난한 마음' 뿐 아니라 '빈

궁한 삶'에도 지극한 관심을 가지고 있음을 복음의 또 다른 은혜로 받아들입니다. 자본주의가 비록 자유의 이념과 책임의 원리에서는 정당하다 할지라도, 그 실제의 운용에서 나타나는 극심한 빈부의 격차, 재화의 독점, 기회의 불평등, 생활의 타락상 같은 물신주의의 우상까지 모두 성서적이라고 치부해버릴 수는 없습니다. 그것들은 끊임없이 시정되어가지 않으면 안 되는 자본주의의 본질적인 부조리들입니다.

지난 1세기 동안의 자본주의와 공산주의의 결전장에서 자본주의의 완승을 선언했던 후쿠야마F. Fukuyama조차도 자본주의의 지속적 발전을 위해서는 경제적 자본 외에 '신뢰'라는 사회적 자본이 필수적이라고 지적한 바 있습니다. 그가 제시하는 사회적 자본이란 사회구성원 개개인의 정직성과 상호신뢰를 바탕으로 하는 공동체적 협동심입니다. 이기적 동기와 경제적 성취의 욕구로만 무장한 자본주의는 공산주의보다 더 고약한 유물론의 우상으로 나타날 수 있습니다.

공산주의가 역사에서 사라져가는 이즈음, 자본주의는 승리의 자신감에 도취하기보다 아직은 좀더 겸손해질 필요가 있습니다. "공산주의의 북쪽이 미쳐 있다면, 자본주의의 남쪽은 썩어 있다"는 어느 탈북자의 탄식이 예사롭게만 들려오지 않습니다. 매우 송구스런 일이 되겠지만, 보수적 가치의 소멸을 걱정하며 직업종교인에서 직업정치인으로 변신을 시도하는 분들께는 한마디 위로의 말씀을 상기시켜드리려 합니다.

"야훼께서 나라들의 계획을 흩으시고 민족들의 사상을 무효로 돌리신다." 시편 33:10

그러니 손놓고 가만히 앉아들 계시라는 시건방진 말이 아닙니다. 소련의 붉은 광장에서 철의 장막을 걷어낸 것은 러시아 정교회의 성직자들이 아니었습니다. 물론 기독교정당도 아닙니다. 소련에서 마르크스-레닌의 유훈통치를 끝장낸 것은 놀랍게도 공산정권의 최고통치자인 고르바초프였습니다.

  드넓은 소비에트의 동토凍土에서 마르크시즘의 우두머리를 도구로 삼아 마르크시즘의 이데올로기를 무효로 돌리신 하나님, 가이사들의 세계 속에서도 친히 역사를 총람總覽하시는 그분의 섭리를 믿는 신뢰가 오늘 이 사회의 각박한 정신토양에 찬찬히 뿌리내리도록 애쓰는 일이야말로 성직자들의 참본분이 아니겠는가? 정치인으로서가 아니라 목양인牧羊人으로서. 입으로 외치는 가이사의 정의가 아니라 삶으로 드러내는 하나님의 의로써.

21세기의 코미디

기독교정당론 3

공포시대를 연 칼뱅의 신정정치

십자가의 깃발을 휘날리며 정치 활동에 나선 개신교 목회자들에게 정작 십자가의 주인공인 예수님은 그리 달갑지 않은 분인지도 모르겠습니다. 성서는 예수님이야말로 정치투쟁을 단연코 거부한 분으로 기록하고 있기 때문입니다.

기독교정당을 창당하려는 정치종교인들에게는 대단히 실망스러운 일이겠지만, 오병이어五餠二魚의 기적에 열광한 수만의 인파가 예수의 머리에 억지로 왕관을 씌우려 하자 예수님은 미련스럽게도(?) 그 기막힌 정치세력화의 호기를 내동댕이친 채 홀로 산으로 들어가버렸습니다. 요한복음 6:15 로마제국의 식민통치에 사슬매인 민족의 아픔일랑 나 몰라라 하듯. 이 나라의 보수우익 인사들이 대단히 걱정스러운 눈으로 바라보는 친북좌파 세력보다 훨씬 더 무섭게 활개 치며 조국의 피를 빨아먹던 친로마 반민족세력 따위야 나와 무슨 상관이 있느냐는 듯.

외세의 배격과 민족의 독립을 위해 아무것도 기여한 바 없는 예수에게 실망한 사람들은 2천 년 전의 가룟 유다나 열심당Zelot만이 아닌 모양입니다. 조국의 절망적인 정치현실에 야속하리만치 무관심(?)했던 예수님의 모습이 애국심에 불타는 우리 정치목사님들의 창당선언문과는 사뭇 달라 보이기에 하는 말입니다.

기독교정당의 창당선언문을 읽어내려가다가 "하나님 나라를 구현하기 위해 신앙의 논리로 국익을 대변하겠다"는 당찬 포부에 이르자 문득 '이것이 정말 성직자들의 성명이란 말인가?' 하는 의아스러움에 그만 눈을 감아버리고 싶은 심정이었습니다. 하나님 나라의 구현이란 결국 '국익'을 대변하는 일이었던가?

"내 나라는 이 세상에 있지 않다"고 한 예수님의 나라요한복음 18:36는, 알고보니 2천년 후의 대한민국을 가리킴이었던가? "여기 있다 저기 있다 할 수 없고 오직 하나님의 백성들 안에 있는 하나님 나라"누가복음 17:21를 구현하기 위해서, 과연 어느 나라의 어떤 국익을 추구해야 하는 것인가?

기독교정당의 출현이 온 국민을 영혼의 거듭남으로 인도할 수 있다면야 오죽이나 좋으랴? 그러나 목사의 신분을 떠나서 정치를 하겠다면 몰라도, 성직의 이름을 그대로 지니고 있는 한 '하나님 나라의 복음' 외에 다른 어떤 나라의 어떤 이익추구도 성직의 본분이 될 수 없을 것은 거듭 말할 필요가 없습니다.

기독교정당의 창당이 '하늘의 뜻을 땅에서도 이루어지게' 하는 것마태복음 6:10이라는 견강부회가 있는 모양인데, 아마도 제네바를 성시화聖市化하려 했던 칼뱅의 신정정치神政政治를 염두에 둔 생각인 듯합니다. 그러나 착오는 바로 잡아줘야 하겠습니다.

칼뱅의 제네바 통치는 중세 암흑기의 가톨릭 신정정치를 이어받은 것도 아니고, 호메이니의 이슬람정권처럼 피의 혁명을 통해서 쟁취한 것도 아닙니다. 당시의 제네바 시민들 대부분이 스스로 칼뱅의 통치를 열망했던 장로교 신도들이었습니다. 종교전시장이라고 불릴 만큼 다원적인 종교분포를 이루고 있는 우리와는 사정이 전혀 달랐습니다. 제네바 시민이라는 사회적 신분과 개신교도라는 종교적 신분 사이에 실질상 아무런 차이도 없었기에 비로소 가능했던 특수한 현상이었습니다. 그럼에도 불구하고 칼뱅의 제네바 통치는 혹독한 공포정치로 이어지고 말았습니다.

칼뱅의 통치기간 초반에만도 23명이 교수대에 달리거나 목이 잘려 나갔고 35명이 화형의 불길에 내던져졌으며 76명이 국외로 추방당했습니다. 하나님 나라의 절반의 원리인 정의감에는 불탔을망정 또 다른 절반인 용서와 똘레랑스, 아니 그 전부의 원리인 사랑의 복음은 칼뱅에게서 쉽게 발견되지 않습니다.

'하나님의 통치' Theocracy를 중세의 암울했던 신정정치와 혼동하는 것은 착란도 이만저만이 아닙니다. 중세기 가톨릭의 신정정치는 가시적이고 유형적인 것이었지만, 하나님의 통치는 영적이며 무형적인 것입니다. 왕국의 영토는 땅과 바다와 섬들에 머물지만, 하나님의 영토는 그 백성들의 마음에 다다릅니다.

하나님의 통치는 인간의 마음과 인격 속에 깃들어 그의 전 존재와 삶의 모든 자리를 이끌어가는 영혼의 빛이며, 제도적인 통치조직이나 혁명의 메카니즘을 통해 작동하는 정치권력이 아닙니다. 정치권력은 인간의 전존재와 삶의 모든 자리가 아니라 단지 객관적 사회성의 관계만을 규율할 뿐입니다.

역사의 퇴행도 유만부동이지, 교회와 성직자들이 국가의 입법 행정 사법권을 두루 장악하여 기독교를 국교화하는 것이 하나님의 통치라고 여기는 사람들이 아직도 숨쉬고 있다면, 그 우스꽝스럽고 유아적인 발상이 그저 놀라울 따름입니다. 21세기의 하늘 아래, 이런 코미디가 없습니다.

먼저 그의 나라와 의를 구하라

기독교는 콘스탄티누스 황제의 국교화 이후 무서운 속도로 타락의 길을 치달렸습니다. 중세 가톨릭은 교황의 위세가 왕과 황제들의 권세보다 더 높아졌을 때 부패의 극치에 이르렀습니다. 배부른 종교, 부유한 성직은 언제나 하나님의 심판정 앞으로 늘 가까이 다가서곤 했습니다. 기독교의 역사는 하나님께서 무수한 '종교바벨탑의 우상'들을 깨뜨려오신 발자취 그 자체입니다.

국왕인 파라오를 '살아 있는 신'으로 숭상했던 고대 이집트, 황제들 스스로가 신이라고 자칭했던 로마제국 등은 정치권력이 종교를 예속화한 '왕들의 신정정치'였습니다. 반면에 교황을 '하나님의 대리인'으로 절대권력화한 중세 유럽의 교권정치, 독재왕정을 무너뜨리고 그보다 더 강력한 코란독재체제를 세운 호메이니의 이슬람정권 등은 종교 조직이 정치권력을 예속화한 '사제들의 신정정치'였습니다.

영국의 제임스 1세가 "지상에서 신과 동일한 권력을 행사하는 왕은 마땅히 신으로 불려야 한다"는 왕권신수설을 내놓자, 이에 질세라 루이 14세의 왕사王師 노릇을 하던 프랑스의 어용신학자 보쉬에는 아예

『성서정치학』이라는 책까지 써서 "참된 왕인 하나님은 지상에 군주를 그 대리인으로 두었다"고 주장하는가 하면, 그 주장을 정당화하기 위해 "모든 권세는 하나님께로부터 온 것이므로 사람은 누구나 위에 있는 권세에 복종해야 한다"는 사도 바울의 말 로마서 13:1 을 인용하기도 했습니다.

왕권신수설과는 거꾸로 중세의 교황청과 제네바의 칼뱅은 국가를 교회조직에 예속시킨 국가교회주의의 교권정치를 폈는데, 이때도 앞장서서 입을 놀려댄 것은 예외 없이 정치종교인들이었습니다. 사제와 신학자들은 "권세를 거역하는 사람은 하나님의 명을 거역하는 것이요 심판을 받게 될 것이다"라는 성서의 말씀 로마서 13:2 을 들먹이며 백성과 신도들을 을러댔습니다. 과거 왕권신수설의 근거 노릇을 톡톡히 했던 성서를 이번에는 교권정치의 근거로 써먹은 것입니다.

이런 아이러니가 없습니다. 유대종교의 제사장들에게 쫓기고 로마제국의 정권에 의해 순교당한 사도 바울이 졸지에 '사제들의 신정정치'와 '왕들의 신정정치' 양쪽 모두에게 신학적 토대를 제공한 희대의 반민주적 인사가 되고 만 셈입니다. 유대왕 아그리파와 로마총독 베스도로부터 "네 많은 학문이 너를 미치게 하였구나. 네가 짧은 말로 나를 설복해서 그리스도인이 되게 하려고 하는가?"라는 핀잔만 들어야 했던 그 바울이 말입니다. 사도행전 26:24~28

아직도 절대적인 코란 신정정치를 펴고 있는 이란은 국민 전체가 이슬람교도이지만, 크게는 수니파와 시아파로 갈라져 사사건건 반목하면서 서로 테러마저 서슴지 않는 극심한 혼란을 거듭하고 있습니다. 최근의 총선거에서 의회 진출이 강제로 봉쇄된 개혁파 인사들은 드디어 알라신의 대리인으로서 신성불가침의 최고성직자요 최고통치자인

아야툴라 알리 하메이니를 상대로 선거무효를 주장하며 단식투쟁의 반기를 드는 전무후무한 사태에까지 이르렀습니다. 이란의 신정정치는 호메이니 이후 최대의 시련에 직면해 있는 듯합니다. 인류역사상 '성공한 신정정치'는 지구 위에 아무 데도 없었음을 단언할 수 있습니다.

교회는 '정의justice로운 정당활동'이 아니라 '공의righteousness로운 신앙의 삶'으로 어두운 사회를 밝혀야 합니다. 만약 이 나라에 기독교정당이 필요하다고 한다면, 예수 그리스도의 삶과 죽음에 대한 신뢰를 온 국민의 마음속에 뿌리내리도록 하는 영적 감화는 그에 비할 수 없을 만큼 더욱 절실히 필요합니다. '누가 권력을 잡느냐?' 하는 것이 아니라 '삶의 원리가 무엇이냐?' 하는 것이 참된 신정정치의 요체일 것이기 때문입니다.

버릇없는 말이 되겠지만, 역사에서 이미 오래 전에 퇴출된 교권정치를 오늘의 한국 땅에 되살리고 싶어하는 정치종교인들에게 '진정한 신정정치는 하나님의 뜻이 사회구성원들의 내면에서부터 신뢰를 얻고 구체적인 삶 속에서 힘을 발휘하는 것'이라는 나의 믿음이 제대로 전달될 수 있을지 모르겠습니다. 그 하나님의 뜻은 "먼저 그의 나라와 그의 의를 구하라"라는 예수님의 산상수훈마태복음 6:33으로 이미 실천적으로 제시되었다는 믿음은 더욱 그렇습니다.

광야를 버리고 의사당으로?

기독교정당론 4

종교정치,
21세기의 타임머신

기독교정당을 창당하겠다는 종교인들이 독일의 기독교민주당을 모델로 삼는다는 말이 들리는데, 그 착각도 좀 다듬어줘야겠습니다.

독일국민의 85퍼센트 이상이 기독교신자입니다. 비록 교회에는 잘 나가지 않지만 꼬박꼬박 종교세를 납부해서 성직자들의 생활비를 대주는 크리스천들입니다. 교단의 분열도 없고 다른 종교와의 갈등도 없습니다. 수많은 종교와 종파들이 살얼음판 같은 긴장관계 속에서 공존해야 하는 우리네와는 경우가 달라도 너무 다릅니다.

더욱이 중상류계층을 지지기반으로 하고 대기업에서 정치자금을 끌어다 쓰던 보수우익의 독일 기민당은 그 동안 숱한 부패와 비리의 혹으로 국민의 지지를 상실하고 결국 좌파인 사회민주당에게 집권당의 자리를 넘겨주어야 했습니다. 벌써 오래 전 일입니다. 보혁保革 대결의 맞바람이 거세게 몰아치는 이 나라의 정치풍토에서 이 같은 독일 기민당의 모델로 과연 화합과 상생相生의 정치를 성취해낼 수 있을 것인지.

아니나 다를까, 보수파 목회자들의 기독교정당 창당이 본격화되자 예측했던 대로 진보적인 교계 인사들이 들고일어났습니다. 기독교계의 10여 개 진보단체들은 '기독교총선연대'라는 이름의 연합체를 구성하고 "보수기독교정당의 출현은 기독교의 외피를 쓴 새로운 수구의 정치세력화"라고 강력히 비난하면서 "구시대 보수세력을 정치판에서 쓸어버리겠다"며 입에 거품을 물고 나섰습니다.

예수교장로회에서 기독교장로회가 떨어져 나오자 "예수와 그리스도/기독가 서로 싸운다"는 비아냥을 듣다가 예수교장로회가 다시 통합파와 합동파로 갈라지자 "통합과 합동이 분열의 새 이름이냐"라는 비판에 직면했던 기독교계는 이제 정치판에까지 들어와 보수와 진보로 갈라져서 피터지는 싸움을 벌일 모양입니다. 우울한 정치종교의 계절이 하필이면 크리스천들을 필두로 해서 시작되려는지, 씁쓰레한 역겨움이 목구멍을 치솟아 오릅니다.

독일의 가톨릭 언론인 프란츠 알츠는 『평화는 가능하다』라는 책을 썼는데, 여간 순진해 보이지 않습니다. '예수의 산상수훈은 세계평화에 관한 기본교과서'라는 비현실적인(?) 주장을 목이 터져라 외치고 있으니 말입니다.

알츠는 산상수훈을 '현실에서 도저히 실현할 수 없는 낭만적이고 공상적인 잠꼬대' 쯤으로 치부해버린 현대 독일의 가톨릭교회와 신자들을 향해 맹렬한 비난을 퍼부으면서 "산상수훈과 사실상 유리되어 있는 교회는 지금까지 '구원 없는 세계, 혹은 세계 없는 구원'을 가르쳐왔을 뿐"이라는 절망적인 진단을 내놓고 있습니다.

산상수훈은 그 흔한 도덕률 중의 하나가 아니기 때문입니다. 종말에 임박한 잠정윤리슈바이처도 아닙니다. 그것은 하나님 나라의 본질, 그리스도 복음의 진수입니다. 산상수훈을 잃어버린 예수는 이미 그리스도가 아닙니다. 그것은 그리스도를 상실한 그리스도교, 알츠의 말처럼 '구원 없는 세계'일 뿐입니다.

알츠의 독설이 어찌 그네들에게만 해당될 것인가? 하필 독일뿐이고, 유독 가톨릭만일까? 분열과 교단정치에 골몰하다가 마침내 '21세기의 종교정치'라는 타임머신에 거꾸로 올라탄 한국 개신교가 무슨 재주로 제외될 수 있으랴?

종교정치는 동양과 서양의 역사에서 그 모습을 상당히 달리했습니다. 서구에서는 가톨릭의 종교권력과 황제의 세속권력이 모두 '신의 지배'Divine Rule 아래 대등하게 위치하는 '상호견제'의 관계를 전제로 했지만, 동양에서는 막스 베버가 지적한 대로 신의 아들天子인 황제가 세속권력과 종교권력을 모두 장악하는 '케사로파피즘Caesaropapismus의 제정통합祭政統合' 원리 위에 서 있었기에 신정정치의 위험성이 훨씬 더 컸다고 할 수 있습니다.

우리 역사에서도 삼국시대와 고려시대에 국태민안國泰民安의 호국종교 구실을 하던 불교가 왕권과 결탁하면서 도덕적 견제력을 잃고 현실정치의 세속화에 깊이 물든 나머지 왕조와 더불어 꾸준히 부패와 소멸의 길을 걸었습니다. 조선조 500년의 통치이념을 제공한 유교도 당초의 정치개혁 열정이 퇴색하면서 당파적 기득권을 수호하는 데 급급한 수구세력으로 전락한 끝에, 시대적 모순의 척결에 실패하고 급변하는 세계사에 능동적으로 참여하는 진취적인 역사의식을 상실하고 말았습니다.

직업종교인들에 의한 '종교정치'가 성공한 예는 동서양 역사의 어느 모퉁이에서도 발견되지 않습니다. 다만 저 광야로부터 울려오는 날카로운 영적 질타의 목소리만이 정치와 권력으로 하여금 늘 깨어 있게 만들었습니다.

무엇을 보려고 광야에 나갔던가

예수의 삶과 죽음의 자리는 정치 현장인 '궁정'이 아니라 예언자들의 외침이 울려퍼지는 거친 '광야'였습니다. 광야의 양치기들에게 축하를 받으며 마구간에서 태어난 예수는 광야의 방랑자 요한으로부터 세례를 받습니다. 광야에서 악령의 유혹을 물리친 뒤 광야의 예언자 이사야의 사자후로 공생애의 문을 엽니다. 마태복음 4:14

그는 광야에 운집한 수만 명의 남녀노소를 오병이어로 열광케 했으나 요한복음 6:10~13 모세가 광야에서 뱀을 든 것 같이 자신도 들려야 한다고 믿었기에 요한복음 3:14 광야의 골짜기 골고다에 세워진 십자가에 매달려 죽어갔습니다.

교회들의 원형은 저 광야에 있습니다. 사도행전 7:38 세상이 감당하지 못하는 참된 신앙인은 광야를 헤매게 마련이라고 가르친 것은 다름 아닌 성서입니다. 히브리서 11:38

"너희는 무엇을 보려고 광야에 나갔더냐? 화려한 옷을 입은 사람이냐? 화려한 옷을 입은 사람은 왕궁에 있다." 마태복음 11:7,8

이것이 예수가 제시한 광야와 궁궐, 신앙과 정치의 대조입니다.

헤롯왕의 궁전이나 오늘날의 국회에 해당하는 산헤드린 공의회는 광야의 사람 예수에게는 아무 상관도 없는 이방지대였습니다. 하기야 예수님도 공의회와 헤롯의 궁전과 총독 빌라도의 관저에 잠시 얼굴을 비친 적이 있지만, 거기서도 예수의 자리는 공회원석이 아니라 피고인석이었습니다. '유대인의 왕 나사렛 예수' INRI (Iesus Nazarenus, Rex Iudaeorum)라는 영예로운(?) 명칭도 예수에게 정치적 야망이 없음을 확인한 총독 빌라도가 유대 민중을 희롱하기 위해 억지로 씌워준 껍데기 대관戴冠이었습니다.

유대인들의 정치적 왕이 되기를 거부하고 가시관을 쓴 채 무력하게 죽어간 예수야말로 진정한 이스라엘 하나님의 백성의 왕임을 고백하는 것이 크리스천일진대, 그 고백과는 달리 예수의 자리 '광야'를 버리고 정치현장인 공의회의 '의사당'으로 달려가려는 기독교정당의 출현은 하나님과 국민들 양쪽 모두로부터 거센 역풍을 맞을 가능성이 농후합니다.

지금처럼 교회와 목회자들이 사회로부터 깊은 불신을 받고 있는 상황 속에서 기독교정당의 등장은 아무리 희망적으로 가늠하려 해도 성공할 확률이 그다지 커 보이지 않는 것이, 다행이라 해야 할지 불행이라 해야 할지 아리송합니다.

기독교정당의 배후에 의당 교회와 신자들이 있는 것으로 믿을 수밖에 없는 일반 국민들로서는 종교정당과 정치종교인들에 대한 거부감을 곧장 그리스도와 성서 자체에 대한 불신으로 옮겨갈 터인즉, 이보다 더 반선교적인 일이 또 있을까?

1973년 12월, 국민의 눈과 귀를 가리고 입을 틀어막고 붓을 꺾었던 유신독재 하에서, 겨울 추위보다 더 스산한 강압적 정보정치를 비판하며 삼권분립과 평화적 정권교체를 위해 헌법개정을 부르짖었던 가톨릭 추기경의 인권주간 메시지를 나는 아직도 잊지 못합니다. 그때 여러 명의 동료 사법연수원생들이 가톨릭의 문을 두드려 영세받은 일 또한 못내 잊혀지지 않습니다.

역사와 시대의 고비고비마다 정치권력을 향해 투박하지만 뼈아픈 경고를 툭툭 던져오는 추기경의 역할이 차라리 기독교정당 열 개보다 더 낫지 않을까? 하물며 추기경의 30여 년 사목역정司牧歷程마저도 수하手下의 사제로부터 지독한 평가절하의 시련을 겪어야 하는 시대임에랴.

그래서라도 더욱 두터이 하지 않을 수 없는 것은 '예수 그리스도에 대한 신뢰'라는 크리스천의 실천적 정체성입니다. "왜 차라리 불의를 당해주지 못하는가? 왜 차라리 속아주지 못하는가?"고린도전서 6:7라는 사도의 가르침을 입으로는 줄줄 읊어대면서도 현실의 이해타산 앞에만 이르면 카멜레온처럼 얄밉도록 변신하곤 하는 이중도덕의 위선에 듬뿍 절어 있는 한, 기독교의 이름으로 휘날리는 종교정당의 깃발이 우리 국민의 마음에 감동과 신뢰를 심어주기는 애당초 글러터진 일인 듯합니다.

의사당이 아니라 먼저 광야로 나아가 자기 삶의 자리를 하나님의 섭리에 대한 신뢰와 소망으로 그득히 채워가며, 그 신뢰에 멀리 못 미치는 스스로의 실체를 번민하고 괴로워할 일입니다. 으리으리하게 지어올린 대형교회당의 번쩍거리는 대리석 강단에 올라서서 기름진 입술로 "가난한 자가 복이 있다"누가복음 6:20고 아무리 외쳐댄들 무슨 감화感化가 따를 것인가?

산상수훈 앞에서 입과 손발이 늘 따로따로 움직이는 자신의 초라한 인격을 거슬러 격렬한 저항과 갈등을 마음 가득 품을 줄 안다면, 고뇌의 밤을 뒤척이며 참회의 새벽을 열어 엄숙한 광야의 삶으로 나아가는 신앙의 성실성을 쌓아간다면, 기독교정당으로 하나님의 나라를 구현하겠다는 어이없는 발상은 신앙양심의 어디에도 비집고 들어올 틈이 없지 않을까?

희생의 십자가를 구원의 문이라고 고백하면서도 실제로는 이기적인 기복과 성취의 도구로 밖에는 여기지 않고, 섬김과 나눔의 묵묵한 실천이 하나님께로 더 가까이 나아가는 길임을 고백하면서도 섬기기보다는 섬김받기를, 나누기보다는 더 많이 소유하기를 바라며, 사랑과 진실이 하나님 나라의 의인 것을 고백하면서도 늘 미워하고 시기하며 진실하지도 정직하지도 못하여 항상 거짓의 자리에 머물러 있는 것. 이처럼 고백의 내용과는 정반대인 자신의 모습에 스스로 놀라고 정직하게 분노하며 처절하게 좌절하여 그 불신앙의 삶을 부끄럽게 고백하는 것. 이것이 진솔한 신앙의 고백이요 회개의 고백일 것입니다.

3부

불신앙고백

시스티나 성당 천장벽화에서 하나님의 길게 뻗은 팔과 아담의 머리 부분이 교차하는 지점의 연장선에 송과선이 위치하는데, 해부학에 정통했던 미켈란젤로가 이 치밀한 암시를 통해서 송과선의 지혜안이 신과 교류하는 매개점이며 현실세계와 천국을 연결하는 비밀의 문이라는 것을 은유적으로 표현하려 했다는 흥미로운 해석이 있습니다.

미켈란젤로, 「천지창조」 가운데 '아담의 창조' 부분, 1512년

제3의 눈

화룡점정
목격전수

> 물고기들은 잠을 잘 때 눈을 감지 않는다
> 죽을 때도 눈을 뜨고 죽는다
> 그래서 산사 풍경의 추는
> 물고기 모양으로 되어 있다던가
> 늘 깨어 있으라고

이정하 시인이 읊어낸 속 깊은 통찰입니다.

턱없이 황당한 일을 만나면 어안이 벙벙해진다고 말합니다. 말을 하지 못할 만큼 어이없는 상태라는 뜻일 텐데, 물고기의 눈인 어안魚眼이 벙벙하게 열린 모습에서 차용한 표현이 아닌가 짐작해보지만, 자신은 없습니다.

잠을 자거나 죽은 물고기의 눈이 부릅뜬 채로 있는 것이야 특유한 생물학적 자연현상에 속하는 것이겠지만, 그 부릅뜬 물고기의 눈에서 '깨어 있어야 한다'는 계시의 광맥을 캐내는 시인의 눈길이 경이롭습니다.

누군들 언제나 눈을 부릅뜨고만 있을 수는 없는 일입니다. 눈의 피로는 곧 심신의 피로를 나타냅니다. 한나절 열심히 일을 하다가 오후 서너 시쯤 온 몸에 피로가 몰려올 때 잠시만 눈을 감고 있어도 몸이 한결 가뿐해지는 것을 느낄 수 있습니다. 눈의 휴식이 심신의 안정을 가져다줍니다. 우리 눈이 늘 깨어 있을 수만은 없는 이유입니다.

중국 남북조 시대의 양梁나라에 장승요張僧繇라는 이름난 화가가 안락사安樂寺라는 절의 벽에다 구름을 헤치고 하늘로 날아오르는 두 마리의 용을 그렸는데, 이상하게도 그 용들의 눈에는 눈동자가 그려져 있지 않았습니다. 사람들이 용의 눈동자를 그려넣으라고 권유하자 장승요는 "눈동자를 그려넣으면 용은 당장 하늘로 날아가버릴 것"이라며 거절했지만, 사람들의 성화에 못 이겨 붓을 들어 용 한 마리의 눈에 점을 턱 찍었습니다. 돌연 벽 속에서 번개가 번쩍이고 천둥소리가 요란하게 울려퍼지며 한 마리의 용이 튀어나와 비늘을 번뜩이더니 하늘로 날아가버렸다고 합니다. 물론 전설입니다.

이 전설에서 화룡점정畵龍點睛이라는 말이 생겨났는데, 용의 그림에 눈동자를 찍는다는 뜻으로 '사물의 가장 중요한 부분을 완성시킨다' 또는 '사소한 것으로 전체가 돋보이고 활기를 띠게 한다'는 의미로 사용되는 말입니다. 눈의 중요성을 단적으로 나타낸 고사성어입니다.

그러나 시인이 깨어 있으라고 권유하는 눈은 육신의 눈이 아님이 분명합니다. 그것은 영혼의 눈, 곧 마음의 눈임에 틀림없습니다. 육신의 눈이 감겨 있을 때에도 마음의 눈은 늘 깨어 있어야 합니다. 예수님은 "늘 깨어 있어라. 너희는 너희 주께서 어느 날에 오실지를 알지 못하기 때문이다"라는 등골 서늘한 가르침을 남겼습니다. 마태복음 24:42

불가의 선문禪門에는 '목격전수'目擊傳授 라는 말이 있습니다. 지극한 깨달음은 말로 전하지 못하고 서로의 눈과 눈으로만 전해진다는 뜻입니다. 여기의 '눈과 눈'은 곧 '마음과 마음'이라는 뜻으로 새깁니다. 소위 언어도단이요 불립문자의 영역이며, 부처가 말했다는 천안통天眼通의 경지를 가리키는 것인지도 모르겠습니다.

물고기의 눈은 다른 동물의 눈에 비해 매우 특이한 기능을 갖고 있습니다. 물고기들은 머리 양쪽에 눈이 붙어 있어 시야가 앞과 좌우 옆은 물론 위쪽까지 열려 있습니다.

그래서인지 물고기들은 혼탁한 물속에서도 매우 재빠르게 헤엄을 쳐 다닙니다. 무성한 수초 더미 사이에서도 아무 무리 없이 물길을 뚫고 다닙니다. 놈들은 눈치가 매우 빨라서, 낚시꾼이 몸을 슬며시 감추고 낚싯대만 물에 드리우고 있어도 좀처럼 낚시에 걸려들지 않습니다.

그러나 낚시를 즐기는 이들은 다 잘 아는 사실인데, 낚싯대를 그대로 둔 채 멀리 떨어져서 보고 있으면 물고기들이 금방 입질을 해댑니다. 마치 물고기들이 물 밖에 있는 낚시꾼의 동태를 지켜보고 있었던 것처럼. 물속에서 굴절하는 빛의 반사작용 때문으로 알려져 있지만, 혹자는 물고기가 지닌 '제3의 눈' 때문이라는 엉뚱한 주장을 하기도 합니다.

제3의 눈이라고 하면 그리스 신화의 아르고스Argos라는 괴물의 목 뒤에 붙어 있다는 상상의 눈에서 유래된 것인데, 이나코스의 아들인 아르고스는 눈빛이 빠르고 힘이 센 거인으로서 대지의 신 가이아의

제3의 눈

딸을 겁탈하려던 에키드나를 물리쳤고, 포로네우스의 아들 아피스를 살해한 자들을 죽인 영웅입니다.

  아르고스가 여신 헤라의 명령을 따르는 것을 못마땅하게 여긴 제우스가 헤르메스를 시켜 피리소리로 아르고스의 눈을 모조리 감기게 한 다음 목을 베어버렸다고 합니다. 두 눈 밖에 없는 올림포스의 신들이 제3의 눈을 가진 아르고스를 두려워한 까닭일 터인데, 외눈박이 세상에서 두눈박이가 왕따를 당하는 것과 별반 다르지 않은 일이겠습니다.

    밤하늘에 혜성들이 벌이는 불꽃놀이만
    우주 쇼는 아닙니다
    우주 속의 작은 별 지구
    그 지구의 차가운 표피를 뚫고 여린 손을 내미는 새싹
    순박한 향기로 피어나는 들꽃
    가을바람에 춤추며 떨어지는 낙엽
    바람과 구름을 노래하는 새들
    흙 한 줌 모래 한 알
    그리고 여기 이렇게 살아 숨쉬며 느끼고 생각하는 우리
    이 모든 것이 다 우주 쇼입니다
    우리가 미망의 어둠을 밀쳐내고
    욕망의 헛된 꿈에서 깨어나
    마음의 푸른 눈으로 가만히 바라보기만 한다면

    박경준

직관의 혜안
믿음의 영안

맑게 뜨인 영안으로 보면 혼돈 속에서도 질서가, 미움 속에서도 사랑이, 그리고 절망 속에서도 소망이 보입니다. 그러나 혼탁한 심상에 가려진 눈은 질서 속에서도 혼돈만을, 사랑 속에서도 미움만을, 소망 속에서도 절망만을 바라볼 뿐입니다. 제3의 눈이 소중한 이유입니다.

육안肉眼과는 달리 무엇이든지 볼 수 있고 느낄 수 있다는 국선도國仙道의 내관內觀이나 고된 정신적 훈련과 신비한 체험을 통해서 영혼의 윤회를 꿰뚫어볼 수 있다는 티베트 라마교의 혜안慧眼도 모두 제3의 눈을 말하는 것이라고 할 수 있겠습니다.

데카르트가 기억과 명령을 하는 뇌의 중추적 영역이라고 생각했던 송과체松果體는 뇌의 중앙에 위치해서 다량의 세로티닌이라는 호르몬을 생성하는데, 송과체의 이 호르몬 분비선이 바로 제3의 눈에서 진화된 것이라는 엉뚱한 주장도 있습니다. 이 주장에 따르면 힌두교의 주신主神 시바의 미간眉間에 박힌 지혜안智慧眼도 실은 이 송과체의 변형에 불과하다고 합니다.

미켈란젤로가 그린 프레스코 벽화 '아담의 창조'에서 하나님의 길게 뻗은 팔과 아담의 머리 부분이 교차하는 지점의 연장선에 송과선이 위치하는데, 해부학에 정통했던 미켈란젤로가 이 치밀한 암시를 통해서 송과선의 지혜안이 신과 교류하는 매개점이며 현실세계와 천국을 연결하는 비밀의 문이라는 것을 은유적으로 표현하려 했다는 흥미로운 해석도 있습니다.

육신의 눈이 객관적 인식의 도구라면, 제3의 눈은 직관直觀의 통로입니다. 물외지물 사외지사物外之物 事外之事를 꿰뚫어보는 달관의 눈,

곧 심안心眼이라고 할 수 있습니다.

그러나 직관이라고 해서 꼭 명상이나 성찰의 깨달음을 뜻하는 것은 아닙니다. 수운 최제우水雲 崔濟愚는 "현상의 표피적 탐색에 고정된 '감각의 눈', 서구철학의 합리적 지성에 사슬 매인 '이성의 눈', 힌두교의 구루·불교의 선승들이 지닌 '명상의 눈'들은 모두 인간과 우주의 어느 한 면 밖에 보지 못하는 착시들로, 모든 문제를 과학이나 철학이나 종교의 좁은 눈으로만 바라보고 해결하려는 '범주오류'를 저지르는 것에 불과하다"고 꾸짖었습니다. 감각과 이성과 명상 저 너머에 그 모든 것을 포괄하는 '균형의 눈'이 있다는 것입니다.

그러나 아직 통찰이 짧은 나로서는 아르고스의 눈도, 송과체의 유전자도, 천안통이나 지혜안도, 그리고 균형의 눈도 알지 못합니다. 내가 아는 제3의 눈은 다만 영안靈眼 뿐입니다. 졸지도 않고 주무시지도 않으며 자기 백성을 지키시는 야훼의 눈이야말로 궁극의 영안이리라 믿습니다. 시편 121:4

엘리사의 사환은 산자락을 가득 두른 야훼 하나님의 불말과 불병거를 두 눈 멀쩡히 뜨고도 보지 못하다가 스승 엘리사의 기도로 비로소 볼 수 있었는데, 야훼께서 그의 영안을 열어주셨기 때문입니다. 열왕기하 6:17

세례자 요한에게 세례를 받은 직후 하늘이 갈라지고 성령이 비둘기같이 내려오는 것 마가복음 1:10 을 본 예수님은 나중에 제자들에게 "너희가 눈이 있어도 보지 못하며 귀가 있어도 듣지 못하느냐"고 꾸지람을 한 일이 있습니다. 마가복음 8:18 그런가 하면 무언가 신비스런 일을 두 눈으로 목격하고자 애썼던 도마에게는 "보지 않고 믿는 사람에게 복이 있다"는 말씀을 남기기도 했습니다. 요한복음 20:29

사도 바울은 "신령한 일은 신령한 것으로만 분별할 수 있다"고 믿었습니다. 고린도전서 2:13 신약 최초의 순교자 스데반 집사는 죽기 전에 하늘이 열리고 사람의 아들人子이 하나님의 오른쪽에 서 있는 것을 보았습니다. 사도행전 7:55 이 모두가 "바라는 것들의 실상이요 보지 못하는 것들의 증거"인 믿음의 눈 히브리서 11:1 을 뜨라는 가르침입니다.

육신의 눈이 내 밖의 것을 살핀다면, 영안은 내 안의 것을 살핍니다. 경계병의 눈길이 피아彼我의 경계선인 철조망 건너편을 주시하고 있다면, 믿음이 지닌 제3의 눈은 내 삶 속에 녹아 있는 빛과 어두움의 경계 이쪽을 성찰하고 있습니다.

어느 누구보다도 제3의 눈을 밝히 떠서 세상과 다른 이들 앞에 인격과 삶의 본이 되어야 할 사람들이, 영혼의 눈은커녕 육신의 눈조차 제대로 뜨지 못하여 스스로의 부끄럽고 천박한 삶을 돌아볼 줄 모르는 이 슬픈 시대에, 저 물고기의 부릅뜬 눈이 신통하게만 여겨지는 것은 바로 이 때문입니다.

로마의 혹독한 핍박 아래, 지하의 크리스천들이 비밀스런 기호로 삼아 신앙을 고백했던 잎뒤스 Ixdus. 그 물고기의 눈처럼 우리들 마음의 눈, 우리의 영혼이 지닌 제3의 눈 또한 늘 그렇게 깨어 있지 않으면 안 됩니다. 잠을 잘 때도 눈을 감지 않는 물고기처럼, 죽을 때도 눈을 부릅뜨고 죽는 저 물고기들처럼.

불신앙고백

**소망이 클수록
의혹도 깊다**

"신은 죽었다!" Gott ist tod!고 외친 니체의 선언은 아마도 '불신앙의 고백'으로서 가장 유명한 것이 아닐까 합니다. 신앙의 대상인 신 자체를 아예 부정해버렸기 때문입니다. 러셀도 스스로 '기독교인이 아님'을 자랑스럽게 공표함으로써 불신앙을 고백한 대표적 인물이 되었습니다. 볼테르라는 가명을 쓴 프랑수아 마리 아루에는 무신론의 입장에서 성서를 논박한 『깡디드』라는 책을 써서 '기독교의 허구성을 폭로한 명탐정'이라는 의기양양한(?) 별명을 얻었습니다. 심리학자 프로이트는 "신이란 신경증적 강박현상이 집단적으로 투사된 대상"이라고 신경질적으로 내뱉음으로써 심리학적 불신앙고백의 표본을 제시했습니다.

역사상 신앙을 고백한 경건한 사람들보다 훨씬 더 많은 사람들이 불신앙을 고백했습니다. 그러나 이런 불신앙의 고백은 그 고백의 대상이 없다는 점에서 무슨 '고백'이라고까지 이름 붙일 일은 아닙니다. 고백이란 그 고백의 대상이 분명한 경우에만 붙일 수 있는 이름이기 때문입니다. 따라서 불신앙고백은 고백의 대상은 있으나 그 고백의 내용이 '신앙'이 아니라 '불신앙'인 경우를 말한다고 미리 정의해 두어야 하겠습니다.

믿음을 고백하는 사람들 가운데도 자기의 신앙이나 그 대상神에 대해 깊은 회의에 빠지는 경우가 종종 있습니다. 열심히 기도한 일이 도무지 이루어지지 않을 때, 확고한 신앙적 소신을 가지고 추진한 일이 결국 실패로 끝났을 때, 성서의 가르침에 따른다고 한 일이 나쁜 결과를 야기했을 때, 우리의 실생활에서 불신앙의 힘이 신앙적 원리를 압도해버릴 때, 인격과 삶의 모범이 되어야 할 종교지도자들이 도리어 세속적 욕망에 사로잡힌 추한 얼굴을 드러낼 때. 이런 경우에 우리는 일시적으로나마 신과 신앙에 대해 약간의 의혹을 품지 않을 수 없게 됩니다.

그러나 이것을 '불신앙고백'이라고 나무랄 것까지는 없습니다. 이런 의혹은 오히려 정상적인 반응일 수 있습니다. 사람의 신앙심이란 대부분의 경우 그런 회의마저 부정할 수 있을 만큼 견고하지 않습니다. 악인惡人의 형통함을 도무지 이해할 수 없었던 다윗이 그랬고 시편 73편, 간악한 자들의 성공에 분을 참지 못했던 아모스도 마찬가지였습니다. 아모스 1장 신앙의 열정이 크고 믿음의 확신이 깊은 곳에 의혹과 좌절 또한 생겨나는 법입니다.

기대가 크면 실망도 크게 마련입니다. 기도한 일이 도무지 이루어지지 않아도, 신앙심을 가지고 한 일이 실패로 귀결되어도, 신뢰했던 종교지도자들이 탐욕적인 위선의 실체를 드러내어도 아무런 충격도 없고 전혀 절망스럽지도 않은 사람이라면, 그는 처음부터 신이나 신앙 따위에는 아예 조금치의 관심이나 기대도 갖고 있지 않았음에 틀림없습니다.

신앙에 소망을 두고 있는 그만큼, 의혹과 좌절의 싹이 터옵니다. 이 의혹과 좌절이 있는 한 아직은 건강한 신앙의 싹을 지니고 있다고 할 수 있습니다. 믿음의 싹은 이러한 의혹과 좌절의 숱한 맞바람을 맞으며 비로소 영글어갈 것입니다.

불신앙의 고백이
진정한 신앙고백

성서의 기록은 이처럼 의혹과 좌절에 빠진 사람들을 향하여 끊임없이 설득하고 위로하며 권면하는 영혼의 소리입니다. 좌절하는 사람에 대하여 하나님은 좌절하지 않으십니다. 의혹에 빠진 신앙에 대하여 하나님은 의혹을 품지 않으십니다. 그 의혹과 좌절을 더 큰 확신과 소망으로 채우기 위해 오늘도 십자가의 그리스도를 제시하고 있습니다. 우리가 의혹이나 좌절을 함부로 '불신앙'이라고 매도해버려서는 안 되는 이유입니다.

나는 진정한 불신앙의 고백이란 '입으로 고백하는 신앙이 자신의 삶과 인격으로 체화體化되지 못했음을 정직하게 인정하는 것' 즉 회개라고 정의합니다. 이 회개의 불신앙고백이야말로 신앙고백의 출발이요 그 중요한 내용이 되어야 한다고 믿습니다.

하나님의 전능하심을 고백하면서도

내 삶의 길을 하나님께 전적으로 의탁하지 못하고

예수를 메시아로 고백하면서도
그의 가르침과 삶의 모범은 즐겨 따르지 않으며
희생의 십자가를 구원의 문이라고 고백하면서도
실제로는 이기적인 기복과 성취의 도구로 밖에는 여기지 않고
섬김과 나눔의 묵묵한 실천이 하나님께로 더 가까이 나아가는 길임을 고백하면서도
섬기기보다는 섬김받기를, 나누기보다는 더 많이 소유하기를 바라며
사랑과 진실이 하나님 나라의 의義인 것을 고백하면서도
늘 미워하고 시기하며 진실하지도 정직하지도 못하여 항상 거짓의 자리에 머물러 있는 것.
이처럼 고백의 내용과는 정반대인 자신의 모습에
스스로 놀라고 정직하게 분노하며 처절하게 좌절하여,
그 불신앙의 삶을 부끄럽게 고백하는 것.
이것이 진솔한 신앙의 고백이요 회개의 고백일 것입니다.

신자라는 이름을 가진 사람이라면, 적어도 한 주일에 한 번씩은 신앙고백문을 암송합니다. 그 신앙고백문은 우리의 마음을 해부하는 날카로운 칼날이요, 우리의 거짓을 폭로하는 엄숙한 고발장이며, 우리의 실존을 예리하게 찔러오는 하나님의 손가락입니다. 우리는 이 하나님의 손가락을 결코 피할 수 없습니다.

신앙고백문을 암송할 때마다 우리는 우리 자신이 실제로는 그렇게 살고 있지 않은 '불신앙'을 발견할 수 있어야 합니다. 신앙고백 속에서 자신의 불신앙을 발견할 줄 모른다면, 그것이야말로 무서운 불신앙이겠습니다.

파스칼은 팡세에서 "자기의 신앙에 만족하는 것보다 더 큰 불신앙

은 없다"고 썼습니다. 일요일 아침마다 습관적으로 무덤덤하게 읊조리고 넘어가는 신앙고백은 그 자체가 불신앙입니다.

이제 우리는 신앙고백에 앞서 우리의 불신앙을 고백할 줄 알아야 하겠습니다. 불신앙의 고백, 그것이 진정한 신앙의 고백이라고 믿기에.

쉽게 나오는 눈물은 쉽게 마른다

**박수보다 아름다운
침묵의 여운** 음악회나 품위 있는 공연장에 갈 때마다 자주 느끼는 일이 있습니다. 연주나 공연이 막 시작되려는 찰나의 긴장된 침묵, 그리고 연주가 끝난 직후의 고요 속으로 애잔하게 사위어가는 깊은 여운. 이 묵직한 침묵과 안타까운 여운의 감동이 없다면 나로서는 이 바쁜 시절에 굳이 힘들여 공연장에까지 찾아갈 생각이 별로 없습니다. 그런데 애써 찾아간 공연장에서 이처럼 기대했던 침묵과 여운의 감동을 사정없이 깨뜨려버리는 일들이 꽤 잦습니다. 오케스트라의 지휘자가 지휘대에 올라 멋진 첫 비팅을 긋기까지의 짧은 침묵은 마치 활을 쏘기 직전의 탱탱하게 잡아당긴 활시위처럼 한껏 긴장된 감성의 조율로 가득 차 있습니다. 연주는 그때 이미 시작된 것이나 다름없습니다. 그 아까운 긴장을 놓쳐버리면 음악의 감동은 절반은 날아가버리고 맙니다.

곡을 마무리할 때도 그렇습니다. 교향곡의 장중한 종지음과 절묘하게 맞아떨어지는 지휘자의 마지막 비팅은 마치 결승골을 넣은 축구선수의 골 세리머니처럼 화려합니다. 그 마지막 비팅을 내리긋자마자 곧바로 지휘대를 홀짝 내려오는 경망스런 지휘자는 없습니다. 연주회장 구석구석에 스며든 잔향殘響을 한껏 들이마시며, 절제되었던 숨을 비로소 내쉬는 침묵의 여운이 있어야만 합니다. 아무 소리도 들리지 않는 이 순간의 침묵처럼 깊고 웅장한 음악도 또 없습니다. 이 침묵을 깨는 것은 그것이 무엇이든 나는 단연코 미워합니다.

유명한 연주가의 공연장일수록 박수가 불필요하게 넘쳐납니다. 앵콜 요청이라면 또 모를까, 곡이 채 끝나기도 전에 미리 쳐대는 박수는 민망하기 짝이 없습니다. 불과 몇 초 상관인데, 그걸 못 참아서 그 깊은 침묵의 여운을 마구 짓이겨버리다니.

스메타나가 작곡한 「몰다우 강」이라는 곡은 마지막 짧은 두 음을 남겨두고 긴 휴지休止에 들어갑니다. 이 곡을 잘 모르는 청중들은 여기서 박수를 쳐대기 십상입니다. 이 대목에 이르면 정말 조마조마하기 이를 데 없습니다. 아니나 다를까, 어디선지 꼭 박수소리가 터져나옵니다. 그 다음에야 비로소 마지막 두 음을 포르테시모로 연주한 지휘자는 입가에 쓴웃음을 흘리며 무대를 떠납니다. 마치 "조금만 더 기다리면 될 텐데" 하고 탄식하는 듯 말입니다.

참을 수 없는 아멘의 가벼움

이즈음 교회 안에 '아멘'의 목소리들이 너무 흔합니다. 설교나 기도를 하는 사람이 숨을 쉬기 위해 말을 잠시 그칠 때마다 신도들은 쉴

새 없이 "아멘, 아멘"을 외쳐댑니다. 설교나 기도를 하는 사람들이 의도적으로 그런 반응을 유도하는 경우도 꽤 많습니다. 찬송에서도 감성의 발산이 아주 흔합니다. 눈물이 너무 쉽게 나옵니다. 그러나 쉽게 나오는 눈물은 또 쉽게 마르게 마련일 터.

거칠고 쉰 목소리로 "주시옵소서"하고 울부짖듯 기도의 끝을 맺으면 거의 예외 없이 떠나갈 듯한 '아멘'의 화답이 터져나오지만, 꼭 같은 내용의 기도라도 잔잔한 목소리로 "하시기를 바랍니다"하고 고요히 끝을 맺으면 아멘의 화답이 매우 인색합니다. 기도의 '내용'이 아니라 그 '감성적 분위기'에 이끌린다는 증거가 아닌가?

신도들이 기도에 아멘으로 화답하는 것은 그 기도에 진정한 마음으로 동참한다는 표현이겠습니다. 기도하는 사람이 지금 무엇을 기구하고 있는가, 그것을 내 삶에 어떻게 연관지을 것인가 하는 고요한 묵상이 이제는 "아멘 아멘"이니 "주여 주여"니 하는 외침 때문에 도무지 불가능하기만 한 것처럼 보입니다.

신의 음성을 고요히 기다리는 묵상의 귀는 사라지고, 제 할 말 다하고 제 감정의 표출만 소란스럽게 토해내는 입술들에게 교회가 온통 점령당해버렸다는 느낌입니다. 이런 교회들은 선지자 하박국의 호령을 상기할 필요가 있습니다.

"나 야훼가 거룩한 성전에 있다. 온 땅은 내 앞에서 잠잠하여라." 하박국 2:20

물론 열정적인 기도가 요구되는 때도 있고 힘찬 아멘의 화답이 필요할 때도 없지 않을 것입니다. 그러나 기도가 무슨 응원단의 구호제창처럼 항상 소란스럽기만 해서야 어디 내밀하고 경건한 마음가짐을 꿈이라도 꾸겠는가? 소란스런 입을 열기보다 먼저 고요한 묵상의 귀를 열고, 저 세미細微한 신의 음성을 기다리는 절절한 마음들이 늘 우리 곁에 있습니다. 이 간절한 마음들이, 곁에서 소리높이 울부짖는 아멘 아멘이니 주여 주여니 하는 소리들 때문에 상처를 입거나 방해를 받는 것은 매우 안타까운 일이 아닐 수 없습니다.

밖으로 터져나오는 열정이 늘 진실한 것은 아닙니다. 우상 바알을 섬기는 선지자들의 기도는 매우 요란하고 열정적이었지만 엘리야의 기도는 고요했습니다. 열왕기상 18:27~40 바알은 아마도 청각이 매우 형편없는 신이었던가 봅니다.

그뿐만이 아닙니다. 거의 모든 기도들 속에 "주시옵소서"라는 말이 풍성합니다. 더 이상 나올 것이 없을 만큼 잔뜩 차려놓은 식탁 앞에서도 무엇을 더 달라는 것인지 자꾸만 "주시옵소서, 주시옵소서"라고 외치곤 합니다. 심지어 "받아주시옵소서"라는 말까지 입버릇처럼 흔히 사용되고 있습니다.

'받다'와 '주다'는 서로 반대말입니다. 받아주다니. 무식의 소치인지는 모르겠으나, 이것은 일본 사람들이 즐겨 쓰는 '…구다사이'下さい 식의 왜색 표현과 꽤나 닮았다는 느낌을 떨쳐버리기 어렵습니다.

감성 없는 신앙이 참 믿음이라고 주장하는 것은 아닙니다. 신앙은 전인격적인 것이며 영성은 감성과 이성을 함께 아우르는 것임은 두말할 나위도 없습니다. 그러나 차디찬 이성적 신앙이 바르지 않은 것과 마찬가지로, 온통 감성만으로 뒤범벅이 된 종교성의 과잉도 결코 올바른 신앙은 아니라는 것을 아무 의심 없이 주장할 수 있습니다.

종교적 감성의 발산이 일시적인 카타르시스를 가져다주는 것은 널리 알려진 사실이지만, 그것은 다른 종교나 주술적 의식에서도 흔히 나타나는 심리적 도착 현상의 하나일 뿐입니다.

'아멘'이라는 말은 "참으로 그렇다, 진실로 그러하다"는 뜻입니다. 참과 진실이 그처럼 쉽게, 언제나 가볍게 터져나올 수 있는 것이라면, 진정한 믿음의 길이 왜 이렇게도 어려운 것이겠는가? 진실한 감동, 참으로 충만한 은혜라면 글쎄, 좀 더 깊은 곳, 좀 더 은밀한 곳에서 우리의 깊은 내면을 고요히 기다리고 있지 않을까?

예수님은 "너희는 기도할 때에 위선자들처럼 하지 말아라. 그들은 사람에게 보이려고 회당과 큰길 모퉁이에 서서 기도하기를 좋아한다"고 가르쳤습니다. 차라리 "골방에 들어가 문을 닫고, 은밀하게 계시는 네 아버지께 기도하라"는 것이 그분의 확고한 입장입니다. 마태복음 6:5,6

만일 예수님이 오늘날 이 땅의 소란스런 기도나 설교 시간에 교회를 찾아오신다면, 그 참을 수 없는 "아멘"의 가벼움에, 그 견디기 어려운 "주여 주여"의 시끌벅적함에 아마 고개를 가로 저으실지도 모르겠습니다. 이렇게 장탄식을 하시면서 말입니다.

"이것은 내가 가르친 것이 아니다."

원숭이들의 놀음판

**사탄은 하나님을
흉내내는 원숭이**

아동발달심리학에서 매우 중요하게 다루는 것이 '모방'입니다. 어린이는 부모의 말과 행동을 모방하면서 철이 들어갑니다. 학교에서 만나는 선생님의 말과 행동 역시 좋은 모방의 대상입니다.

이런 모방이 깊어지면 부모나 선생님의 인격까지도 닮아가게 됩니다. 이때부터는 '모방'이 아니라 '성숙'이라고 부를 수 있습니다. 부모와 스승의 인성이 올곧은 경우라면 더할 나위 없이 바람직한 일이겠습니다.

누구를 닮는다는 것은 대상에 대한 전인격적인 신뢰와 감화를 바탕으로 합니다. 친구나 부부 사이에도 서로 닮는 경우가 종종 있습니다. 좋은 벗의 아름다운 인격, 배우자의 사랑에 넘친 품성을 닮아가는 일이라면, 이보다 더 좋은 일이 없겠습니다.

반면에 인격적인 감화나 신뢰 없이 그저 남의 겉모습만을 흉내내는 것은 그 대상을 닮아가는 성숙이 아니라 단순한 모방에 마냥 머물고 맙니다. '닮음'이 인격적이라면 '모방'은 즉물적입니다. 닮음은 인격적 동일화의 오랜 발효과정을 거쳐 비로소 숙성에 이르는 것이지만, 모방은 대상과의 인격적 관계를 떠나 그저 그 겉모양만을 쉽게 흉내내는 것에 불과합니다. 이것은 원숭이들도 곧잘 해내는 짓거리입니다.

옛 시절, 사제지간에는 인격적 동일화를 향한 '오랜 닮아감의 과정'이 필수적이었습니다. 검술을 배우러 산에 들어간 제자가 정작 칼은 한번도 제대로 쥐어보지 못한 채 허구한 날 마당을 쓸고 아궁이에 불을 지펴야 했던 것은 바로 이 '인격적 동일화'의 오랜 과정 때문이었을 겝니다.

단기적 편의성과 즉각적 실용성만이 교육의 목표처럼 되어 있는 오늘날보다는 저 옛적 산중山中의 방식이 훨씬 더 깊이 있는 커리큘럼이 아니었을까 하는 생각이 듭니다.

얼마 전 유력 일간지에 "상당수의 신학교들이 박사학위논문을 대필해주는 신학생들을 정원외로 모집하고 있다"는 기사가 실렸습니다. 학계에서 논문표절 시비가 있어온 것은 어제 오늘의 일이 아니지만, 이제는 표절이나 모방 정도가 아니라 아예 남의 것을 깡그리 베껴서 제 것처럼 내어놓는 파렴치한 일들이 신학교 안에서조차 버젓이 벌어지고 있는 판입니다. 가히 '정신적 원숭이들의 놀음판'이라 할 만합니다.

심지어 얼마 전에는 목회세습으로 한참 시끄러운 어느 대형교회의 부목사 한 분이 교회를 사임하면서 "그 동안 당회장의 설교원고를 대신 써준 것을 회개한다"는 양심선언을 내놓아 교계를 경악시키기도 했습니다.

사실이 아니기를 진정으로 바라지만, 만약 이 양심선언이 사실이라면 아버지의 자리를 물려받은 그 대형교회 당회장은 주일마다 후배 목사가 써준 원고를 들고 강단에 올라가 마치 자신의 설교인 것처럼 웅변조로 읽어 내려감으로써 수많은 신도들을 속여온 셈입니다. 설교 원고를 대신 써준 후배 목사의 눈에는 대선배인 당회장이 영성 깊은 목자가 아니라 그저 능숙한 연기자로 보였을지도 모르겠습니다.

그러나 오늘날과 같이 '종교적 원숭이' 들이 활개를 치는 시대에 이것이 어찌 그 대형교회 한 곳만의 일이며 어찌 그 세습목회자 한 사람만의 문제일까?

학문과 예술의 세계에서 가장 추악한 일로 여기는 것이 표절이요 모방입니다. 표절과 모방은 예술정신과 학문적 양심을 눈앞의 짧은 이익에 팔아 넘기는 가장 천박한 짓이기 때문입니다. 하물며 신앙의 세계, 하물며 복음의 선포일까?

물론 스승이나 앞선 사람을 모방함으로써 학문과 예술 또는 인성의 깊이를 더해갈 수 있습니다. 그렇지만 그것은 어디까지나 내면적 성숙을 위한 과정일 뿐, 남의 것을 마치 자기 것처럼 밖에다 드러내서는 안 되는 법입니다. 모방과 표절은 양심을 거스르고 정신을 도적질하는 죄악입니다.

종교개혁자 루터는 사탄에게 '하나님을 흉내내는 원숭이' 라는 별명을 붙였습니다. 사탄은 하나님의 능력과 지혜를 교묘히 흉내내지만 그 오묘한 섭리와 사랑을 소유하지는 못합니다. 사이비 종교인들 또한 마찬가지이겠습니다. 그들은 그리스도의 전인격적 품성에 감화됨이 없이 단지 종교적 겉모습만을 열심히 흉내내는 원숭이들에 지나지 않는다고 말해서 큰 결례가 되지 않으리라 생각합니다.

그리스도를 닮아가는
인격의 감화

토마스 아켐피스 T.a Kempis가 쓴 『그리스도를 본받아』 Imitatio Christi 라는 책은 최근에 많은 사람들의 관심을 끌고 있는 영성신학의 교재로 즐겨 사용되는 책입니다. 여기서 '그리스도를 본받는다'는 것은 단지 그리스도를 흉내내고 모방하는 데 그치는 것이 아닙니다. 그리스도의 인격과 성품을 닮기 위해 매순 매순 혼신의 힘을 다하는 것을 뜻합니다. 모방이 아니라 성숙인 것입니다.

올곧은 인격에 대한 신뢰와 감화 없이 그저 말이나 겉모습의 모방만을 즐기는 사람들의 인격 밑바닥에는 깊은 열등감이 자리잡고 있다는 것이 나의 추측입니다. 성취욕구는 턱없이 높은데 그 성취에 다다를 능력도 의지도 없을 때 손쉬운 모방의 유혹에 빠집니다.

다른 사람이 제시하는 테마나 용어들을 마치 자신의 것처럼 교묘히 반복 인용함으로써 그 사람과의 지적 동등성을 과시하려 듭니다. 그렇게 해서라도 자신의 열등감을 감추어보려는 애처로운 시도이겠지만, 결국은 모방이요 지식과 정신의 도둑질에 불과합니다.

더 나쁜 경우는 남을 모방하는 데 그치지 않고 거기에다 약간의 변형變形을 '덧칠'하는 것입니다. 그래야만 남을 더 효과적으로 속일 수 있을 뿐 아니라, 자기가 모방하는 대상과의 차이를 주장하여 "네 것이 아니라 원래 내 것"이라고 우길 수 있는 핑계거리를 조작할 수 있기 때문입니다.

'단순모방'이 대상에 대한 열등감을 숨기려는 것이라면 '변형모방'은 대상과 경쟁을 벌여 이겨보려는 교활한 협잡이라 하겠습니다. 예를 들어, 누군가가 베토벤의 예술혼을 감동적으로 설명하면 자기는

백과사전에서 베껴온 모차르트의 생애를 줄줄 외워서 문화적 열등감을 감추려 한다든지, 누군가가 실천적 신앙의 표본으로 주기철 목사님의 순교를 예로 들면 자신은 곧바로 본회퍼의 생애를 인용함으로써 지적 콤플렉스를 벗어나려는 따위입니다. 두말할 것도 없이, 시샘과 경쟁심에 사슬 매인 열등감의 발로요 누추한 지적 커닝 행위입니다.

그리스도는 모방의 대상이 아닙니다. 신앙은 '흉내내기'가 아닙니다. 십자가와 부활은 결코 모방할 수도 흉내낼 수도 없는 절대절명의 자리이기 때문입니다. 나날이 그리스도의 인격과 성품을 닮아가는 눈물겨운 '삶의 수고'가 뒤따라야만 합니다. 말이나 몸짓이 아니라 '영혼의 감화와 인격적 신뢰'가 선행되어야 합니다.

말은 쉽게 표절할 수 있지만, 인격은 표절할 수 없습니다. 몸짓은 흉내를 낼 수 있어도, 삶은 흉내낼 수 없는 것입니다. 자신의 인격으로 뒷받침되지 못하는 말, 스스로의 삶으로 증명해내지 못하는 몸짓들은 그 어떤 권위를 앞세운다 하더라도 한낱 거짓말이요 표절과 모방에 지나지 않는 원숭이들의 놀음판일 뿐입니다.

예배나 의식의 습관적인 반복으로 삶의 수고를 대신할 수 없습니다. 히브리서 10:1 종교적인 행사나 사업들이 영적인 감화를 보장해주지 못합니다. 이사야 1:13 4만여 교회와 1,000만이 넘는 신도들이 이 시대 이 사회에 전혀 감화와 신뢰를 주지 못하고 있는 것이 그 살아 있는 증거입니다.

예배나 선교나 종교적인 사업들은 모름지기 '그리스도와의 인격적 동일화'를 향한 성숙의 과정에 긴밀히 연관되어 있어야 합니다. 그리스도를 향한 무한한 신뢰, 나날이 그 인격을 닮아가는 삶의 수고로움이 없다면, 나는 그것들이 단지 종교적인 흉내내기에 지나지 않는 원숭이들의 놀음판이라고 단언하겠습니다.

우리는 남을 모방하거나 거기에 변형의 덧칠을 해서 그것을 내 것처럼 가장하는 '정신적 원숭이'가 될 수는 없습니다. 오직 깊은 인격의 바탕 위에서 늘 겸손히 배우고 닮아가는 삶의 수고만이 자신과 하나님 앞에 부끄럽지 않은 '참사람됨의 길'임을 다짐하는 것은 언제라도 이르지 않습니다.

베스트셀러 『야베스』, 그 허와 실

야베스의 기도, 성숙인가 투정인가

요즈음 미국의 기독교계는 서점가의 베스트셀러 목록 맨 윗자리를 차지한 한 권의 책에 대한 논쟁으로 한창 뜨겁습니다. 브루스 윌킨슨Bruce H. Wilkinson이라는 사람이 쓴 『야베스의 기도』*Prayer of Jabez*가 문제의 책입니다. 이 책은 구약성서 역대상 4장 9,10절을 그 소재로 하고 있습니다.

> 야베스는 그 형제들보다 존경을 받았는데, 그의 어머니는 고통을 겪으며 낳은 아들이라 하여 그의 이름을 야베스라고 불렀다. 야베스가 이스라엘 하나님께 "나에게 복에 복을 더하시고 나의 영토를 넓히시고 주의 손으로 나를 도우사 불행을 막아주시고, 고통을 받지 않게 해주십시오" 하고 간구하였더니, 하나님께서 그가 구한 것을 이루어주셨다.

이것이 야베스에 관한 기록의 전부입니다.

단 두 절의 이 짧은 기록이 축복에 주리고 형통함에 목마른 현대의 미국인들에게 마치 구세주와도 같은 신통력을 가지고 다가왔습니다. 윌킨슨은 야베스의 기도를 축복, 영토의 확장, 인도하는 손, 불행으로부터의 보호 등 네 부분으로 나누어 설명하고 있는데, 모두가 현대인들이 갈구해 마지않는 '기적 같은' 형통의 조건들입니다.

현대인의 감각적 기호嗜好와 인기에 익숙해져 있는 대중적 목회자들은 쌍수를 들어 이 책을 칭송하는 반면, 분별 있는 신학자들은 이런 현상에 대하여 깊은 우려를 나타내고 있습니다.『미국의 종교와 대중문화』Religion & Popular Culture in America 라는 묵직한 책을 쓴 종교학자 제프리 마한 Jeffrey H. Mahan은『야베스의 기도』가 큰 인기를 누리는 이유를 아주 적절하게도 "나르시시즘의 자기중심적 욕구에 딱 들어맞기 때문"이라고 분석했습니다.

우리나라에서도 "네 영혼이 잘됨 같이 네가 범사에 잘되고 강건하기를 간구하노라"요한3서 1:2 라는 사도 요한의 기원문을 근거로 이른바 '3박자 구원론'이란 것을 들고 나온 모 교단이 이 땅의 신앙계를 휩쓸며 세계 최대의 교회로 성장하기도 했습니다.

아마도 '복과 형통'만큼 종교인들의 구미를 당기는 약속도 없는 모양입니다. 이것은 비단 기독교만의 현상은 아닙니다. 불교나 이슬람교도 마찬가지입니다. 뜻 있는 불교학자들은 현대불교의 가장 큰 폐단이 '버림의 해탈'을 '소유의 집착'으로 둔갑시킨 기복신앙이라고 탄식합니다. 이슬람의 경전인 쿠란 36장 57절에는 "(무슬림은) 원하는 모든 것을 가지게 될 것"이라고 약속하고 있습니다. 기복祈福은 인간의 공통된 본성인 까닭이겠습니다.

그러나 유감스럽게도, 사도 요한의 기원은 어떤 시혜의 약속이 아니라 "신앙인의 삶이 실제로는 (그 기원과 달리) 매우 어렵고 곤핍하다"는 현실을 전제로 한 것입니다. 그렇지 않다면, 그와 같은 기원이 나올 까닭도 없었을 것입니다.

사도 바울은 사랑하는 제자 디모데에게 "복음과 함께 고난을 받으라"고 권고했고 디모데후서 1:8, 예수님은 "먼저 하나님의 나라와 그의 의를 구하라. 그리하면 '이 모든 것'을 더하시리라" 마태복음 6:33고 말씀했습니다. '이 모든 것'이란 먹고 마시고 입는 것, 즉 야베스의 기도문에 올라 있는 것들입니다.

만일 야베스의 기도문처럼 '명예롭고 복이 넘치고 영토가 넓고 불행이 없어지는 것'이 신앙인의 삶이라면, 십자가에 매달린 예수나 매맞고 쫓겨다닌 사도 바울의 고난에 찬 삶은 모두 비신앙적인 삶이요 실패한 삶에 지나지 않게 될 터이니, 딱한 노릇입니다.

상업주의적 기복신앙이 영이신 하나님을 물신화해오는 과정에서 예수는 CEO로 탈바꿈되고, 성령은 영혼의 문을 두드리는 인격자가 아니라 기적과 신유의 주술이 되고 말았습니다. 이처럼 삼위일체에 대한 이해가 근본적으로 뒤틀려버린 시대에, 복과 행운을 약속하는 '야베스의 기도'가 대히트를 치는 것은 매우 당연한 결과일지도 모르겠습니다.

그러나, 야베스의 기도는 그 개인의 영달을 추구하는 기도가 아닙니다. 역대상의 기록으로부터 추측되는 연대나 문맥으로 볼 때, '야베스가 고통 중에 출생했다'는 것은 그가 바벨론 포로시기의 암울한 고난 중에 태어났다는 뜻이고 '존경을 받았다'는 것은 그가 민족의 지도계층에 속했다는 뜻이며 '이스라엘의 하나님께 기도했다'는 것은 자기 개인의 소원이 아니라 조국 이스라엘을 위해 간구했다는 의미요 '영토의 확장을 구했다'는 것은 고토故土 가나안의 회복에 대한 갈구로 이해해야 한다는 것이 역사비평적 해석학의 타당한 결론입니다.

고난받는 민족의 지도자 야베스의 기도는 '조국에로의 귀환과 이스라엘의 재건' 외에 다른 아무것도 아니었습니다. 야베스는 그 자신과 이스라엘을 동일시한 것입니다.

무화과와 포도나무에 열매가 없을지라도

하나님의 복은 개인 어느 한 사람을 위한 것이 아니라 공동체 전체를 위한 것입니다. 아브라함은 그 개인이 '복의 대상'으로 부름받은 것이 아니라 온 이스라엘을 위한 '복의 근원'으로 부름받았습니다. 창세기 12:2, 17:16 이스라엘의 지도자였던 야베스도 그 개인의 복을 구한 것이 아니라 온 이스라엘을 위한 기원을 드린 것입니다. 하나님은 이스라엘 공동체와 자기 자신을 동일시한 야베스의 기도를 들으시고 이스라엘을 바벨론으로부터 회복시키셨습니다. 이것이 야베스의 기도요 그에 대한 하나님의 응답입니다.

이 공동체적 기원을 야베스 개인과 그 가정을 위한 이기적인 기도로 슬쩍 바꿔놓은 것이 현대 미국 크리스천들 상당수가 열광해 마지않는 신판 야베스의 기도입니다. 마한이 지적한 대로, 자기애적 욕망에 딱 들어맞는 상업주의적 기복신앙의 모습입니다. 이것이 미국에서 베스트셀러 자리에 오른 『야베스의 기도』가 지닌 '허와 실'입니다.

나는 창세기에 나타난 요셉의 기록을 놀라움과 충격이 없이는 쉬 읽

어내지 못합니다. "야훼께서 요셉과 함께하사 범사에 형통케 하셨다"는 대목입니다. 창세기 39:2,23

요셉이 하루아침에 노예로 팔린 일과 억울하게 옥에 갇힌 일은 그에게 있어 절대절명의 위기였습니다. 그런데 성서는 뜻밖에도 이것을 '위기'라고 말하지 않고 오히려 '형통'이라고 말하고 있습니다. 요셉은 명예와 복과 행운을 모두 잃어버린 역경 속에서 오직 하나님의 동행하심만으로 형통함을 누렸다고 보아야 하겠습니다. 그의 형통 속에는 고난이 가득했습니다. 이것이 내가 보는 신앙입니다.

선지자는 노래합니다.

"비록 무화과나무가 무성치 못하며 포도나무에 열매가 없으며 감람나무에 소출이 없으며 밭에 식물이 없으며 우리에 양이 없으며 외양간에 소가 없을지라도, 나는 야훼를 인하여 즐거워하며 나의 구원의 하나님을 인하여 기뻐하리로다." 하박국 3:17,18

'명예와 복과 행운'이 아니라 '오직 하나님'뿐입니다. 하나님의 나라와 그 의를 구함이 없이 다만 명예와 복과 행운만을 구하는 기도가 어찌 성숙한 신앙인의 기도일까? 비록 하나님께서 그 기도를 이루어주시는 일이 있다 하더라도, 그것은 마치 어린아이가 부모에게 떼를 써서 가지고 싶은 것을 겨우 얻게 된 것에 지나지 않을 것입니다. '젖이나 먹고 단단한 음식을 삼킬 수 없는' 고린도전서 3:2, 히브리서 5:12 미숙한 종교인들의 투정이요 어리광일 뿐입니다.

오늘날 미국의 어떤 신자들이 그런 투정을 좋아한다고 해서 우리도 그와 똑 같은 투정을 부려서 좋을지. 그런 '어리광 신앙'을 선진국의 베스트 셀러라 하여 열심히 베껴와서 따라 읽고 배우고 가르쳐야 할지. 묵직한 체기滯氣가 속가슴을 짓누릅니다.

밤새운 기도보다 한낮에 바른 삶을

**삶의 현장이
예배의 현장**
후텁지근한 날씨와 극성스런 모기들 때문에 편안한 잠을 이루기가 쉽지 않은 열대야가 계속되고 있습니다. 어떤 분이 농반진반으로 "밤도 짧고 잠도 잘 안 오는데 철야기도나 해볼까?"라고 말해서 좌중에 웃음이 터진 일이 있습니다.

철야기도회는 이제 거의 모든 교회들이 금요일 밤마다 정기적으로 가지는 경건의 모임으로 자리잡아가고 있는 듯합니다. 불가佛家의 선문에도 수십 일의 낮과 밤을 면벽참선으로 용맹정진하는 수도승들이 있고 보면, 철야기도는 모든 종교에 공통된 신앙심의 표현임에 틀림없겠습니다.

다윗은 사랑하는 자식이 중병을 앓게 되자 금식과 철야로 하나님께 기도했고 사무엘하 12:16 예수님도 십자가를 앞둔 밤, 제자들에게 "깨어 기도하라"고 당부했습니다. 마가복음 14:38

기도하지 않는 신자는 바른 신자가 아닙니다. 초월자와의 사이에 대화의 문을 여는 기도는 그 자체가 이미 초월적이며 신비한 영혼의 세계입니다. 특히 일상의 분주함을 벗어난 깊은 밤에 가난한 마음 고요히 열어 절대자를 받아들이는 기도는 신앙인의 마땅한 본분이자 또한 놀라운 특권이기도 합니다.

수많은 믿음의 선진들이 심야의 기도를 통하여 역경 속에서 용기와 소망을 얻었고, 좌절과 의혹 속에서 확신의 기쁨을 발견했습니다. 밤을 새워 드리는 기도는 그만큼 진실하고 경건하며 열정 있는 신앙행위임이 분명합니다.

그러나 밤의 기도가 한낮의 삶을 대신할 수는 없습니다. 종교의식의 습관적인 반복이 삶의 수고를 대신할 수 없는 것 히브리서 10:1, 이사야 1:13과 마찬가지로, 열정적인 철야기도로써 인격과 삶을 대체할 수는 없는 일입니다. 바른 신앙 안에서는 '삶이 곧 기도'이고 '삶의 현장이 곧 예배의 현장'이 되어야 하는 법입니다. 로마서 12:1

한국교회는 그 동안 부흥회와 기도회로 큰 성장을 이룩했습니다. 여의도광장을 가득 메우는 '부활절 새벽 연합기도회'에서부터 'IMF 경제위기 극복을 위한 범교회적 구국연합기도회' '조국통일과 민족화합을 위한 1000만 성도 40일 철야금식기도회' '전 국토의 복음화를 위한 미스바 구국 대부흥성회', 그리고 '나라와 지도자를 위한 초교파적 조찬기도회'에 이르기까지, 그 이름조차 외우기 힘든 대형 집단기도회를 한국교회처럼 줄곧 개최해오고 있는 데도 또 없을 것입니다.

반면에, 그와 같이 수많은 열정적인 기도에도 불구하고 교회와 신자들 스스로가 변화되지 못하고 시대와 사회를 감화하는 일에 전혀 성공하지 못하고 있는 곳 또한 여기 한국교회 외에 달리 없으리라 생각

됩니다. 밤새워 기도하는 일에는 열심들이지만, 한낮에 참되게 살고 바르게 행동하는 일에는 낙제점을 받고 있는 것입니다.

기도와 삶
신앙과 인격

나는 이것이 '기도와 삶'을 구별하고 '신앙과 인격'을 서로 다른 것으로 여기는 오류에서 비롯된 일이라고 진단합니다. 우리나라 사람들이 '명분과 실제가 다른 이중적 성격'을 가지고 있다는 지적은 이미 고전적인 분석에 속합니다.

어느 학자는 "해거름을 경계로 선비와 탕아의 울타리를 자유로이 넘나들고, 배꼽을 경계로 윤리와 패륜의 원칙을 달리하는 것이 한국 사람들"이라고 꼬집기도 했지만, 그런 이중성이 신앙의 면에도 두드러지게 나타나고 있지 않은가 여겨집니다. 해거름을 경계로 철야기도와 불신의 삶이 릴레이식으로 교차되고, 교회의 문을 경계로 신자와 세속인의 울타리를 자유로이 넘나드는 것이 한국 교회와 신자들의 모습이라 해서 큰 잘못이 없겠습니다.

아니, 이제는 교회의 울타리 안에서조차 어떤 특정 사안을 경계로 너와 나를 분리하고, 어느 특정인을 경계로 하여 서로 네 편이니 내 편이니 하는 편싸움으로 갈라 서 있는 것이 많은 교회들이 안고 있는 현실적인 아픔입니다.

이런 나뉨과 미움의 싸움들이 모두 '밤 새워 철야기도를 쉬지 않는' 신심 깊은 신자들과 목회자들에 의해서 저질러지고 있다는 것이 오늘 이 땅의 신앙이 지닌 모순입니다. 시간을 정해놓고 열심히 기도하는 사람들이 시도 때도 없이 서로를 욕하고 저주하는가 하면, 철야기도로 밤을 꼬박 지새고 나온 한낮에 서로를 속이며 헐뜯습니다.

선지자 이사야는 탄식합니다.

"나의 기뻐하는 금식은 흉악의 결박을 풀어주며 주린 자에게 식물을 나눠주는 것이 아니냐?" 이사야 58:6,7

금식은 밥을 굶는 '위장'의 일이 아닙니다. 나를 희생하여 이웃을 사랑하는 것입니다. 철야기도는 밤새워 졸음을 쫓는 '수면'의 문제가 아닙니다. 내 거짓됨을 비우고 하나님의 음성에 겸손히 귀기울이는 것입니다.

밥을 굶고 졸음을 참아서 자기를 학대하는 수도의 고행 따위는 이사야가 아는 금식이나 철야기도가 아닙니다. 성서에서 배우는 철야의 금식은 이웃과 하나님을 향하여 마음을 활짝 여는 '삶의 개방'이며, 헌금이니 기도회니 하는 특정한 종교행위에서가 아니라 그리스도의 인격을 지향하는 오랜 삶의 과정 속에서 비로소 그 진실성이 확인될 수 있는 것입니다.

"삶이 곧 기도다"라는 명제를 "성실히 살면 기도하지 않아도 된다"는 핑계거리로 사용해서도 안 되겠지만, "기도만 열심히 하면 아무렇게나 살아도 된다"는 식으로 기도를 불신앙적 삶의 변명거리로 이용해서는 더더욱 안 될 일입니다.

기도 없는 신앙은 바른 신앙이 아닙니다. 그러나 밤 새워 기도하는 열심보다 한낮의 어려움을 바르게 살아내는 것이 보다 참된 신앙의 인격입니다. 기도는 모름지기 은밀하게 할 일입니다. 마태복음 6:6

내가 부러진들 무슨 아쉬움이

**내 뜻대로 마옵시고
당신의 뜻대로**

주여, 나는 당신의 손에 쥐어진 활입니다.
내가 썩지 않도록 나를 당기소서.

그러나, 너무 세게 당기지는 마옵소서.
내가 부러질까 두렵습니다.

아닙니다, 주님. 나를 힘껏 당기소서.
내가 부러진들 무슨 아쉬움이 있겠습니까?

무신론자인 카잔차키스 N. Kazantzakis의 기도입니다. 무신론자의 기도라니 앞뒤가 맞지 않는 듯하지만, 카잔차키스만큼 '불멸의 섭리'에 대한 외경이 깊은 사람도 드뭅니다. 그의 신념은 무신론이라기보다 경건한 불가지론 또는 노장老莊의 무위자연에 가까워 보입니다.

"말할 수 없는 것에 대해서는 침묵해야 한다"는 비트겐슈타인Ludwig J. J. Wittgenstein의 명제처럼 카잔차키스는 자신이 모르는 것에 대해 크게 떠벌리지 않았을 뿐, 내면의 믿음마저 부정한 것은 아닐는지도 모릅니다.

활을 오랫동안 쓰지 않으면 썩게 마련입니다. 썩지 않으려면 활을 자주 당겨줘야 합니다. 그러나 너무 힘껏 당기면 활이 부러지기 쉽습니다. 활의 입장에서야 궁수弓手가 너무 세게 당겨주지 않기를 바라겠지만, 부러질 것이 염려되어 느슨하게만 당긴다면 결국엔 썩고 말 테니, 그저 궁수의 노련한 손재주에 제 운명을 맡길 수밖에 없는 셈입니다.

불멸의 섭리에 대한 전인격적인 신뢰. 이것이 카잔차키스의 기도일 것입니다.

카잔차키스가 평생토록 추구한 가치는 '자유'였습니다. "나는 아무것도 바라지 않는다. 나는 아무것도 두려워하지 않는다. 나는 자유인이기에"라는 묘비명墓碑銘이 새겨질 만큼 '자유'는 카잔차키스가 애써 찾아나섰던 실존의 의미였지만, 자유인 카잔차키스는 자신의 의지를 초월하는 불멸의 섭리마저 거부할 정도로 오만하지 않았습니다. 아니, 오히려 그 섭리 안에서 궁극의 자유를 찾으려 했던 것이 아닐까?

제 스스로 운명을 개척해나가는 열정과 그 확고한 주체의식만큼 중요한 것도 없습니다. 주체의식은 자유의 바탕자리입니다. 그러나 자신의 의지를 초월하는 불멸의 섭리마저 거스르는 주체의식은 결국 자기 자신을 우상화하는 또 다른 반자유의 굴레입니다.

'영원한 자유인'인 예수 그리스도는 십자가의 처형을 앞에 두고 불멸의 섭리자를 향해 이렇게 기도했습니다.

"내 뜻대로 하지 마시고 아버지의 뜻대로 하소서." 마태복음 26:39

내 주체적 의지를 초월하는 섭리에 고요히 마음을 열 줄 아는 순명順命의 지혜는 주체의식 못지않게, 아니 그보다 훨씬 더 소중한 '자유에의 길'입니다.

그 섭리는 때로 부조리와 희생을 요구할는지도 모릅니다. 그러나 궁수의 손에 쥐어진 활처럼 자신의 실존 전체를 내맡기는 용기야말로 '자기로부터 자유로운' 진정한 자유인의 모습일 수 있습니다. 진정한 자유. 누구에게나 '최후의 우상'일 수밖에 없는 자기 자신에게 굴복하지 않는 '자기초월의 자유' 말입니다.

심장의 고동
어둠 속에서

수년 전, 세계적 브랜드를 지닌 국내 최대 자동차회사의 공장을 방문한 일이 있습니다. 거대한 도시처럼 펼쳐진 엄청난 규모에 벌어진 입을 다물기 어려웠습니다.

귀청을 찢는 소음 속에서 갖가지 부품을 제조하거나 조립하는 수십 개소의 작업장들을 둘러보다가 지하의 구석진 곳에 있는 어느 방 문 앞에 이르자 안내하는 분이 이렇게 말했습니다.

"여기가 바로 이 공장의 심장입니다."

뜻밖에도 그곳에서는 아무 기계소리도 들려오지 않았습니다. 거대하고 활기찬 대규모의 공장과는 왠지 잘 어울려 보이지 않는 어두컴

내가 부러진들 무슨 아쉬움이

컴하고 구석진 방인데, 거기가 바로 공장의 심장이라니. 도대체 어떤 시설이 있다는 것인지 궁금해졌습니다.

어리둥절해 하는 내 모습을 보고 안내자가 친절하게 설명을 해주었습니다.

"여기가 이 공장의 모든 기계에 전력을 공급하는 동력실입니다."

지하의 구석진 곳에 있는 그 어두컴컴한 방은 겉으로는 별것 아닌 것처럼 보였지만 사실은 공장 전체를 움직이게 만드는 에너지원이었습니다.

가장 중요한 것은 겉으로 드러나지 않습니다. 수십 층짜리 빌딩을 지탱해주는 것은 멋지게 꾸며진 장식들이 아니라 콘크리트 속에 깊이 파묻힌 철골조물입니다. 대리석이나 최고급 원목자재는 겉으로만 번쩍일 뿐, 엄청난 무게를 견디며 건물의 균형을 잡는 일은 보이지 않는 곳에 숨어 있는 철근덩어리의 몫입니다.

누구나 제 모습을 멋지게 가꾸어 보기 좋게 드러내고 싶어합니다. 특히 이즈음은 얼짱이니 몸짱이니 하는 신조어까지 유행할 만큼 외모를 중시하는 시대이지만, 어느 날 몸속의 오장육부 한 곳에서라도 심각한 고장이 발견되면 외모 따위에는 털끝만한 관심도 두지 않게 됩니다. 특히 인체의 동력실이라 할 수 있는 심장에 문제가 생기면 곧장 생사의 갈림길을 방황해야 합니다.

그처럼 소중한 심장은 눈에 띄지 않는 어둠 속에서 마치 "내가 부서진들 무슨 아쉬움이 있으랴"는 듯이 잠시도 쉬지 않고 펄떡거립니다. 기계와 기술자들이 짬짬이 쉬는 동안에도 지하의 동력실은 잠시도 활동을 멈추지 않듯이, 살아 있는 심장은 결코 고동을 그치는 법이 없습니다. 심장의 멈춤은 곧 죽음을 뜻하기에.

이제 내 알량한 자유혼도 저 불멸의 섭리 앞에 무릎 꿇어 카잔차키스처럼 순명의 기도를 드려야겠습니다.

내가 부러진들 무슨 아쉬움이.

'하나님의 집'을 짓는 일생일대의 영광에 참여하느라 허리띠를 질끈 졸라맨 신도들이 피땀 어린 헌금을 모아 대리석으로 고급원목으로 값을 묻지 않고 잔뜩 치장해놓았는데, 정작 성경은 대리석이 아니라 '다듬지 않은 돌'로 하나님의 집을 지으라 했으니, 아무리 하나님의 말씀이라 해도 여간 섭섭하지가 않습니다. 다듬지 않은 돌, 그것은 번영과 풍요의 손길로 갈고 다듬어 번지르르하게 광택을 낸 천연대리석이 아닙니다. 광야에 구르는 투박한 돌, 아무 장식도 꾸밈도 없는, 평범하고 밋밋한 돌임에 틀림없습니다. 신은 아마도 그 투박한 돌로 지은 집이 마음에 쏙 드시는 모양이지만, 정성 어린 신도들의 생각과는 달라도 너무나 다른 것이 야속하기까지 합니다.

4부

다듬지 않은 돌

종교성으로 가득 찬 도성 예루살렘을 바라보면서 예수님은 찬송을 부른 것이 아니라 오히려 눈물을 흘렸습니다. 그리고 이 울음 끝에 예수님은 예루살렘 성전에 들어가 돈 바꾸는 자들과 장사하는 자들을 채찍을 휘둘러 내쫓았습니다.

엘 그레코, 「성전에서 상인들을 쫓아내는 예수」, 1610~14년

하나님의 눈물

**눈물의 예언자
분노의 선지자**   예레미야를 눈물의 예언자 또는 분노의 선지자라고 부릅니다. 눈물은 보통 슬픈 감정을 나타내는 생리현상의 하나로 여기는데, 물론 어떤 때는 더 할 수 없이 기쁜 일에도 눈물을 흘리기는 하지만, 실은 그 기쁨 이전에 이미 맺혀 있던 서러움이나 고통이 극적인 기쁨으로 전환하는 순간에 터져나오는 '슬픔의 보상'이라고 할 수 있습니다.

수십 년 동안 헤어져 살던 남북이산가족이 만나는 순간, 누구나 울음을 터뜨립니다. 이때의 눈물은 만남의 기쁨 자체보다는 이제까지 남모르게 억눌러왔던 생이별의 슬픔이 기쁨으로 바뀌면서 한꺼번에 분출되는 서러움의 눈물일 것입니다.

예레미야를 눈물의 선지자라고 부를 때, 예레미야의 슬픔은 과연 무엇이었을까? 요시아 왕의 영적 갱신 운동에도 불구하고 이스라엘이 여전히 죄와 불의로 깊이 타락해 있던 기원전 625년경, 어린 나이에 하나님의 부르심을 받은 예레미야는 그 후 40년 동안 때로는 마르지 않는 눈물로, 때로는 억누를 수 없는 분노로 이스라엘 앞에서 회개와 공의를 외쳤습니다. 그러나 아무도 그에게 귀를 기울이지 않았습니다. 오히려 권력을 쥔 위정자들과 종교적 권위를 누리고 있던 제사장들은 그를 모질게 핍박했고, 백성들도 한결같이 그를 배척했습니다. 그는 옥에 갇혔고 이집트로 망명을 해야 할 만큼 험난한 가시밭길을 걸었습니다.

그러나 이것이 예레미야가 흘린 눈물의 이유는 아니었습니다. 그는 자신의 슬픔과 서러움 때문에 울고 있는 것이 아닙니다. 나는 예레미야가 제 슬픔의 눈물이 아니라 하나님의 눈물을 흘렸다고 믿습니다. 그의 슬픔은 곧 하나님의 슬픔이었기 때문입니다. 그의 분노는 바로 하나님 자신의 분노였습니다.

예수님은 감람산에서 예루살렘 성을 내려다보시며 크게 울었습니다. "오늘 네가 평화의 길을 알았더라면 얼마나 좋았겠느냐! 그러나 지금 너는 그 길을 보지 못하는구나."누가복음 19:41,42

화려하게 치솟은 헤롯의 성전, 유대 땅 곳곳에 자리잡은 회당들, 엄숙한 예복을 입고 토라와 미쉬나를 강론하는 직업종교인들. 이처럼 종교성으로 가득 찬 도성 예루살렘을 바라보면서 예수님은 찬송을 부른 것이 아니라 오히려 눈물을 흘린 것입니다. 그리고 이 울음 끝에 예수님은 예루살렘 성전에 들어가 돈 바꾸는 자들과 장사하는 자들을 채찍을 휘둘러 내어쫓았습니다.

그보다 600여 년 전, 예레미야는 야훼 하나님의 상징인 예루살렘 성전 문 앞에 서서 "이것이 야훼의 성전이라고 하는 거짓말을 믿지 말라"고 외쳤습니다.예레미야 7:4 이것은 당장 돌에 맞아죽을 신성모독의 범죄행위였습니다. 이 신성모독을 통해서 그는 참된 신성神聖을 지키려 했던 것입니다.

예레미야의 눈물 속에는 이미 그리스도의 눈물이 숨어 있었습니다. 아니, 하나님의 눈물이 깊게 배어 있었습니다.

"야훼께서 말씀하신다. 그들은 활을 당기듯 혀를 놀려 거짓을 일삼는다. 진실은 없다. 그들은 친척끼리 서로 거침없이 사기를 치고 이웃끼리 서로 비방하며 돌아다니니 너희는 서로 이웃을 조심하고, 어떤 친척도 믿지 말아라! 그들의 혀는 거짓말을 하는 데 길들여져 있다. 죄짓는 일을 그치려 하지 않는다." 예레미야 9:3~6

이스라엘을 향하여 흘리는 하나님의 눈물은 그들의 뻔뻔한 거짓을 바라보아야만 하는 슬픔의 눈물이었습니다. 거짓이야말로 모든 죄악에 공통된 근원적인 요소입니다.

죄의 뿌리가 탐욕이요 이기심이라면, 그 표현방식은 오직 거짓뿐입니다. 탐욕과 거짓은 죄악의 쌍생아입니다. 예수님은 사탄을 가리켜 '거짓말쟁이요 거짓의 아비'라고 꾸짖었습니다. 요한복음 8:44

'통합'과 '합동'
분열의 이름

하나님은 오늘 이 땅을 향해서도 예레미야처럼, 그리스도처럼 눈물을 흘리지 않을는지? 지금 이 나라 이 사회는 그 어느 때, 어느 곳보다도 수많은 거짓과 위선으로 가득 차 있습니다. 정치인들은 여야 할 것 없이 모두 거짓말쟁이로 낙인찍힌 지 이미 오래고, 경제계도 분식회계와 이중장부 그리고 거품경제로 크나큰 불신의 대상이 되어 있습니다.

사회 각 부문의 지도자라는 사람들이 아침에 하는 말과 저녁에 하는 말이 다릅니다. 우리 사회를 한마디로 말하라면 불신사회라고 할 수밖에 없습니다. 서로가 서로를 믿지 못할 뿐 아니라, 스스로도 제 자신을 믿을 수 없는 거센 불신의 물결이 넘쳐나고 있습니다.

그러나 무엇보다도 슬픈 것은 세속사회의 거짓보다 신앙계의 거짓이 더 깊다는 점입니다. 찢길 대로 찢긴 분열상 속에서도 교단들의 이름은 모두가 '통합'이나 '합동'이 아니면 '정통'입니다. 갈라질 대로 갈라진 오늘의 개신교에 무슨 통합과 합동이 있으며, 그 반목과 질시 속에서 과연 어떤 정통의 신앙을 찾아볼 수 있을까?

부끄러운 세습의 강단에 올라 염치도 없이 온유와 겸손을 외치고, 기름진 입술로 가난한 자의 복을 읊어댑니다. 거짓에 찌든 혀로 하나님 나라의 진실을 설파하며, 수치스런 몸뚱어리를 엄숙한 가운 속에 감추고 경건한 몸짓으로 분별력 잃은 양 무리의 영혼을 노략질합니다. 산상수훈의 설교들은 넘치도록 많지만, 산상수훈의 삶은 눈을 씻고 보아도 찾아보기 어렵습니다.

"너희가 이 나라 구석구석에서 지은 온갖 죄를 나는 벌할 것이다. 너희의 모든 재산과 보물을 탈취당하게 할 것이며, 네 적과 함께 네가 알지 못하는 땅에 이르게 할 것이다."예레미야 15:13,14

예레미야의 예언은 그대로 들어맞았습니다. 요시야 왕이 죽은 후 얼마 안 되어 예루살렘은 마침내 바벨론에게 유린당하고 말았습니다.

예루살렘 성전을 향하여 외친 예수님의 예언도 그대로 적중했습니다.

"내가 진정으로 너희에게 말한다. 여기의 돌 하나도 돌 위에 남지 않고 다 무너질 것이다."마태복음 24:2

화려했던 헤롯의 예루살렘 성전은 서기 70년 티투스 장군이 이끄는 로마군단에 의해 완전히 파괴되어, 그 폐허 위에 그야말로 돌 하나도 다시 세울 수 없게 되었습니다. 이것이 예레미야와 예수님이 흘린 눈물, 아니 그들을 통하여 하나님께서 흘리신 눈물의 결과였습니다.

　오늘 이 땅의 신앙계를 향하여 흘리시는 하나님의 눈물은 과연 어떤 결과로 나타날 것인지. 밀려오는 두려움에 차마 더 이상 생각을 잇지 못하겠습니다. 다만, 눈물 어린 예레미야의 음성이 천둥처럼 가슴을 때려올 뿐입니다.

　"이제는 내가 이스라엘에게 나를 주님으로 알아볼 수 있는 마음을 주겠다. 그러면 그들이 온전한 마음으로 나에게 돌아와 나의 백성이 되고, 나는 그들의 하나님이 될 것이다." 예레미야 24:7

　예언자가 눈물을 흘리면서 전하는 하나님의 말씀입니다. 눈물, 하나님의 눈물을 흘리면서 말입니다.

야누스, 두 얼굴의 진실

**신앙인은 의인이며
동시에 죄인**

새해 첫 달의 이름은 매우 의미심장합니다. 영어의 재뉴어리 January는 '야누스Janus의 달'이라는 뜻의 라틴어 야누아리우스 Januarius에서 온 말인데, 야누스는 로마신화에서 '문의 수호신'입니다. 문은 어느 영역 또는 어떤 세계로 들어가는 출발점이기에, 1월은 한 해가 시작되는 '시간의 문'이라는 뜻이 되겠습니다. 로마의 종교의식에서 야누스가 언제나 모든 신들의 맨 앞에 위치하곤 했던 이유입니다.

'사물의 시초를 주관하는 신'으로도 불리는 야누스는 두 개의 얼굴을 가지고 있습니다. 하나의 얼굴은 문 밖을 바라보며 이제까지 걸어온 길을 되돌아보고, 또 하나의 얼굴은 문 안쪽을 향하면서 앞으로 나아갈 길을 전망합니다. 한 해의 시초인 1월은 지난해의 삶을 돌아보는 동시에 새해의 앞날을 바라보는 시기라는 뜻에서 두 얼굴을 가진 야누스의 이름이 붙었다고 합니다.

대부분의 경우 뒤를 돌아보는 얼굴에는 참회의 눈물이 흐르고, 앞을 바라보는 얼굴에는 의지와 소망이 깃들어 있습니다. 이 두 얼굴을 동시에 지니는 것은 비동시성의 동시성, 공존하기 어려운 이중성의 모습입니다.

안면을 능숙하게 바꾸는 포커페이스는 배우나 노름꾼에게는 필요할지 몰라도, 정직하고 신뢰할 만한 인격에게는 전혀 어울리지 않습니다.

하나의 얼굴을 가지고도 수시로 모습을 바꾸는 이중인격자는 거짓말쟁이이기 십상입니다. 하물며 얼굴을 두 개씩이나 가지고 상황에 따라 카멜레온처럼 변신하는 다중인격자에게 어찌 신뢰를 두며 진실을 기대할 수 있으랴. 야누스에게 이중인격자의 오명이 씌워진 것은 당연한 일이겠습니다.

그러나 좀 달리 생각해봅니다. 두 얼굴의 야누스야말로 진실한 인격이 아닐까. 얼굴에다 늘 진실한 표정을 매달고 사는 사람일수록 실은 믿기 어려운 것 아닌가.

진실을 추구하는 사람은 방황하게 마련입니다. 오랜 세월, 드너른 의혹의 광야를 끝도 없이 헤매며 혹은 좌절하여 넘어지고 혹은 무언가 찾고 깨친 듯한 성취감에 펄펄 날뛰다가 또다시 거꾸러지기를 거듭하는 것. 이것이 아마도 구도자求道者의 모습일 것입니다. 무릇 구도자란 '과정 속의 존재'이기에.

과정 속에 있는 구도자의 얼굴이 단 하나의 모습일 리 없습니다. 좌절과 소망, 확신과 의혹의 두 모습이 모두 진실한 얼굴이라면, 모순을 동시에 품고 있는 야누스의 두 얼굴이 오히려 진실한 모습일지도 모릅니다. 마르틴 루터는 신앙인을 '의인인 동시에 죄인' Simul justus et peccator이라고 정의했습니다. 진정한 신앙인은 의인과 죄인, 그 두 얼굴의 진실을 지니고 있습니다.

설혹 어떤 과정을 거쳐 무슨 진실을 찾고 깨침을 얻었다 한들, 그것을 얼굴 겉가죽에 당당히 붙이고 다닐 수 있는 것이라면, 그 진실은 얼마나 초라하고 그 깨침은 또 얼마나 얄팍한 것인가.

부력浮力의 법칙을 발견하고 너무 기쁜 나머지 "유레카!Heureka!"를 외치며 벌거벗은 채 거리를 뛰어다녔다는 아르키메데스의 원리도 중력장重力場과 유체流體의 조건에 따라서 상대성원리에 의해 흔들리고, 그 상대성원리마저도 양자역학에 의해 다시 뒤집히는 것이 과학적 진리의 세계입니다. 영적 초월적 진실의 영역에서야 더 말해 무엇하랴.

어느 생명과학자가 발견했다는 줄기세포의 진상을 상세히 알지도 못한 채 그저 덩달아 펄펄 뛰며 그에게 우상의 월계관을 씌워주었다가, 그 줄기세포가 허위라는 반론이 힘을 얻자 반론의 진위가 채 가려지기도 전에 일제히 달려들어 어제의 우상에게 뭇매를 내리치는 대중심리의 정체는 무얼까?

막대한 지원금과 화려한 찬양기사로 시대의 영웅을 만들었다가 이제는 희대의 사기꾼으로 몰아 내치기에 바쁜 정부와 언론은 또 어떤가? 그들은 대체 어떤 행동준거에 의해 움직이고들 있는 것일까?

진실을 발견했다는 사람을, 혹은 그 진실이란 것을 너무도 쉽게 믿어버리고 또 너무도 쉽게 내치는 '감성의 과잉'이 아닌지 모르겠습니다.

영웅과 사기꾼의 두 얼굴이 모두 한 인격의 진면목입니다. 어느 한 얼굴만이 진실한 것은 아닙니다. 오죽하면 인격을 뜻하는 단어 페르

소나 persona에 가면이라는 의미가 담겨 있을까? 영웅의 가면 밑에서 사기꾼의 얼굴이 히죽거리고, 선량한 이의 얼굴에도 분노와 증오의 태풍이 몰아칠 때가 있는 법.

진실을 찾았다는
사람을 믿지 말라

우상을 원하는 대중은 '똑 부러지는 진리'를 앞세운 유일사상이나 근본주의의 선동에 휘둘리기 십상이지만, 과정의 모순과 그 속에 담긴 다양한 진실을 일체 생략해버린 채 언제나 하나의 얼굴만을 내미는 '무오류의 도그마'처럼 진실에서 멀리 떨어진 오류도 없습니다.

앙드레 지드는 엄숙히 충고했습니다.

"진실을 찾으려는 사람들은 믿을지언정 진실을 찾았다는 사람들은 믿지 말라."

진실은 누군가가 찾아나서야 하는 싸늘한 객체가 아니라, 그것을 찾는 주체와 분리되지 않고 더불어 따뜻이 호흡하는 실체임을 안다면, 아니, 진실을 찾는 이들 스스로가 이미 진실 속에 있음을 안다면 새삼 누구를 찬양하고 또 무엇을 내친단 말인가.

일곱 번의 정신분열 전력이 있는 막달라 마리아는 예수의 부활을 아무 의심 없이 믿었지만, 베드로와 제자들은 선뜻 믿지 못했습니다. 도마는 스승의 손과 발에 남아 있는 선명한 못자국을 확인할 때까지 끝내 의심을 버리지 않았습니다.

자유주의 신학자 르낭은 마리아의 거침없는 확신을 가리켜 "여덟 번째 귀신에 홀린 것"이라고 비아냥거렸지만, 많은 설교가들이 마리아의 의심 없는 믿음을 찬양하고 있는 것이 교계의 전통입니다.

"아무 의심 없는 마리아의 믿음보다 의심투성이였던 도마의 형편없는 믿음이 내 신앙에 더 큰 도움이 되었다."

교황 그레고리우스의 술회입니다. 불신을 조장하는 것이 아닙니다. '감성적 믿음의 참을 수 없는 가벼움'을 지적하는 동시에, 깊은 의혹의 늪을 헤쳐나온 믿음의 탄탄함을 가르치려는 것입니다.

지독한 의심꾸러기 도마는 나중에 인도로 건너가 순교할 때까지 그리스도의 십자가와 부활을 증거했습니다. 인간 예수를 "나의 하나님"이라고 고백한 최초의 신앙인은 바로 그 '의혹과 확신의 두 얼굴'을 지닌 사도 도마였습니다. 요한복음 20:28

무슨 일이든, 또 어떤 증거를 들이대든 좀처럼 믿지 않는 완고한 마음씨도 골칫덩이지만, 소문과 선동에 가벼이 휘둘려 아무 근거도 없이 모든 것을 척척 믿어버리는 엷은 귀도 큰 걱정거리입니다.

이 엷은 귀, 말랑말랑한 신념, 가볍디가벼운 포퓰리즘이 하루아침에 완전무결한 영웅을 만들어냈다가 또 쉽게 죽여버리곤 합니다. 정치의 세계만이 아닙니다. 종교와 학문의 세계도 다를 바 없습니다.

진실의 얼굴은 두 개입니다. 과거와 장래, 좌절과 희망, 빛과 어두움이 공존하는 다양한 모습. 국면이 바뀔 때마다 일희일비하지 않고 온갖 애환과 시행착오의 과정을 두루 껴안은 모순의 얼굴. 그 야누스의 두 얼굴이 아니면 아직 진실의 모습은 아닐 것입니다.

한 해가 야누스의 이름으로 시작되는 것은 지극히 온당합니다. 야누스는 거짓의 이중인격이 아니라, 삶과 진리의 다양성을 아우르는 두 얼굴의 진실이기에.

크리스천, 그 지독한 모순덩어리

용서의 계명
회개의 계명

『나는 왜 크리스천이 아닌가?』 *Why am I not a Christian?* 라는 책을 쓴 버트런드 러셀은 크리스천들을 향해서 이렇게 빈정거렸습니다.

"크리스천들이란, 자기 이웃이 그 친구를 사랑하지 않는다는 이유로 자기 이웃을 미워하는 사람들이다."

나는 러셀의 이 빈정거림을 단순한 비아냥으로만 치부해버리지 못합니다. 예수님의 '이웃사랑의 계명'을 제멋대로 왜곡하는 그리스도인들의 모순을 날카롭게 지적하는 말로 들려오기 때문입니다.

하기는 그리스도인처럼 모순되는 존재도 없습니다. 신앙인은 '의인인 동시에 죄인'이며, 이 세상 안에 살되 고린도전서 5:10 이 세상에 속한 자가 아니요 요한복음 18:36, 부유한 자가 아니라 가난한 자가 복 있는 사람이라고 믿기 때문입니다. 누가복음 6:20 나는 이것을 신앙의 비의 秘義에 속하는 크리스천의 '존재론적 역설'이라고 명명합니다.

크리스천이라는 말에는 작은 그리스도 petit Christ라는 뜻이 담겨 있습니다. 그리스도인이 된다는 것은 '고백'의 문제이기 전에 '존재 자체'의 문제라는 뜻입니다. 이 존재적 역설이야말로 신앙인들이 결코 잃어버려서는 안 될 삶의 바탕자리일 것입니다.

그러나 불신자인 러셀이 크리스천을 향하여 지적하는 것은 이런 존재론적 역설이 아닙니다. 고백과 삶의 불일치, 말과 행동의 괴리에서 오는 생활 속의 모순을 꼬집는 말입니다.

입으로는 고백하지만 인격과 삶의 변화는 없고, 남은 잘도 가르치면서 스스로는 그대로 살아내지 못하는 것. 이것을 나는 신앙인들의 '실천론적 모순'이라고 이름짓기로 합니다. 그리고 이것이 바로 회개의 대상이요 갱신의 주된 내용임을 덧붙여둡니다.

그러나 이런 실천론적인 모순을 신앙의 이름으로 호도하고 합리화하려는 왜곡된 의식, 즉 '인식론적인 모순'이 더 본질적인 모순이요 더 큰 근심거리가 아니겠는가 하는 생각을 떨쳐버릴 수 없습니다.

오늘날 우리는 가해자가 도리어 피해자에게 큰 소리를 치는 사회 속에서 살아가고 있습니다. 언제나 목소리 큰 쪽이 싸움에서 이기는 것이 우리네의 현실입니다.

잘못을 저지른 크리스천의 입을 통해서 흔히 이런 황당한 말을 듣습니다.

"예수님은 용서하라고 말씀했는데, 너는 왜 나를 용서하지 않느냐?"

이런 논리에 따르면, 남에게 상처를 입힌 가해자는 용서받지 못한 불쌍한 자가 되고, 상처를 입은 피해자는 오히려 용서를 모르는 교만한 자로 전락하고 맙니다. 그래서 정작 회개를 해야 하는 것은 상처를 준 쪽이 아니라 상처를 입은 쪽이 되고, 그 결과 피해자는 두 번 상처를 입게 됩니다. 용서의 계명을 자의적으로 해석하는 심각한 '인식의 모순'이 아닐 수 없습니다.

물론 신앙의 자리에는 분명히 용서의 의무가 있습니다. 세속적인 삶의 자리에서는 용서가 권리로 인식되기 때문에 용서를 하고 안 하고는 피해자의 자유로운 선택사항에 속하는 것이지만, 신앙인들에게 용서는 권리가 아니라 의무요 계명입니다.

성서는 상처를 입은 사람에게는 관용의 마음을, 상처를 준 사람에게는 회개의 마음을 요구합니다. '용서의 계명'은 상처를 입은 자에게 주어진 것이지 상처를 입힌 자에게 주어진 것이 아닙니다. 상처를 입힌 사람에게는 오직 '회개의 계명'이 주어졌을 뿐입니다.

가해자가 잘못을 뉘우침이 없이 도리어 용서의 계명을 내세워 피해자에게 "너는 용서를 모르는 교만한 자"라고 질책할 수는 없는 노릇입니다. 그것을 적반하장이라고 해도 좋겠습니다. 그 질책은 오직 하나님의 몫일 뿐입니다. 가해자는 하나님 앞에 참회하고 피해자에게 용서를 구해야 마땅합니다. 이것을 혼동하는 것이 오늘날 일부 신앙인들이 빠져 있는 심각한 '인식론적 모순'입니다.

나에게 고통이 닥치면 "의인 욥도 애매한 고난을 받았는데"하며 스스로를 위로하고, 남이 고통을 겪게 되면 "공의의 하나님으로부터 죄값을 받았지!"하고 손가락질합니다. 나에게 좋은 일이 생기면 "하나님의 복"이라고 떠들어대지만, 남에게 좋은 일이 생기면 "이 세상에서는 악인이 오히려 형통한 법"이라며 입을 삐죽거립니다.

정의도 내가 외치면 하나님의 공의요, 남이 외치면 자기 의를 내세우는 교만에 불과하다고 깎아내립니다. 나의 거짓은 용서의 은혜 아래, 다른 이의 정직은 교만의 정죄 아래 둡니다. 이 모두가 '배고픈 것은 참아도 배아픈 것은 참지 못하는' 옹졸한 시기심 때문이요, 바른 말을 아니꼽게 여기고 올곧은 권면에 도리어 이를 갈며 반발하는 사악한 자존심 탓임을 부정하기 어렵습니다.

이것은 마치 습관적인 거짓말쟁이가 정직하게 살려고 애쓰는 사람을 향하여 '교만하다'거나 '혼자 잘난 체한다'고 비난하는 것과 다를 바 없는 일입니다. 남을 교만하다고 정죄하는 것은 자기는 겸손하다는 것을 그 당연한 전제로 합니다. 그러나 스스로 겸손하다고 여기면서 자기의 겸손에 만족해 있는 것, 그것보다 더 큰 교만이 없겠습니다. 그런 사람들로부터 교만하다는 비난을 듣지 않기 위해서 그들과 함께 거짓말쟁이가 될 수는 없는 일입니다. 거짓말쟁이들의 아비는 다름 아닌 사탄이기에. 요한복음 8:44

참과 거짓
겸손과 교만

자신의 거짓된 삶과 거기에서 오는 윤리적 열등감, 부도덕한 입술로 공의를 말해야 하는 자기모순. 이 심각한 도덕적 딜레마를 다른 사람에 대한 비난으로 슬쩍 탈출해보고자 하는 것은 위선자들의 오랜 습성입니다. 거짓 선지자, 가짜 종교인들이 그렇게 살아왔습니다. 역대하 18:23, 사도행전 7:54 저들이 처한 신앙윤리의 위기를 그렇게 해서라도 감추어보려는 애처로운 노력 외에 다른 아무것도 아닙니다.

참과 거짓은 '나의 양심'에 관계되는 진실성의 문제요 교만과 겸손은 '하나님과 이웃 앞에서' 성찰해야 할 주체적 심성의 문제입니다.

참과 거짓이라는 '진실성'의 문제를 교만과 겸손이라는 '주체적 심성'의 문제와 교묘히 뒤섞어놓고, 마치 무슨 마술인 양 "너의 정직은 교만, 나의 거짓은 겸손"이라는 엉뚱한 등식을 이끌어내는 것은 참으로 해괴한 인식론적 모순이 아닐 수 없습니다.

거짓은 거짓일 뿐, 그것이 겸손일 수 없습니다. 거짓을 거짓이라고 정직히 고백하는 것, 바로 그것이 겸손입니다. 선지자 하박국은 "정직하지 못한 것이 교만"이라고 단언했습니다. 하박국 2:4 사도 바울도 자신의 거짓을 이 핑계 저 핑계로 합리화하면서 끝내 회개를 거부하는 것이야말로 하나님의 은혜를 멸시하는 영적 교만이라고 선언했습니다. 로마서 2:4, 5

남이야 그 정직함 때문에 교만해졌든지 말든지, 나는 거짓을 버려야 합니다. 정직한 사람이 교만하게 느껴진다고 해서 내가 거짓말을 계속해도 좋은 이유는 될 수 없습니다.

피해자가 나를 용서하든지 말든지, 나는 회개하고 용서를 간청해야 합니다. 그가 나를 용서하지 않는다는 것이 내가 회개를 하지 않아도 될 근거는 되지 못합니다. 비록 피해자는 나를 용서하지 않더라도, 용서의 언약을 주신 하나님께서는 내 회개하는 마음을 보시고 용서의 은총을 허락하실 것이며, 용서할 줄 모르는 완악한 자에게는 그에 합당한 보응을 나타내실 것이기에 말입니다. 마태복음 18:23~35

'죄인이며 동시에 의인'이라는 은총에 넘친 존재론적 역설에 더욱 충실하기 위하여, 우리는 '고백 따로 삶 따로'인 실천론적 모순을 극복해야 함은 물론, 우리들 자신의 거짓과 그릇됨을 이리저리 변명하고 정당화하는 '인식론적 모순'을 철저히 깨뜨려나가지 않으면 안 되겠습니다.

이웃을 사랑하지 않는 이유를 '이웃이 그 친구를 사랑하지 않기 때문'이라고 핑계하고, 내 거짓과 부정직을 덮기 위해 '너의 정직은 교만'이라고 몰아치며, 스스로 뉘우치지 않는 완악함을 '네가 나를 용서하지 않기 때문'이라고 우겨대는 이 지독한 인식론적 모순이 스스로 크리스천임을 고백하는 사람들 마음 안에 아직 그대로 남아 있지 않은지?

돌아오지 않는 탕자

**몸은 집에 있어도
마음은 가정을 떠나**   아버지의 재산을 빼앗듯이 받아 챙겨 집을 나가버린 동생은 오랜 방황과 참회 끝에 마침내 다시 집으로 돌아옵니다. 그는 아버지가 죽기도 전에 유산을 미리 분배받아 탕진한 불효자이지만, 그 잘못을 깨닫고 아버지의 품에 다시 안겼습니다.

반면에 형은 아버지의 재산을 축낸 일도 없고 집을 떠난 일도 없었습니다. 아버지 곁에서 충실히 집안일을 돌보아왔습니다. 그래서 당연히 집으로 돌아올 일도 없었습니다.

그러나 형은 아버지 곁에 있으면서 아버지의 마음을 떠나 있었고, 집에 머물러 있으면서 진정한 가정의 평화를 외면하고 있었습니다. 형은 아버지처럼 동생을 기다리지도 않았습니다. 그는 아버지의 재산을 창기와 함께 먹어버린 동생을 미워했고, 집에 돌아온 동생을 반기는 아버지의 태도에 분노했습니다. '인류 최초의 단편소설'이라고 불

리는 예수님의 '돌아온 탕자' 비유입니다. 누가복음 15:11~32

이 비유에서 성실한 형은 단세포적인 정의감에 불타 있었으나 방탕한 동생에 대한 용서와 평화의 마음은 소유하지 못했습니다. 참된 정의는 '분노의 응징'에 있지 않고 오히려 '포용과 관용'에 있다는 것을 알지 못했습니다.

동생이 없는 집안은 깨어진 가정입니다. 형의 헌신이 동생의 존재를 대신할 수 없습니다. 아버지에게는 형처럼 충성스런 아들 하나보다는 못난 동생이라도 함께 있는 두 아들이 더 중요했던 것입니다. 아무리 속을 썩이는 탕아일지라도 그 작은 아들 없이는 아버지의 마음이 평화로울 수 없습니다.

형은 이런 아버지의 마음을 알지 못했습니다. 그의 몸만 아버지의 곁에 머물러 있었을 뿐, 그 마음은 아버지와 하나 되지 못했던 것입니다. 아버지의 마음은 찢어졌고, 형의 마음은 아버지의 마음과 서로 갈라져 있었습니다. 동생이 집을 떠나 있는 동안 집안은 이렇듯 안으로 깨어져 있었습니다. 이 깨어짐을 회복할 수 있는 길은 오직 하나, 집을 나간 동생이 돌아오는 것뿐입니다.

동생은 자신이 아버지를 떠나 있다는 것을 자각하고 있었기 때문에 다시 집으로 돌아올 수 있었습니다. 그는 '회복의 필요'를 절감하고 있었기 때문에 아버지와 다시 하나가 될 수 있었습니다.

그러나 형은 자신이 아버지를 '실질적으로' 떠나 있다는 것에 대한 자각이 없었기 때문에 집으로 돌아올 수도 없었습니다. 정작 아버지와 하나 되기 위하여 마음을 돌이켜야 할 사람은 형 자신이었지만, 그는 스스로의 '떠나 있음'을 깨닫지 못했고 '회복의 필요'를 자각하지 못했으므로 결국 평화의 가정으로 다시 돌아올 줄도 몰랐던 것입니다. 동생이 '돌아온 탕자'라면 형은 '돌아오지 않는 탕자'였습니다.

돌아오지 않는 탕자. 이것이 오늘의 이 땅을 사는 우리들의 모습이 아닐까? 민족 속에 섞여 있되 겨레의 얼을 오롯이 이어가지 못하고, 나라 안에 있어도 나라 사랑의 바른 걸음을 걷지 못하고 있습니다. 문화적 생활을 즐기면서도 문화인다운 마음가짐을 잃어버렸고, 문명의 혜택을 누리지만 그것을 도리어 반문명적 야만의 도구처럼 사용하고 있습니다. 몸은 집house 안에 있어도 마음은 가정home을 떠나 있고, 학교 안에 스승과 학생들은 많아도 교육의 높은 이상은 실리實利 앞에 실종되어버렸습니다.

미국의 사회학자 데이비드 리즈먼David Riesman은 현대사회의 심리적 특징을 '고독한 군중'The Lonely Crowd이라는 말로 설명했습니다. '군중 속의 고독'Alone with Everyone이라는 말과 대강 비슷한 뜻이라 할 수 있겠는데, 더불어 있되 사실상 단절된 상태를 지적하고 있다고 하겠습니다.

더불어 있다는 외부적 현상에 사로잡혀 사실상 서로가 단절되어버린 내면적 고독을 깨닫지 못하면, 그 고독을 깨뜨릴 방법은 딱히 찾기 어렵습니다.

나라에 성실히 봉사하고 있다는 착각이 진정한 애국의 정신을 흐리게 만듭니다. 민족의 혼을 고즈넉이 품고 있다는 오해가 참된 겨레 사랑의 자리를 잃어버리게 만듭니다. 문명세계 속에서 문화인으로 살아가고 있다는 과신이 우리의 생활문화를 오늘처럼 창피스러운 수준으로 전락시켰고, 높은 교육열과 세계 제1의 대학진학률이 이 땅의 참담한 교육현실을 직시하지 못하게 만들었습니다. 아파트는 날로 늘어만 가는데 가족 간의 알뜰살뜰한 옛 정은 눈을 씻고 찾아보아도 찾기 어렵습니다. '가정 없는 집' homeless house 들만 즐비합니다.

'실질적으로 떠나 있음'에 대한 자각 없이는 회복을 기대할 수도 없습니다. 회복의 필요를 절감하지 못하고 있기 때문입니다.

예배와 고백의 현장에 있다 한들

나라 밖에 있는 동포들이 나라 안에 있는 우리보다 더 절절한 나라 사랑과 민족문화에 대한 자긍심을 키워가고 있습니다. 문명의 혜택을 흠뻑 누리지 못하는 소외계층 속에서 창조적 문화의 씨앗들이 돋아나오고, 첨단의 교육장비를 갖추지 못한 산간벽지의 작은 학교에서 참 스승의 본이 문득 나타나곤 합니다. 연탄수레를 앞에서 끌고 뒤에서 밀며 달동네를 오르는 차림새 옹색한 중년 부부의 입가에 잔잔히 번진 웃음을 발견할 때, 우리의 마음은 진득한 가족애의 감동에 마냥 부풀어 오릅니다.

나라와 민족의 문제만이 아닙니다. 문화와 교육과 가정의 문제만도 아닙니다. 돌아오지 않는 탕자, 그것이야말로 이 땅의 교회와 신자들이 옷깃을 여미고 되돌아보아야 할 진정한 자화상이 아닐까 합니다.

제도종교 안에 발을 붙이고 있다는 소속감이 하나님으로부터 실질적으로 떠나 있는 자신의 삶의 자리를 깨닫지 못하게 만듭니다. 헌금을 내고 고백을 암송하며 습관처럼 기도와 설교를 반복하는 종교행위들이 하나님과 하나 되게 하는 길이 아닙니다. 교회당을 높이 쌓아올리고 교회전용버스로 여기저기서 실어 나른 신도들을 가득가득 채워 넣는 것이 꼭 바람직한 신앙공동체는 아닐지도 모릅니다.

주여, 주여 '부르짖는' 자들이 아니라 오직 하늘에 계신 하나님의 뜻대로 '실행하는' 자들이 바른 신앙인이라고 선언한 것은 다름 아닌 예수님 자신입니다. 마태복음 7:21

그리스도의 성품이 내 인격에 부딪쳐 등줄기 서늘한 섬광을 일으키는 영혼의 충격 없이는, 수많은 헌금과 우렁찬 신앙의 고백도 모두 헛된 제물일 뿐입니다. 거짓말이 일상화되고 미움과 질시의 불길이 인격 속에 고착되어 있는 한, 저 현란한 설교나 기도들은 다만 '신전의 마당만 밟는 일'에서 더 지나지 못한다는 것이 선지자 이사야의 믿음입니다. 이사야 1:12,13

사탄은 교회의 구석자리에 슬며시 들어와 앉지 않습니다. 악령은 '광명한 천사'처럼 당당하게 맨 앞자리를 차지하려 듭니다. 고린도후서 11:14 그 천사는 교회 안에 있지만 그리스도의 적입니다. 적은 원래 내부에, 그것도 중심적 위치에 숨어드는 법입니다.

아버지의 집에 머물러 있되 아버지의 마음을 떠나버린 큰 아들처럼, 교회의 울타리 속에 머물러 있되 교회공동체의 참뜻을 등지고 하나님의 마음을 떠나버린 신자들이라면, 그들은 언제까지나 돌아올 줄 모르는 탕자들일 수밖에 없습니다.

회복의 길은 오직 하나뿐입니다. 스스로가 하나님을 실질적으로 떠나 있다는 깊은 자각뿐입니다. 회개와 공의를 요구하시는 하나님의 뜻을 거슬러 그리스도의 인격에서 점점 더 멀어져가고 있다는 처절한 깨달음뿐입니다.

이 자각과 깨달음이 없는 한, 비록 고백과 예배의 현장 속에 있더라도, 저 무수한 축원祝願들과 설교들의 홍수 속에 흠뻑 젖어 있다 하더라도, 우리는 아직 '돌아오지 않는 탕자들'일 따름입니다.

다듬지 않은 돌

**거짓은 노예의 종교
진실은 자유인의 신앙**

　　　　　　　　　　우리의 건축기술이 하루가 다르게 발전하면서 경향京鄉 곳곳에 새로운 양식의 건축물들이 속속 들어서고 있습니다. 외부의 조형미는 물론이고 내부공간의 처리나 인테리어 등이 예전과는 사뭇 다릅니다.

　나라 안에서만이 아닙니다. 지하 6층, 지상 92층에 높이 452미터로 세계에서 가장 높은 빌딩이 된 말레이시아의 페트로나스 쌍둥이빌딩, 세계 최고층 호텔로 기네스북에 오른 싱가포르의 래플즈 시티, 세계에서 세 번째로 긴 말레이시아의 페낭교, 그리고 제8대 불가사의로까지 꼽히는 리비아의 대수로 공사 등이 모두 우리 기술진의 손으로 일구어낸 세계 최고 수준의 토목건축물들입니다.

　이 시대 건축술의 특징은 화려한 조형미와 극대화된 기능성으로 요약할 수 있겠습니다. 공공건물이나 상업건물들은 말할 것도 없고, 주택이나 아파트의 모습도 흡사 유럽의 어느 부유한 저택을 연상시킬 만큼 호사스럽고 편리해졌습니다.

새로 지은 아파트의 내부시설을 몽땅 뜯어내고 거액을 들여 다시 꾸며대는 일이 유행처럼 된 지 이미 오래입니다. 명백한 낭비인데도 아까운 줄 모르고 집치장에 돈을 마구 쏟아붓습니다.

분양가가 20억 원대인 서울 강남의 어느 호화빌라는 내장재를 모두 고급 외제로 뒤덮었는데도 입주자들 대부분이 이것을 몽땅 뜯어내고 다시 수억 원씩을 들여 최고급 수입품인 호화판 마감 장식재로 바꿔 놓았다고 합니다. 황금 수도꼭지 이야기는 그런 대로 참고 들어주겠는데, 황금 변기도금이겠지만에 이르러서는 더 이상 할 말이 없어집니다. 사실이 아니리라 짐작하지만, 만약 사실이라면 그저 '정신이 온전한지'를 묻고 싶을 따름입니다.

주거뿐만이 아닙니다. 대형사찰이나 초대형교회 등 종교시설들도 이제는 엄숙함이라든가 경건미보다는 조형과 기능에 더 치중하고 있는 실정입니다. 건축자재들은 고급화되었고 인테리어도 민망스러울 만치 사치스러워졌습니다. 선사禪寺로 이름 높은 해인사에 수십억 원짜리 범종이 세워지는가 하면, 어느 큰 교회는 대리석 강단만도 수천만 원 대를 오르내린다고 합니다. 신심 깊은 신도들의 헌금이 재원일 터이니 그 '지극 정성'이야말로 공사비의 견적서에 기재된 액수만큼이나 크다고 해야겠습니다.

내부 인테리어에 쓰이는 자재로는 뭐니뭐니해도 대리석과 원목을 으뜸으로 칩니다. 대리석은 깎고 다듬는 손질에만도 엄청난 비용이 들어가고, 원목은 수령이 수십 수백 년을 넘는 아름드리 나무들을 벌채해서 제재한 값비싼 자재들입니다. 경제적 비용만 비싼 것이 아닙니다. 환경적 비용은 그에 비교할 수 없을 정도로 엄청납니다.

그래서 자원보존에 힘을 쏟는 선진국들은 자기네 부존자원賦存資源에는 거의 손을 대지 않고 남의 나라 목재를 비싼 값에 수입해서 쓰는 자국우선주의 정책을 펴온 지 오래입니다. 지구의 자원이 한정되어 있어 어느 한 지역의 환경폐해가 금방 전 세계에 심각한 영향을 미치는 오늘날의 사정으로 볼 때, 자원제국주의라고까지 불리는 선진국들의 이런 행태는 현명하기는커녕 어리석고 얄미운 짓이라는 생각을 지우기 어렵습니다.

이야기를 다시 제자리로 돌리겠습니다. 천연 대리석은 색과 무늬가 아름답고 결이 고와서 연마하면 환상적일 만큼 멋진 광택이 나기 때문에 '마감 장식재의 귀족'이라고 불립니다.

대리석 이용의 역사는 고대 이집트시대부터 시작되었는데 로마와 중세시대에는 건축물뿐만 아니라 조각 등 예술작품에도 널리 사용되었고, 특히 근대에 들어오면서 건축기술의 급속한 발전과 더불어 그 수요가 급증해왔습니다. 최근에는 테라초라는 인공 대리석이 많이 사용되고 있지만 아무래도 천연 대리석에 비할 바가 아닙니다.

성베드로 대성당이나 노트르담, 아미앵 등 이름 높은 사원들이 이미 수백 년 전에 어마어마한 천연 대리석으로 쌓아올려졌고, 오늘날도 재정이 풍부한 교회들은 값비싼 대리석을 예배당 안팎에 듬뿍듬뿍 매달아놓고 있습니다.

그런데 뜻밖에도 구약성서 신명기 27장 6절은 "다듬지 않은 돌로 야훼 하나님의 제단을 쌓으라"고 명령합니다. 이 무슨, 사람 맥빠지게 만드는 말씀인가?

'하나님의 집'을 짓는 일생일대의 영광에 참여하느라 허리띠를 질끈 졸라맨 신도들이 피땀어린 헌금을 모아 대리석으로 고급원목으로 값을 묻지 않고 잔뜩 치장해놓았는데, 정작 성경은 대리석이 아니라 '다듬지 않은 돌'로 하나님의 집을 지으라 했으니, 아무리 하나님의 말씀이라 해도 여간 섭섭하지가 않습니다.

다듬지 않은 돌, 그것은 번영과 풍요의 손길로 갈고 다듬어 번지르르하게 광택을 낸 천연대리석이 아닙니다. 광야에 구르는 투박한 돌, 아무 장식도 꾸밈도 없는, 평범하고 밋밋한 돌임에 틀림없습니다. 신은 그 투박한 돌로 지은 집이 마음에 쏙 드시는 모양이지만, 정성 어린 신도들의 생각과는 달라도 너무나 다른 것이 야속하기까지 합니다.

그러나 분명한 것은 대리석이 아니라 다듬지 않은 돌로 지은 집, 이것이 하나님의 전殿이라는 점입니다. 또 이것이 하나님의 집과 사람의 집이 서로 다른 점이기도 하겠습니다.

하나님의 집은 '진실의 집'입니다. 진실은 일부러 다듬고 꾸미지 않습니다. 빈 수레가 요란하다고, 가짜일수록 치장이 화려하고 교만한 인격일수록 짐짓 겸양을 '떠는' 법입니다.

말도 진실한 말은 굳이 꾸밀 필요가 없습니다. 막심 고리키는 "거짓은 노예의 종교요, 진실은 자유인의 신앙"이라고 읊었습니다. 거짓말이 입술에 고착된 사람은 이름은 비록 크리스천일지라도 실은 우상의 사슬에 질끈 매인 노예와 다를 바 없습니다.

볼품없는 조개 속의 값진 진주

바로크 음악은 고전예술의 정수라 불리는데, 바로크Baroque는 '고르지 못한 모양의 진주' 즉 아름다운 진주가 아니라 울퉁불퉁한 모습의 보기 흉한 진주라는 포르투갈어에서 유래한 말입니다. 멋지고 멀쩡하게 생긴 조개는 진주를 만들지 못합니다. 강한 동물의 먹이가 될 뿐입니다. 오직 상처 입고 볼품없는 조개가 값진 진주를 만드는 법입니다.

거짓의 외양은 아름답지만 그 속에 자유가 존재할 공간이란 없습니다. 참자유는 투박한 진실과 더불어서만 존재할 수 있다는 것이 인류 역사의 오랜 경험입니다.

진실은 만들어지지 않습니다. 다만 존재할 뿐입니다. 거짓말만이 조작되고 그럴 듯하게 다듬어집니다. 참말은 단순명료하지만, 거짓말은 길고 장황합니다.

변변치 않은 내 법조경험에 의하면, 혐의를 숨기고 변명하는 범인일수록 어김없이 긴 사설邪說을 늘어놓기 일쑤입니다. 한참 듣고 있노라면 앞뒤가 마구 엉클어지고 교활한 작위作爲의 냄새가 흠씬 묻어나옵니다.

누가 들어도 뻔한 거짓말을 이리저리 둘러대다가 거짓말이 통하지 않으면 부득부득 이를 갈며 "하나님께 맹세한다"든지 "하늘을 우러러 한 점 부끄러움이 없다"든지 하는 따위의 '더 이상 확인할 방법이 없는 담보'를 턱 꺼내놓곤 합니다.

자신의 인격과 삶으로 남에게 신뢰를 주지 못하는 사람들이 늘 써먹는 수법이지만, 예수님은 이런 속임수를 이미 2천 년 전에 간파하고 있었습니다.

"너희는 도무지 맹세하지 말지니, 하늘로도 말라 이는 하나님의 보좌임이요, 땅으로도 말라 이는 하나님의 발등상임이요, 예루살렘으로도 말라 이는 큰 임금의 성임이요, 네 머리로도 말라 이는 네가 한 터럭도 희고 검게 할 수 없음이라. 오직 너희 말은 옳다 옳다, 아니라 아니라 하라. 이에서 지나는 것은 악으로 좇아 나느니라." 마태복음 5:34~37

이 말씀을 받아 사도 야고보는 "무엇보다도 맹세하지 말지니, 하늘로나 땅으로나 아무 다른 것으로도 맹세하지 말고, 오직 너희의 그렇다 하는 것은 그렇다 하고 아니라 하는 것은 아니라 하여 죄 정함을 면하라"고 훈계했습니다. 야고보서 5:12

그래서 나는 이미 오래 전부터 "하나님께 맹세한다"든지 "하늘을 우러러 한 점 부끄러움이 없다"든지 하는 따위의 큰 소리는 절대 믿지 않기로 하고 있습니다. 그 큰 소리의 주인공이 아무리 하나님과 가까운(?) 사람이라 하더라도.

내 죽으면 한 개 바위가 되리라
아예 애련 哀憐에 물들지 않고
희로 喜怒에 움직이지 않고
비와 바람에 꺾이는 대로
억 년 비정 非情의 함묵 緘默에
안으로 안으로만 채찍질하여
드디어 생명도 망각하고
흐르는 구름
머언 원뢰 遠雷
꿈꾸어도 노래하지 않고
두 쪽으로 깨뜨려져도
소리하지 않는 바위가 되리라

청마 유치환의 시 「바위」입니다. 존재의 광맥을 그 근원까지 캐들어가는 시인의 바위는 번지르르한 대리석이 아닙니다. 억 년 비정의 함묵에 안으로 안으로만 채찍질하여 두 쪽으로 깨뜨려져도 소리하지 않는, 아마도 저 광야의 투박한, 아무 꾸밈도 장식도 없는 '다듬지 않은 돌'이겠습니다.

시 한 줄도 꾸밈없는 진실의 말이 감동을 줍니다. "하늘을 우러러 한 점 부끄러움이 없기를 잎새에 이는 바람에도 괴로워"하는 상처 입은 영혼이 진주 같은 진실의 소리를 토해낼 수 있습니다.「윤동주의 서시」

하물며 신앙인의 말, 하물며 하나님의 집일까?

하기야 "하나님은 사람의 손으로 지은 전에 계시지 않는다" 했으니 사도행전 17:24, 대리석인들 어떻고 다듬지 않은 돌인들 무슨 상관이 있으랴? 하나님 눈에야 어떻든, 사람들 보기에는 다듬지 않은 돌보다야 아무래도 번쩍거리는 대리석이 훨씬 나을 테니까.

신앙으로 변장한 오늘의 우상들

교회 옆에 파는
사탄의 소굴

세상의 모든 우상들은 하나님을 정면으로 반대하지 않습니다. 오히려 우상숭배는 '하나님을 믿는다고 고백하면서 거기에 다른 것을 섞어서 섬기는' 혼합신앙인 경우가 대부분입니다. 하나님과 맘몬 mammon을 겸하여 섬기는 오류에 대한 예수님의 우려처럼 누가복음 16:13, 하나님 신앙에다가 다른 것을 슬쩍 섞어넣는 혼합신앙이 우상숭배의 본질이라는 데에 이설이 없는 듯합니다.

이스라엘 백성들은 광야에서 금송아지를 만들어놓고 그 앞에 제사를 드리면서 그 금송아지를 가리켜 "우리를 애굽에서 인도해낸 하나님"이라고 불렀습니다. 출애굽기 32:8 하나님을 금송아지로 형상화한 셈인데, 어떤 식으로든지 하나님을 형상화하는 것은 십계명의 제2계명—너를 위하여 새긴 우상을 만들지 말고, 위로 하늘에 있는 것이나 아래로 땅에 있는 것이나 땅 밑 물 속에 있는 아무것의 형상이든지 만들지 말라— 을 범하는 파계에 해당합니다. '모든 형상들의 본질적 근원'인 하나님은 형상화할 수 있는 대상이 아니기 때문입니다.

선지자 예레미야의 생각을 그대로 따르자면, 암송아지는 부요한 농경문화를 나타내는 이집트의 상징물입니다. 예레미야 46:20 소는 농경문화의 필수적인 도구이고 암컷은 생산의 모태이며 어린 송아지는 성장의 상징이므로, 거기에다 금을 입힌 금송아지는 문화와 번영과 성장과 풍요를 두루 아우르는 '우상의 최종적 표현'이라고 할 수 있겠습니다.

자신들을 이집트에서 이끌어낸 야훼 하나님을 이처럼 이집트의 상징물인 금송아지로 다시금 형상화했다는 출애굽기의 기록은, 저들이 하나님께 대한 거역의 의도를 드러냈다는 것을 분명히 나타내고 있습니다. 다듬지 않고 말하자면, 하나님의 이름을 부르면서 하나님의 뜻을 거역하는 것, "주여 주여" 부르짖으면서 주의 뜻을 따르지 않는 것 마태복음 7:21,22 이 곧 우상숭배라고 단정해서 틀릴 일은 아닌 듯합니다.

그렇다면 우상숭배는 다른 곳이 아니라 바로 야훼 하나님의 이름을 부르는 곳, 그리스도에 대한 신앙을 고백하는 곳, 바로 그곳에서 자행되고 있다는 말이 되겠습니다. 오늘 이 시대의 우상숭배도 저 불신자들이 아니라 먼저 신자들과 교회들 안에서 찾지 않으면 안 되는 이유입니다.

초등학교 교정에 서 있는 단군상이 문제가 아닙니다. 크리스천들의 삶 속에, 이 땅의 교회들 안에 버티고 서 있는 우상이 더 시급한 문제입니다. 종교개혁의 사도 루터는 탄식하듯 경고했습니다. "하나님이 교회를 세우시면, 사탄도 그 옆에 자기 소굴을 판다"고.

사탄이 적극적으로 활동하는 영역은 세속의 자리가 아닙니다. 세상은 어차피 악령 앞에 무릎 꿇고 있습니다. 악령이 노리는 곳은 다름 아닌 교회와 신자들의 영혼입니다. 이제까지의 모든 이단과 적그리스도들은 교회 밖이 아니라 교회 안에서 나왔다는 것이 정설입니다.

통일교와 신앙촌을 이단으로 단죄했던 이른바 정통교단의 입장에서 본다 하더라도, 그 통일교의 교주가 원래 불신자였던가? 아닙니다. 유능하다는 목사였습니다. 신앙촌의 설립자가 처음부터 교주였던가? 웬걸, 큰 영험이 있다는 장로였습니다. 그 안의 수많은 신도들이 애초부터 그 교주와 같은 길을 걸었던가? 천만에, 그들 대부분이 교회의 직분을 맡은 신자들이었으며 누구보다도 바른 신앙생활을 하노라 자부했던 열심 있는 교인들이었습니다.

통일교와 신앙촌을 쫓아낸 지금의 한국교회 안에 다른 우상의 요소들은 전혀 없다고 자신할 수 있을까? 슬프게도, 나의 눈은 무수한 우상의 싹들이 오늘의 교회와 신앙 속에서 다투듯 자라나고 있음을 확연히 봅니다. 나 혼자만의 착시錯視도 분명코 아닙니다.

가나안의 대표적 우상인 바알은 그 당시 가장 발달한 문화단계였던 농경문화의 남신이고, 그 짝인 아세라 목상은 대지에 곧게 박힌 말뚝으로서 성장과 풍요의 여신입니다. 농경의 도구, 생산의 모태, 풍요의 기원, 문화의 표현, 성장의 상징인 이집트의 금송아지가 가나안에 와서 바알과 아세라로 변신했을 뿐입니다.

이들 모두가 인구를 늘리고 노동력을 증대시켜 경제적 소득을 증가하며 풍요로운 문화적 삶을 향유하려는 인류의 보편적인 욕망을 투사한 것들입니다. 오늘날의 말로 고친다면 '경제제일주의'나 '강성대국' 또는 '문화입국' 같은 지표들이 여기에 해당될 수 있겠습니다. 우상이 어차피 인류와 그 운명을 같이할 수밖에 없는 것은, 우상의 속성이 인간의 원초적 욕망을 충족하려는 인간 본연의 종교성과 딱 맞아떨어지기 때문입니다.

목자를 돌보는
양무리의 슬픔

오늘의 크리스천들이 하나님의 나라와 그의 의보다는 끝없는 경제적 성장, 풍요로운 문화의 혜택을 더 목마르게 구하고 있다면, 그것이 곧 바알 신앙이요 아세라 숭배입니다. 경제를 경시하거나 문화를 업신여겨야 한다는 무책임한 말이 아닙니다. 무엇이 보다 궁극적인 것이며 무엇이 더 우선적인 것인가를 분별해야 한다는 말입니다. 부국강병의 지표를 버려야 한다거나 국민소득의 수치를 경멸하려는 도덕적 위선의 허영이 아닙니다. 공동체의 궁극적 목표가 과연 어떠해야 하는가를 말하고자 하는 것입니다.

지금 나라와 사회를 가리켜 하는 말이 아닙니다. 오늘의 신앙 안에, 이 땅의 교회들 안에 넘쳐나는 성장물신주의의 명백한 우상을 두고 하는 말입니다. 교회성장학은 넘치도록 많은데, 교회성숙학은 아무데서도 찾아볼 수 없습니다. 그러나 외적 성장이 선택과목이라면, 내적 성숙은 필수과목이요 전공과목이어야 합니다.

교회성장학이란 '교회를 성장시키는 것을 연구하는 학문'이겠는데, 그런 학문이 있을 수 있겠는가? 신성로마제국을 가리켜 누군가가 "신성하지도 않고, 로마도 아니고, 제국도 아니었다"고 빈정거렸다지만, 학문의 힘을 빌려 성장할 수 있는 교회는 교회도 아니고, 그런 현상은 교회의 참된 성장도 아니며, 그 성장의 동력인 상업적 경영적 기량을 학문이라고 부를 수도 없는 노릇입니다.

100억 원짜리 교회당, 10층짜리 교육관이 과연 복이며 은총일까? 통일교의 건물들은 그보다 훨씬 더 큽니다. 신앙촌의 예배당은 한꺼번에 수만 명을 수용할 만큼 넓었습니다. 헤롯의 성전은 비교할 수 없이 화려했고, 면죄부를 판 돈으로 지어 올린 성 베드로 성당은 오늘날까지도 가장 웅장한 예술품 중의 하나입니다. 절제 없는 외적 성장이 내적 성숙과 반비례의 사선을 그려온 것은 거의 예외가 없는 역사의 법칙에 속합니다.

몸이 건강하면 성장은 자연스레 이루어지는 법입니다. 성장을 위해 굳이 따로 애를 쓸 필요가 없습니다. 건강하지 않은 아이를 억지로 성장시키려고 하는 것은 미련하기 짝이 없는 일입니다. 심각한 왜소병에 걸린 아이가 아닌 한, 성장촉진제를 주사해서는 안 됩니다. 그것은 아이를 죽이는 일입니다. 성장촉진제가 아니라, 살과 피와 뼈를 만드는 음식을 먹이고 병이 나면 양약良藥을 복용시켜 먼저 건강한 몸을 만들어야 합니다. 성장은 그 뒤에 저절로 따라오게 마련입니다.

어패류 양식업자들이 투하자본을 성급히 회수할 목적으로 성장촉진제를 과도히 남용해온 탓에 국민건강이 크게 위협받고 있다고 합니다. 그러나 어패류만이 아닙니다. 오늘 한국교회의 모습은 마치 건강상태가 지극히 불량한 아이에게 음식이나 양약은 먹이지 않은 채 성장촉진제만 마구 주사하는 격입니다. 아이의 몸은 안으로 썩어가고 있는데, 성장촉진제를 맞아 부풀려진 겉모습만 보고 즐거워하는 한심한 모습이라니.

소유나 재정이나 큰 건물이 중요한 것이 아닙니다. 언제까지 자기 치장과 자기 확장만을 꿈꾸고 있을 것인가? 재물이 많아지면 욕심이 생기고, 건물이 커지면 싸움이 일어나는 법입니다. 만고의 진리요, 오늘 우리 눈으로 분명히 보고 있는 현실입니다.

차라리 있는 것도 팔아서 가난하고 주린 이들을 돕는 것이 보다 옳은 일이겠습니다. 비록 비좁은 공간이라 하더라도, 그 안에서 어떤 신앙인격들이 자라고 있는지, 그들이 만들어가는 공동체가 과연 건강하고 건전한지를 분별하는 정밀진단이 훨씬 더 시급한 일입니다. 인격으로 신뢰를 줄 수 없으면, 겉모습에 더 집착하게 마련입니다. 14K로 겉만 살짝 도금한 가짜 금반지가 진짜 황금반지보다 더 번쩍거리는 것과 이치상 조금도 다를 바 없습니다.

금송아지 못지않은 또 하나의 우상은 하나님을 기쁘시게 하기보다 사람을 기쁘게 하는 일 갈라디아서 1:10, 하나님이 받을 영광을 사람이 취하는 일 사도행전 12:23이 아닐까 합니다. '사람을 우상화'하는 종교권력들 말입니다.

교황무오설은 개신교가 가톨릭의 가장 큰 잘못으로 지적하는 교설 敎說입니다. 오류투성이의 인간인 교황을 완전존재인 신의 위치로 높여 우상화하는 것이기 때문입니다. 그나마 가톨릭은 겨우 교황 한 사람에게만 무오설을 적용했을 뿐, 차마 모든 사제들, 모든 본당신부들이 언제나 다 옳다고 강변할 만큼 뻔뻔스럽지는 않았습니다.

오늘의 개신교회는 어떤가? 사실상 개개의 교회들마다, 개개의 목회자들마다 제각기 자신의 무오설을 주장하고 있는 셈이 아닌지. 그렇지 않고서야 어찌 당회장의 자리를 둘러싼 갖가지 추문들이 이처럼 꼬리를 물고 터져나올 수 있을까? 이것이 소위 가톨릭을 개혁하고 나왔다는 개신교의 모습이라니.

그리스도의 머리되심을 입으로는 고백하지만, 실상은 그리스도의 십자가를 차디찬 토르소처럼 교회당 벽면에 걸어둔 채, 언제나 내 머리 내 생각으로 공동체의 모든 것을 좌지우지하려는 욕심이야말로 '자기무오설'과 다르지 않으며, 교황무오설보다 더 심각한 '자기우상화'의 혐의에서 결코 자유롭지 못할 것입니다.

소외된 이들, 지극히 작은 이들에 대한 섬김은 좀처럼 찾아보기 어려운 가운데, 섬김의 모범이 되어야 할 이들이 도리어 섬김받고 대접받는 일에 익숙해져서, 웬만큼 대접을 받지 못하면 쉽게 삐치고 자존심이 조금만 상해도 냉큼 토라져버리곤 합니다.

그래서, 목자의 보살핌을 받아야 할 양무리가 거꾸로 목자를 극진히 돌보아야 하는 어처구니없는 전도顚倒 현상이 벌어지기 일쑤여서, 토라지면 더 큰 아파트로 어르고 발끈하면 더 좋은 승용차로 달래가며, 행여 '편가르기'식의 돌출행동으로 잔잔한 공동체를 온통 들쑤셔놓지 않을까 눈치보기에 바쁜 나머지, 급기야는 아비 자식 사이의 무슨 세습이라는 울지도 웃지도 못할 지경에까지 이르고 말았습니다.

오늘의 믿음 안에, 이 땅의 교회들 안에 저 물신物神의 우상, 그리고 하나님의 영광을 가로챈 사람의 우상들을 마냥 세워놓은 채로 신앙을 고백하는 것만큼 기막힌 슬픔도 달리 없겠다 싶습니다.

장미꽃이 소녀에게만이 아니라 살인강도에게도 똑같은 향내를 뿜어주듯, 향나무는 자기를 찍어대는 도끼날에도 향을 듬뿍 남깁니다. 차별 모르는 이 지극한 사랑이야말로 곧 신의 품성일 것입니다. "하나님은 해를 악인과 선인에게 비추시며 비를 의로운 자와 불의한 자에게 내리신다." 불의한 사람도 의로우신 하나님으로부터 햇빛을 얻어 쬐는 터에, 아무리 불의하다 한들 굳이 그 앞을 가로막고 서서 햇빛을 차단하려는 사람들은 과연 어떤 의인들인가? 부도덕한 이들도 선하신 창조주로부터 빗물을 받아 마시는 터에, 그들에게서 기어이 빗줄기를 빼앗고야 말려는 사람들은 또 어떤 도덕군자들인가?

5부

상처가 있는 곳에 용서를

"주여, 나를 평화의 도구로 써주소서. 미움이 있는 곳에 사랑을, 분열이 있는 곳에 일치를, 의혹이 있는 곳에 믿음을, 상처가 있는 곳에 용서를, 절망이 있는 곳에 희망을, 슬픔이 있는 곳에 기쁨을 심게 하소서." 오랜 세월 많은 사람들에게 큰 감동을 주어온 이 기도문은 아씨시의 성자라 불리던 프란체스코 수사가 절절한 마음으로 토해낸 「평화의 기도」입니다.

조토, 「새들에게 설교하는 성 프란체스코」, 1295~1300년

상처가 있는 곳에 용서를

주여 나를
평화의 도구로

주여, 나를 평화의 도구로 써주소서.
미움이 있는 곳에 사랑을, 분열이 있는 곳에 일치를,
의혹이 있는 곳에 믿음을, 상처가 있는 곳에 용서를,
절망이 있는 곳에 희망을, 슬픔이 있는 곳에 기쁨을 심게 하소서

오랜 세월 많은 사람들에게 큰 감동을 주어온 이 기도문은 아씨시의 성자라 불리던 프란체스코 수사가 절절한 마음으로 토해낸 「평화의 기도」입니다. 그 평화의 인격을 기려 미국 서부의 대도시 한 곳은 성 프란시스코 San Fransisco라는 이름을 붙였습니다. 가끔 지진이 찾아와 마구 흔들어대서 탈이기는 하지만, 샌프란시스코는 지상에서 가장 아름다운 항구도시의 하나로 손꼽히고 있습니다.

프란체스코의 노래처럼, 평화를 이루기 위해서는 미움이 있는 곳에 사랑이 있어야 하고, 분열이 있는 곳에는 일치가 회복되어야 하며, 절망과 슬픔이 있는 곳에는 소망과 기쁨의 씨를 뿌려야 합니다.

그런데 나는 이 기도문에서 문득 의문이 드는 대목 하나를 만납니다. "상처가 있는 곳에 용서를"이라니, 이것이 무슨 뜻인가? 상처가 있는 곳에는 응당 '치유'와 '위로'가 있어야 할 터인데, 프란체스코는 어찌하여 치유나 위로가 아니라 '용서'를 구하고 있다는 말인가?

상처를 입힌 가해자에게는 참회와 용서가 필요합니다. 용서 없이는 평화도 없습니다. 그러나 '상처가 있는 곳'이란 가해자의 자리가 아니라 상처를 입은 피해자의 자리일 것입니다. 거기에는 용서가 아니라 무엇보다도 위로와 치유가 필요합니다. 그 상처 깊은 피해자의 자리에서 프란체스코는 뜻밖에 치유도 위로도 아닌 용서를 구하고 있으니, 용서받아야 할 잘못을 저지른 일이 없는 피해자로서는 더욱 기가 막히고 억울할 노릇이겠습니다.

영혼의 평화를 간구하는 기도

그러나 이 간구야말로 다른 어느 기도보다 더 간절한 평화의 염원을 담고 있음을 알게 되고 나서, 나는 이 깨달음에 항상 감사하고 있습니다. 미움 속에서의 사랑의 기원보다, 분열 속에서의 일치의 기원보다, 그리고 절망 속에서의 희망의 기원보다 '상처가 있는 곳에서의 용서의 기원'이 더 절실하고 더 갈급한 평화의 기구라는 이 소중한 깨달음에 대해서 말입니다. 우리가 마음에 상처를 입는 가장 큰 이유는 바로 자존심 때문입니다. 마음에 그득한 자긍심이 손상을 입으면 우리는 곧장 영혼의 내출혈을 일으키고 맙니다. 자존심이 강하면 강할수록 마음의 상처는 더 깊게 패게 마련입니다. 강한 것이 더 쉽게 부러지는 법입니다. 신발 한 켤레를 도둑맞았다고 몽둥이를 휘두르지는 않지만, 자존심이 조금만 생채기를 입어도 우리는 칼이라도 뽑아듭니다.

"오른쪽 뺨을 맞으면 왼쪽 뺨도 대라"는 예수의 말씀 마태복음 5:39 도 자존심 앞에서는 단지 수사적인 사치로 치부될 뿐입니다. 왼쪽 뺨마저 돌려대다니? 오른쪽 뺨을 맞으면 상대방을 흠씬 두들겨 패주어야만 직성이 풀리는 것이 우리네의 성정입니다. 그렇게라도 하지 않으면 마음에 두고두고 상처만 남습니다.

대부분의 사람들이 오른손잡이인데, 오른쪽 손바닥으로 상대방의 얼굴을 때리면 그의 왼뺨에 맞게 됩니다. 오른 손잡이가 상대방의 오른뺨을 때리려면, 손바닥이 아니라 손등으로 내려쳐야 합니다. 손등으로 남의 뺨을 내려치는 경우는 거의 없습니다. 손등으로 남을 때리는 것은 단순한 폭행이 아니라 상대방을 인격적으로 경멸하는 것이요, 너와 나의 관계를 아예 단절하겠다는 극단적인 증오의 표현으로 받아들여지기 십상이기 때문입니다.

이런 증오와 경멸을 당할 때에도 격분하지 말고 오히려 왼쪽 뺨마저 대주라는 것이 예수님의 말씀인데, 이런 불가능에 가까운 예수님의 가르침 앞에서 한숨을 내쉬지 않을 사람은 아무도 없을 것입니다. 프란체스코는 이 불가능한 가르침 앞에 무력하기 짝이 없는 우리의 완고한 자존심을 용서해 달라고 기도하고 있다는 깨달음이 불현듯 나에게 다가온 것입니다.

자존심을 버리라는 것이 우리의 인격적 정체성마저 포기하라는 뜻은 아닐 것입니다. 인격적 정체성은 자존심과는 다른 것입니다. 자존심이 외부의 자극에 반응하는 보호기제라면, 인격적 정체성은 스스로의 내면에 깊이 박힌 신념의 뿌리입니다.

인격의 정체성이 확고하다면, 온갖 파도와 풍랑 앞에서도 우리의 마음은 평화를 누릴 수 있습니다. 우리의 영혼이 잔잔한 물결에도 걷잡을 수 없이 흔들리는 것은 우리들 인격의 정체성이 빈약한 탓이라고 해야겠습니다. 자존심이 손상을 입을 때, 확고한 인격적 정체성은 그것이 마음의 상처로 침투되지 않게끔 막아주는 든든한 방호벽이 됩니다.

나는 신앙인의 정체성이 그리스도의 인격과 성품에 대한 신뢰에 있다고 믿습니다. 그 신뢰가 없기 때문에 조그만 상처에도 금방 토라지고 발끈해져서 턱없이 혈기를 부리곤 합니다. 자존심은 천박하리만치 강한데, 믿음과 인격의 정체성은 터무니없이 취약하기 때문입니다.

도덕적 열등감이나 문화적, 지적知的 컴플렉스 때문에 쉽게 상처를 받는 사람들이 적지 않습니다. 이웃의 올곧은 성품 앞에서 윤리적 열등감을 자극받고, 다른 사람의 올바른 말에 지적 컴플렉스를 추스르지 못하여 자존심에 스스로 깊은 상처를 아로새겨갑니다.

바른 말을 들을수록 더 아니꼽게 여기고, 정직히 살려고 애쓰는 사람만 보면 '자기 의에 사로잡힌 교만한 자'라는 비난을 퍼붓지 않고는 견디지 못하는 사람들이 주변에 드물지 않습니다. 결국 함께 거짓말쟁이가 되자는 노릇인데, 정직한 사람을 불의의 공범으로 만들어야만 자기가 처한 '윤리적 실패의 딜레마'를 잠시라도 망각할 수 있다는 착각 때문일 것입니다. 프란체스코는 이처럼 쉽게 상처받는 우리의 옹졸한 자존심과 그 누추한 열등감의 뿌리를 안타까워하면서, 오늘도 영혼의 평화를 간구하고 있는 듯합니다. "상처가 있는 곳에 용서를."

꽃 한 송이 사랑하려거든, 그대여

아름다움만 말고
그 뒤의 정적까지

> 꽃 한 송이 사랑하려거든 그대여
> 생성과 소멸, 존재와 부재까지 사랑해야 합니다.
> 아름다움만 사랑하지 말고
> 아름다움이 지고 난 뒤의 정적까지 사랑해야 합니다.
>
> 도종환 「꽃 피는가 싶더니 꽃이 지고 있습니다」

사람은 누구나 결점이 있게 마련입니다. 아무리 훌륭한 인품의 소유자라도 깊은 속 어딘가엔 흠이나 티를 지니고 있게 마련입니다. 그것이 인간성의 슬픈 진실입니다.

그 작은 흠과 티까지 사랑하지 않으면 그의 모든 것을 사랑하는 것이 아닙니다. 그래서 한 사람의 모든 것을 사랑한다는 것은 여간 어려운 일이 아닙니다.

한 사람이 가진 장점과 아름다움을 다 사랑하기도 어려운데 그의 모든 것, 흠과 티까지도 사랑하라니. 아니, 그 모든 것이 사라진 뒤의 소멸 부재 정적까지도 사랑해야 한다니. 끝간 데 없는 시인의 사랑이 무척 이채롭습니다.

흠과 티까지 사랑한다고 해서 그것을 미화하거나 적당히 눈감아주라는 뜻은 아니겠습니다. 맑고 순전한 인격이기를 바라면서도 부득불 흠과 티를 안고 살아갈 수밖에 없는 실존적 한계, 한 자락 더러움을 남몰래 껴안고 괴로워하는 슬픔. 그 인간성의 진실을 그윽한 연민의 가슴으로 품으라는 뜻입니다. 남의 더러움을 바라보는 나 자신도 추하디추한 흠과 티를 짐짓 감추고 있기에.

자식의 얼굴에 보기 흉한 점이 박혀 있다고 해서 그 점만 쏙 빼놓고 자식을 사랑하는 어버이는 없습니다. 도려낼 땐 도려내더라도, 그 전까지는 점이 박힌 아이의 얼굴에다 수없이 볼을 비벼대는 것이 부모의 사랑입니다. 장애아를 둔 부모의 사랑만큼 절실한 애정이 또 있을까? 장애가 크면 클수록 어버이의 사랑은 더 깊고 보다 애절해지는 법입니다.

교과목 대부분의 성적이 A학점인 우등생의 성적표에서 A이외의 학점을 지워버리는 것은 진실이 아닙니다. 그건 협잡입니다. B나 C학점이 한두 개 있더라도 그것을 미워하거나 지워버려서는 안 됩니다. 부족한 점을 정확하게 표기해둔 성적표만이 진실이며 또 진정한 사료史料로서의 가치가 있습니다. 그것이 역사입니다.

바다를 사랑하는 사람은 바다가 품고 있는 모든 것을 긍정합니다. 비록 오염되고 썩은 물일지라도 그것을 바다에서 따로 분리해낼 방도가 없습니다. 그것째로 사랑해야 합니다. 오염되고 썩은 물이 흘러들어도 지긋이 다 품어안아 정화해내는 바다이기에 더욱 위대합니다. 더 사랑할 수밖에 없습니다. 대자연이 베푸는 가르침입니다.

산을 좋아하는 사람은 산의 전부를 받아들입니다. 뱀을 지독히 싫어하는 사람이라도, 혀를 날름거리며 먹이를 향해 돌진하는 뱀들의 서식처를 산에서 다 뽑아낼 수는 없습니다. 뱀의 또아리가 소름끼치게 들어앉은 그대로의 산을 좋아할 밖에.

가없이 큰 먹이사슬로 생태계의 조화와 안정을 유지하는 태산의 침묵 앞에 저절로 머리가 숙여집니다. 창조의 손길이 암시하는 위대한 섭리입니다.

향나무는 도끼날에도 향을 남긴다

남의 흠은 털끝만큼도 용납하지 않으려는 완고한 신념과 양심을 내세워 서로가 제 목소리 내기에 바쁜 세상입니다. 그렇지만 양심과 신념을 내걸고 벌이는 제 몫 챙기기 싸움질처럼 보기에 민망한 것도 없습니다.

아무래도 상대적일 수밖에 없는 개인의 양심 또는 특정집단의 신념에다 근본주의적 절대성의 외투를 덧입히고는 남의 삶이나 다른 이의 가치관을 향해 매도와 비방의 도끼질을 해대는 짓거리야말로 가장 양심적이지 못한 오만입니다. '도끼를 든 양심'이라니, 그 자체로 비양심적입니다.

어느 누군가의 양심이 상생相生의 길을 가로막고 있다면, 그 양심은

꽃 한 송이 사랑하려거든, 그대여

전혀 양심적이지 않습니다. 어느 집단의 신념이 상쟁相爭의 도구로 전락해버렸다면, 그 신념은 신뢰할 수 없는 편협한 도그마에 지나지 않을 것입니다. 상생과 상쟁은 비록 글자 한 획의 차이 밖에 없지만, 그 품은 뜻은 별자리들 사이만큼이나 서로 멉니다.

조상을 공경하고 가문을 이어가는 사람이라면 조상의 경력에 찍힌 오점, 가문의 역사에 배어든 치욕까지도 긍정할 줄 알아야 합니다. 오점과 치욕을 '자랑' 하는 철면피가 되라는 뜻이 아니라, 그 아픔을 가슴 가득 끌어안고 함께 괴로워하며 눈물 흘릴 수 있는 '사랑' 의 마음을 가져야 한다는 말입니다. 부끄러워하고 괴로워할망정, 증오하거나 빡빡 지워버릴 일은 아니겠습니다.

나라와 민족의 역사라고 해서 다를 바 있을까? 오점을 지워버린 역사는 비록 깨끗해 보일망정 날조된 역사입니다. 제 역사를 증오하거나 자학적 시각으로 바라보는 것은 스스로 정체성을 부인하는 일입니다. 어느 민족, 어떤 나라의 역사라고 한 톨 오점도 없었으랴?

장미꽃이 소녀에게만이 아니라 살인강도에게도 똑같은 향내를 뿜어주듯, 향나무는 자기를 찍어대는 도끼날에도 향을 듬뿍 남깁니다. 차별 모르는 이 지극한 사랑이야말로 곧 신의 품성일 것입니다.

"하나님은 해를 악인과 선인에게 비추시며 비를 의로운 자와 불의한 자에게 내리신다." 마태복음 5:45

불의한 사람도 의로우신 하나님으로부터 햇빛을 얻어 쬐는 터에, 아무리 불의하다 한들 굳이 그 앞을 가로막고서서 햇빛을 차단하려는 사람들은 과연 어떤 의인들인가? 부도덕한 이들도 선하신 창조주로부터 빗물을 받아 마시는 터에, 그들에게서 기어이 빗줄기를 빼앗고야 말려는 사람들은 또 어떤 도덕군자들인가?

그 의로운 도덕군자들이 사랑과 관용과 이해와 상생과 평화와 아아, 그 밖의 모든 가치들을 기꺼이 내팽개치며 외곬으로 지키려는 신념은 어떤 신념이며, 저들의 자랑인 도덕은 대체 무슨 도덕인가?

자신에게 그지없이 몹쓸 짓을 했던 형들을 방면 放免하며 국무총리 요셉은 피를 토하듯 절규합니다.

"내 어찌 하나님을 대신하랴?" 창세기 50:19

사랑을 잃어버린 신념, 인간성의 슬픈 진실을 헤아리지 못하는 도덕. 하나님을 대신하려는 그 외눈박이들을 안타까워하며 시인의 탄식은 그칠 줄 모릅니다.

꽃 한 송이 사랑하려거든 그대여
생성과 소멸, 존재와 부재까지,
아름다움만 사랑하지 말고
아름다움이 지고 난 뒤의 정적까지

아침에 핀 꽃을 저녁에 줍다

약한 것을 자랑하리라

그리스도교의 세계화와 신학의 형성에 지대한 공헌을 한 바울은 '사도들의 수장首長'인 제1대 가톨릭 교황 베드로의 후계자로 인정받아 제2대 교황으로 추대되기도 했지만, 실상 그의 사도성使徒性에는 많은 시비와 비난이 따랐습니다. 신약시대에 사도로 인정받기 위해서는 '예수의 제자'라는 신분적 요건이 필수적이었는데 바울은 예수의 제자가 아니었기 때문입니다.

그러나 그보다 더 결정적인 흠은 그가 최초의 순교자인 스데반의 처형에 주도적인 역할을 했을 만큼 초기 크리스천들을 박해하는 일에 열렬히 앞장섰던 사실이었습니다. 사도행전 7:55~58 그래서 바울은 늘 자신의 사도직을 변명하기에 바빴습니다.

"내가 사도가 아니냐? 다른 사람들에게는 사도가 아닐지라도 너희에게는 내가 사도다." 고린도전서 9:1,2

부끄럽기 짝이 없는 과거의 기억과 현재의 고귀한 소명 召命 사이에 어긋장처럼 가로놓인 모순은 그러나 아이러니컬하게도 바울의 위대한 사도직 수행에 원동력이 되었습니다. 그 아이러니가 바울을 겸손한 인격으로 만든 것입니다. 그래서인지 바울은 언제나 자기의 '약함'을 자랑했습니다.

"내가 부득불 자랑할진대 나의 약한 것을 자랑하리라" 고린도후서 11:30

바울은 선교의 모진 역정 속에서도 자신을 늘 '죄인 중의 괴수'라고 자책했습니다. 디모데전서 1:15 자신의 치명적 약점인 과거의 반그리스도 행적 때문이었음이 틀림없습니다. 그 불신앙의 약점이 도리어 바울 신앙의 자랑거리가 되었습니다.

히브리민족의 영웅 모세는 동족이 이집트의 탄압 아래 신음하는 동안 이집트의 왕궁에서 파라오의 양자로 호의호식하며 성장했습니다. 민족지도자로서는 심각한 약점이 아닐 수 없습니다. 일본 황실의 양자로 자란 인사가 독립운동을 주도하겠다고 나선 격이니, 오늘의 역사적 안목으로 보면 과연 추앙받아야 할 일인지 매도당해 마땅한 일인지 아리송합니다. 동족을 위해 이집트인을 때려죽인 모세의 애족적 행위마저도 동포들에게는 거부감만 불러일으켰을 뿐입니다. 출애굽기 2:14

모세의 출애굽 민족해방은 그의 나이 팔십이 되어서야 비로소 시작되었습니다. 그 이전의 삶은 호화로운 왕자생활, 외로운 광야생활이 각각 40년씩이었습니다. 모두 민족을 멀리 떠나 있었던 세월입니다. 민족지도자로서는 수치스런 80년이었지만, 그 수치의 과거사 없이는 민족해방의 위대한 역사 또한 존재하지 못했을 것입니다. 역사의 아이러니입니다.

성서는 모세를 가장 겸손한 인격으로 그리고 있습니다.

"모세는 땅의 모든 사람 중에서 가장 온유하였더라." 민수기 12:3

모세의 온유와 겸손은 부끄러운 과거사에 대한 실존적 반추에서 비롯되었다고 보는 것이 마땅하겠습니다. 이처럼 하나님은 강한 자가 아니라 약한 자를 들어 쓰시며, 어리석은 자로 하여금 강한 자를 부끄럽게 하시는 분입니다. 고린도전서 1:27 아이러니는 역사발전의 피할 수 없는 계기입니다.

기독교역사를 펼치면 음습한 피내음이 흠씬 풍겨나옵니다. 신구교를 막론하고, 교리확립을 위한 이단정죄의 행적들은 잔혹하기 이를 데 없습니다. 삼위일체 교리를 확립한 아타나시우스가 아리우스파에게 가했던 단죄의 혹독함은 그 짝을 찾아보기 힘들 정도였다고 합니다. 중세 교황청 시대는 말할 것도 없고, 장로교 창시자인 칼뱅의 제네바 신정정치 기간에도 수십 명의 남녀가 이단의 죄목으로 목이 잘리거나 화형의 불길에 던져졌습니다. 사랑의 하나님, 용서의 예수님, 그분의 이름으로.

아타나시우스나 교황들이나 칼뱅은 자그만 예에 불과합니다. 이른바 정통의 숱한 교리들이 타는 살내음 속에서 피를 먹고 자라났습니다. 하나님의 사랑을 미움으로 전파해야 하는 인간성의 나약함, 용서의 은혜를 증오의 칼날 들고 외쳐대는 신앙심의 모순. 결코 찬양받을 수 없는 종교의 아이러니임에도 불구하고 교회의 역사는 이들 잔혹하고 모순투성이인 인물들, 교리들에 의해 지금껏 유지되어왔습니다.

일제시대에 신사참배를 거부하고 옥에 갇혔던 소수의 목회자들이 광복 직후 당당히 옥문을 열고 나와 '혁신복구파' 라는 새 교단을 결성한 적이 있습니다. 당연히 저들은 신사참배를 했던 비열한(?) 목회자들을 교계에서 축출하는 운동을 전개했습니다. 그러나 수적 열세 때문이었는지 영적 오만 때문이었는지는 잘 알 수 없지만, 저들의 시도는 결국 실패로 돌아가고 말았습니다. 그래서 한국개신교의 역사는 일본신사에 무릎 꿇은 '흠 있는' 목회자들에 의해 이어져올 수밖에 없었습니다. 그 때문에 오늘의 개신교가 이처럼 부패하게 되었는지는 모르지만.

역사의 아이러니, 청산 아닌 이해로

종교의 모순을 합리화하거나 그 잔혹성을 변명하려는 뜻이 아닙니다. 일제하의 신사참배를 두둔하려는 생각 따위도 돈연히 없습니다. 다만, 역사의 아이러니에 대한 이해와 성찰을 아쉬워할 따름입니다.

스데반의 처형 현장에서 바울에 대한 평가를 완결짓는다면, 그는 용서받을 수 없는 적그리스도요 살인자일 따름입니다. 파라오의 왕궁에 누운 모세는 그대로 반민족주의자이며, 광야를 헤매는 모습 역시 민족애와 역사의식이 결여된 낙오자에 지나지 않습니다. 일본신사에 무릎 꿇은 목회자들을 그 자리에서 즉각적으로 심판한다면, 그들은 배교자背敎者의 낙인을 지울 길이 도무지 없어 보입니다.

루쉰魯迅으로 알려진 중국 작가 저우수런周樹人은 『조화석습』朝花夕拾, 아침에 핀 꽃을 저녁에 줍다 는 5부작의 잠언집을 남겼습니다. 아침에 피었다가 땅에 떨어진 꽃을 곧바로 쓸어내지 않고 온 종일을 기다려 해가 진 다음에야 비로소 거두는 뜻은, 떨어진 꽃에서도 아름다움과 향기를 취할 줄 아는 여유로움, 번성의 과거와 쇠락의 현재 사이에 놓인 실존적 아이러니를 깊이 고뇌하며 아침과 저녁의 모든 갈등을 두루 껴안아 하루 전체를 치열하게 살아내려는 열정일 것입니다.

부끄러운 옛 일을 마냥 부정하기만 하던 미움이 언제부턴가 그 아픔까지도 문득 끌어안고 일체를 긍정하는 사랑의 마음으로 바뀌는 깨달음, 절망이 소망으로 반전되고 원한이 용서로, 번뇌가 감사로, 분별이 융합으로 거듭나는 그 아득한 각성 말입니다.

그 깨달음과 각성이 있었다면, '흠 있는 정통'들은 스스로를 '죄인 중의 괴수'로 자처하며 사도 바울처럼 회개의 자리에 겸손히 엎드렸을 터이고 '흠 없는 비정통, 뒤늦게 태어난 덕분에 과거의 흠에서 자유로운 행운아(?)'들은 인간성의 나약함과 그 아이러니를 통해 섭리하시는 하나님의 손길 앞에 겸허히 무릎 꿇을 수 있었을 것입니다. 정말 그랬더라면, 오늘 이 땅의 종교는 보다 건강하고 더 튼실해지지 않았을까.

토막잠을 자며 시간을 잘게 쪼개어 써야 하는 각박한 현대 도시생활 속에서는 꿈같은 일이겠지만, 조화석습의 촌철살인은 시시각각 어지러이 다가오는 상황들에 '즉각적 반사적으로' 반응하지 않고, 진득한 기다림 속에서 보다 아름다운 매듭을 만들고 찾아가는 삶의 지혜를 수북이 담고 있습니다. 즉각적 반사적이라는 것은 시간적 신속성의 경박함만을 뜻하는 것이 아닙니다. 이념적 경직성이나 감상적 광기를 뜻하는 면이 더 클 수도 있습니다.

상황에 대한 즉각적인 반응은 본시 감정적이기 쉬워서 맹종이 아니면 혐오라는 배타적 양극단으로 흐르기 십상이고, 극단의 반응은 다른 견해에 대한 적대적 광기를 동반하게 마련입니다. 그러나 만약 한

발짝 뒤로 물러서서 삶 전체를 고요히 관조하는 조화석습의 여유를 가진다면, 역사의 모든 상황과 그 속의 아이러니들을 넉넉히 이해하고 끌어안는 혜안이 번쩍 뜨일지도 모를 일입니다. 정말 그랬다면, 과거사 청산을 둘러싼 오늘과 같은 이전투구泥田鬪狗를 보지 않아도 되지 않았을까?

조화석습의 혜안은 다른 것이 아니겠습니다. 아침에 피었다가 떨어진 꽃을 저녁에야 줍는 속 깊은 지혜를 겸손 외에 달리 무엇이 알려줄 수 있을까. 조화석습의 깨우침은 아, 바로 겸손이었나 봅니다.

용서, 아름다운 복수 혹은 초월, 부활

**기억하되
용서하라**

"용서보다 더 무거운 형벌은 없다." 형사법을 공부하기 시작한 젊은 시절부터 줄곧 머리에서 떠나지 않고 있는 신기한 금언金言입니다. 신기하다는 이유는 이 금언이 형사법학의 어느 부분에서도 찾아볼 수 없는 비학문적인 명제이기 때문이요, 그럼에도 불구하고 세월이 갈수록 이처럼 삶의 진실을 훤히 꿰뚫고 있는 형벌론도 달리 없겠다는 깨우침이 깊어가기 때문입니다.

강파르게 치솟던 독재권력의 부정의, 옴처럼 단단히 달라붙은 사회의 부패상 속에서 우리의 학창시절엔 정의감이 모든 것을 압도했습니다. 사랑과 용서는 고등종교들의 경전 속에나 있는 이상적 피안의 레토릭쯤으로 여겨졌을 뿐, 차라리 "내일 지구의 종말이 온다 하더라도 오늘 당장 사형수 한 명을 처형해야 한다"는 칸트의 서슬퍼런 정의론이 법학도들에게는 더 설득력 있게 다가왔습니다.

아우슈비츠의 나치수용소에서 살아남은 한 유대인 여성에게 누군가가 물었습니다.

"독일에 복수하고 싶지 않습니까?"

그녀는 잔잔히 미소 지으며 대답했습니다.

"나는 복수심으로 내 인생을 파멸시키고 싶지 않습니다. 그러기엔 내 인생은 너무나 귀하고 아름다우니까요."

아우슈비츠의 피해자도 아닌 사람들이 '보편적 도덕'을 들먹이며 나치 만행을 절대로 용서해서는 안 된다고 더 흥분하는 상황에서 정작 피해자인 유대인 여성은 뜻밖에도 용서라는, 도덕보다 더 높은 봉우리를 오르고 있었습니다.

한순간의 복수에 평생을 매달리는 것은 자기 삶을 허비하는 일입니다. 기억하되 용서하는 것이야말로 가장 아름다운 복수요 또 가장 큰 복수일 수 있습니다.

'기억하되 용서하는 것'은 매우 어렵고 큰 덕목이지만, 그러나 우리의 죄과를 '기억조차 않으시는' 하나님의 용서, 그 사랑 예레미야 31:34에는 아직 미치지 못합니다. 복수로서의 용서는 진실한 용서가 아닙니다. 복수라는 한恨을 품은 용서는 사랑의 결단에까지 이르지는 못합니다. 비장한 인내심일 수는 있어도.

사랑 amor은 죽음 morte에 대한 부정사 a를 품고 있습니다. 죽음을 극복하는 것은 사랑이요, 사랑은 곧 삶이라는 뜻입니다. 용서는 삶이요, 한풀이는 죽음입니다.

복수는 고대로부터 널리 허용되어오던 사회관습이었는데, 특히 중세 유럽에서는 피해자가 재판절차를 거치지 않고 자력自力으로 '피의 복수' Blutrache를 할 수 있는 페데 Fehde라는 제도가 합법적으로 허용

용서, 아름다운 복수 혹은 초월, 부활

되기도 했습니다.

개인적 복수인 페데는 10세기 이후에 가톨릭 교회와 절대왕권의 영향으로 일부 제한되기 시작했고 1495년 독일의 '영구평화령'에 의해 전면적으로 금지되었지만, 사적 복수라는 원시적 관습은 근세 초기에까지 줄곧 이어져왔습니다.

탈리오 법칙으로 알려진 "눈에는 눈으로, 이에는 이로"라는 오래된 전승은 고대 함무라비 법전과 이슬람의 쿠란뿐 아니라 구약성서에도 나타나는 응보형론應報刑論의 대표적 명제입니다. 신명기 32:35

'탈리오'라는 말은 "피해자에게 금전적 배상을 하지 못한 가해자는 동일한 손해talio를 입어야 한다"는 BC 5세기 로마의 법률에서 유래하는데, 동해응징同害膺懲 또는 동량보복同量報復에 의한 '죄와 벌의 기계적 형평'을 그 내용으로 합니다.

많은 사람들이 탈리오 법칙을 '속시원한 한풀이' 또는 '옹골찬 앙갚음' 정도로 잘못 알고 있지만, 탈리오는 개인적 복수를 합법화하기 위한 것이 아니라 반드시 재판절차를 거쳐야 하는 공법적公法的 원리였습니다.

더욱이 하나님의 통치를 굳게 믿는 이스라엘은 복수가 개인의 권리가 아니라 하나님의 몫임을 잘 알고 있었습니다. "보수報讐는 나의 것이다. 그들이 실족할 그 때에 내가 갚을 것이다." 신명기 32:35

탈리오의 의미는 다만 '응보의 원칙'에 그치지 않습니다. 탈리오의 보다 깊은 뜻은 "피해자가 입은 손해보다 더 큰 손해를 가해자에게 되갚아서는 안 된다"는 '응보의 한계'를 긋는 데 있습니다. "눈에는 눈으로"일 뿐이지 "눈에는 목숨으로"가 허용되지 않습니다. 실체보다 과장되게 마련인 원한의 한풀이를 제어하는 지혜입니다.

용서는 권리가 아니라 사랑의 의무

그러나 그 지혜마저도 아직 부족합니다.

"옛 사람들은 '눈에는 눈으로, 이에는 이로 갚으라'고 하였으나, 너희는 악한 사람을 대적하지 말고, 너희 원수를 사랑하라."

예수님의 산상수훈입니다. 그리고는 저 위대한 황금률을 선포합니다.

"남에게 대접을 받고자 하는 그대로 먼저 남을 대접하라." 마태복음 5:38~44, 7:12

예수의 수제자 베드로는 십자가 처형의 위기에 몰린 스승을 세 번씩이나 눈앞에서 배신했습니다. 스승이 죽자, 그는 스승이 약속한 모든 소망을 저버린 채 고향으로 돌아가 불신자가 되었습니다. 부활 후, 이 믿음직스럽지 못한 제자 앞에 나타난 스승은 그러나 단지 이렇게 물었을 뿐입니다.

"네가 나를 사랑하느냐?"

아무런 질책도, 어떤 조건도 없었습니다. 도저히 신임할 수 없는 옛 제자로부터 도무지 믿기 어려운 사랑의 고백을 들은 스승은 두 말 없이 "내 어린 양들을 먹이라"는 장중한 대위임의 사명을 내립니다. 요한복음 21:15

제자의 결점, 그 흠과 티의 진실을 다 받아들이고 용서하는 스승의 넉넉한 사랑 앞에 베드로는 마침내 목숨을 내어놓습니다. 하나님 앞에서는 '용서받지 못한 죄'보다 '용서하지 못한 죄'가 더 무겁습니다.

"내가 너를 불쌍히 여긴 것 같이 너도 네 동료를 불쌍히 여기는 것이 마땅하지 않느냐? 너희가 각자 중심으로 형제를 용서하지 않으면 내 하늘 아버지께서도 너희에게 그와 같이 하실 것이다." 마태복음 18:33~35

용서, 아름다운 복수 혹은 초월, 부활

신앙인에게 응보와 용서는 선택을 번민해야 할 기로가 아닙니다. 용서는 피해자의 권리가 아니라 사랑의 의무입니다. 하물며, 피해자도 아닌 사람들이랴?

용서는 아마 사랑의 다른 말인가 봅니다. 사랑은 정죄하는 법을 모르기에 부득불 용서로 이어질 수밖에 없습니다. 참회가 가해자인 죄인의 회개라면, 용서는 피해자인 심판자의 회개이겠습니다. 그래서 용서는 남에게는 사랑의 표현이자 자신에게는 참회의 고백입니다. 사랑이 없으면 참회도 용서도 알지 못합니다.

무릇 나날의 삶 속에서 남에게 용서를 구해야 할 일들을 수도 없이 저지르며 살아가는 슬픈 실존, 그 정직한 인격이라면 모름지기 먼저 남을 용서해야 하겠습니다. 용서받아야 할 잘못이 전혀 없는 완전한 인품이라면 물론 예외이지만.

이제, 용서는 가장 큰 복수가 아닙니다. 가장 아름다운 형벌도, 가장 무거운 형벌도 아닙니다. 용서는 복수심을 꾹꾹 참아내는 '한풀이 대용'의 인내가 아니라, 중심에서부터 '한을 풀어헤치는' 진정한 해원解冤의 한풀이입니다.

피해자도 아닌 사람들이 피해자보다 더 거칠게 용서를 거부하는 오만의 시대, 핏발선 눈으로 남의 흠집 파헤치기에 골몰하는 이 황량한 영혼의 시절, 문득 덮쳐오는 깨달음에 나는 전율합니다.

용서는 '사람됨의 진실을 고백하는 인간성의 선언'임을. 죽음 같은 증오, 무덤 같은 한을 뚫고 나온 용서는 그래서 곧 삶이요 초월이며 부활인 것을.

굶고 미워하느니 실컷 먹고 사랑을

율법에게 도둑맞은
사랑의 계명

구약성서에 빈번히 나오는 제단이라는 말은 히브리어로 미즈바하 mizbeach라고 합니다. 이것은 '죽이다' 라는 뜻의 동사 자바흐 zabach에서 온 말입니다.

제사는 제사장이 제단에서 양이나 송아지 같은 제물을 죽여 하나님께 바치는 의식인데, 제사장은 제물을 죽이기 전에 반드시 제물에 손을 얹고 안수를 해야 했습니다. 이것은 그 제물의 죽음과 함께 제사장 자신도 죽는다는 것을 의미합니다. 레위기와 히브리서의 필자는 평신도들보다 먼저 제사장이 자신의 죄를 씻기 위한 속죄의 제물을 드려야 한다고 기록하고 있습니다. 레위기 4:3, 9:7, 히브리서 5:3, 7:27

제단 위에서의 제물의 죽음은 제물 자신과 제사장의 죽음뿐 아니라 제사에 참여한 모든 회중의 죽음을 대표하는 것입니다. 제사란 요컨대 제사 드리는 이들 모두의 죽음을 뜻하는 것이라고 하겠습니다.

개명된 오늘날에는 애꿎은 제물을 잡아 죽이는 희생제사 따위의 고대 종교의식이야 사라지고 없지만, 신구교의 예배나 미사들이 모두 구약성서의 제사를 신학적 의미와 종교적 가치의 면에서 주요한 모형으로 삼고 있는 점만은 분명합니다. 그러나 오늘의 예배들이 미즈바하, 곧 예배자들 자신을 죽이는 제단의 자리가 되어 있는지는 자못 의문입니다.

교회 안팎의 수많은 예배들이 실상은 예배자들 자신의 욕구를 충족시키고 그 종교적 감성을 만족시킴으로써 도리어 '예배자들 자신을 펄펄 살려내는' 제사인 것을 나로서는 부인할 자신이 없습니다. 예수님은 바리새인들이 박하와 회향과 근채의 제사로 정의와 자비와 신의를 저버렸다고 질타했습니다.마태복음 23:23

믿음 없이 믿음을 고백하고, 사랑 없이 사랑을 전파하고, 순종 없이 순종을 외치고, 섬김 없이 섬김을 부르짖는 바리새인들의 예배가 오늘에도 넘쳐납니다. 경건의 모양디모데후서 3:5은 많이 있습니다. 겉모습의 치장도 매우 화려합니다. 그러나 경건의 능력이 없는 것, 진실과 정직이 결핍된 것이 오늘의 불신앙이라는 것은 나만의 섣부른 진단이거나 자성自省이 아닐 것입니다.

바리새주의가 무엇이었던가? 바리새인들처럼 율법을 잘 지키고 그들처럼 경건한 종교인도 없었습니다. 그러나 그들은 그 율법과 경건을 가지고 일종의 종교적 광기로 치달았습니다. 이것을 '경건의 폭력'violence of piety이라고 말하는 사람도 있습니다. 바리새인들이 저질렀던 오류, 즉 종교적 생활양식을 가진 자들의 오만과 삶의 폐쇄성을 가리키는 말입니다.

'율법의 계명'을 어긴다고 남을 욕하면서 그보다 더 큰 '사랑의 계명'을 어기고 있는 바리새인들의 당착은 마치 도둑질을 한 어린아이를 어른들이 교수대에 목매다는 것과 흡사합니다. 어린아이에게 도둑맞은 물건은 아까워하면서, 율법에게 도둑맞은 사랑의 마음은 안타까워할 줄 몰랐습니다. 사소한 문제들에는 두 눈 부릅뜨고 목이 쉬도록 이웃을 단도질하면서 정작 믿음의 본질은 모두 놓쳐버리고 있는 것입니다.

신앙의 연륜이 깊어질수록 마음이 더 편협해지고, 기도를 하면 할수록 남을 더 매몰차게 정죄하는 이들을 우리 곁에서, 교회 안에서 흔히 만날 수 있습니다.

어느 목사님이 이런 말을 하는 것을 들었습니다.

"나는 40일 금식기도를 다녀온 권사님이 제일 무섭습니다. 그 권사님의 눈길이 전보다 더 부드럽고 더 겸손해진 것이 아니라, '너는 왜 금식기도를 하지 않느냐' 하는 듯한 정죄의 눈초리로 바뀌어 있는 것을 자주 보기 때문입니다."

율법을 지키며 미워하는
경건의 폭력

철저한 무소유의 수도생활로 유명했던 아씨시의 성 프란체스코 수도원에서 실제로 있었던 일이라고 합니다. 그곳의 수도사들에게 40일 금식은 너무 많이 해본 일이기에 별로 어려운 과제가 아니었습니다. 그래서 어느 날 아예 식탁에다 스프를 잔뜩 끓여놓고 코를 찔러오는 스프 냄새 곁에서 40일 금식을 시작했습니다. 참 견디기 어렵지 않았을까? 아침은 몰라도 점심과 저녁에는 끼니 거를 자신이 별로 없는 나는 아마 단 이틀도 넘기지 못했을 것임을 미리 고백해 두겠습니다.

마지막 하루를 남겨놓은 39일째 되는 날, 젊은 수도승 하나가 허기를 참지 못하고 그만 스프 한 숟갈을 홀짝 떠먹고 말았습니다. 순간, 온 수도승들이 눈을 부릅뜨고 그 젊은이를 노려보았습니다. "저 믿음 없는 놈…"하는 정죄의 눈초리들임이 분명했지만, 그 눈망울들 속에는 말못할 부러움과 질시의 불꽃이 감추어져 있었을 개연성이 높습니다. 굶주린 수도승들은 엄격한 스승님이 저 못된 풋내기 파계승을 엄히 꾸짖어주기를 바라면서 프란체스코를 쳐다보았습니다. 그러자 프란체스코는 갑자기 숟갈을 들어 자기 앞에 놓인 스프를 천천히 떠먹기 시작했다고 합니다. 모두가 경악할 수밖에.

"아니 스승님, 어찌 하루를 더 못 참고 여기서 계戒를 어기십니까?"

프란체스코가 조용히 말했습니다.

"우리가 금식을 하며 기도를 드리는 것은 모두가 예수님의 인격을 닮고 그분의 성품을 본받아 서로가 서로를 참으로 사랑하며 아끼자는 것 아닌가? 저 젊은이가 허기를 참지 못해서 스프를 떠먹은 것은 아무 죄도 아니다. 그렇지만, 그를 정죄하고 배척하는 자네들이야말로 지금 큰 죄를 짓고 있는 것이다. 굶으면서 서로 미워할 바에야, 차라리 실컷 먹고 서로 사랑하자꾸나."

자 이제, 바른 신앙이 무엇인지 경건의 폭력이 무엇인지 분명해지지 않았을까?

바리새인들의 엄격한 경건이, 40일 금식기도를 다녀온 권사님의 눈길이, 그리고 금식 39일 만에 스프를 떠먹은 동료를 미워하는 수도승들의 돈독한 신심이, 도리어 자신들의 영성을 쇠약하게 하고 참된 신앙의 자리에서 점점 더 멀어지도록 만들어가고 있었던 것입니다.

경건이 겸손으로, 믿음이 사랑으로 승화되지 못하고 오히려 다른 사람에 대한 거부와 배타로 흘러간 것이 저들 바리새 후예의 잘못입니다. 바리새주의는 배타주의와 거의 같은 뜻으로 이해될 정도입니다. 저들의 실패는 '종교적 실패' 라기보다는 오히려 '사랑의 실패'요 '인격의 실패' 였습니다. 이것이 또한 오늘 한국교회의 실패가 아닌가? 신자들의 열심 있는 종교성이 이웃의 영혼에 도리어 깊은 상처를 주는 경건의 폭력이 되고 있지 않은가?

예수 믿는다고 하면 으레 '술 안 마시고 담배 안 피는 사람' 정도로밖에는 알아주지 않는 형편에, 왜 그리 서로들 정죄와 비난을 퍼부으며 한껏 거드름을 피우고 있는지 참 알다가도 모를 일입니다.

술 마신다고 욕할 일이 아니라, 차라리 함께 술 한잔 걸쭉하게 들이켜고 나서 서로 아끼며 미워하지 않는 편이 더 낫겠다고 말한다면, 이 또한 욕 얻어먹을 일일까? 성 프란체스코라면 아마 그렇지 않을 겁니다. 모르긴 몰라도 "술 안 마시고 욕을 해대느니, 차라리 함께 마시고 서로 사랑하자꾸나"라고 말할 것만 같습니다.

두 사람의 광인

다윗의 양광
사울의 광기

'미치광이 세자'라고 불렸던 양녕대군은 이런 노래를 지어 부르고 다녔다고 합니다.

"술과 어리 내 사랑, 주야 장천 못 올 님, 어와 어리 내 사랑아."

어리는 당시 미색美色으로 이름났던 여인입니다. 양녕대군이 술과 여색에 얼마나 깊이 빠져 있었는지를 잘 나타내주는 일화입니다.

양녕대군이나 흥선대원군은 이렇게 미치광이 노릇을 하는 양광伴狂으로 당시의 험한 난세를 버텨냈습니다. 그들이 처했던 시대적 상황이 도무지 미쳐버릴 수밖에 없는 부조리로 가득 차 있었기에, 그토록 안타까운 양광의 몸짓으로 그 부조리를 피해간 것일 겝니다.

그때의 역사적 상황 속에서는 아마도 그들만이 유일하게 미치지 않은 사람들일지도 모르겠습니다. 부조리의 상황을 부조리로 여기지 못하는 사람이라면, 그 사람이야말로 정상적인 사람이 아닐 것이기 때문입니다. 그들의 양광 속에는 이런 시대적 고뇌와 인간적인 페이소스가 진득이 배어 있습니다.

구약성서는 두 사람의 대조되는 삶을 그려 보이고 있습니다. 하나는 사울왕의 핍박을 피해 적국으로 망명한 다윗이 그곳에서도 의혹과 불신을 받게 되자, 문에다 낙서를 하고 수염에 침을 흘리는 따위의 미친 짓을 흉내내서 위기를 모면한 사건입니다. 사무엘상 21:13 다윗의 양광이라고 할 수 있습니다.

다른 하나는 다윗을 시기하고 미워한 나머지 여러 번 악惡神에 사로잡혀 발작을 일으킨 사울왕의 광기입니다 사무엘상 16:14,23, 18:10, 19:9 그는 나중에 무당을 찾아가서 죽은 사무엘의 혼백을 불러내기까지 했습니다. 그리고는 사무엘의 환영으로부터 큰 질책을 듣게 되자 땅에 엎드러져 혼절하고 말았습니다. 사무엘상 28:4~20 완전히 미친 사람의 행동이 아닐 수 없습니다. 다윗의 양광이 부득이한 현실적 지혜였다면, 사울의 광기는 억제할 수 없이 타오르는 시기와 미움의 불길을 스스로 다스리지 못한 필연적 결과입니다.

다윗은 사울을 죽일 기회가 여러 번 있었지만 한번도 사울의 몸에 칼을 대지 않았습니다. 많은 사람들이 이것을 다윗의 금도襟度로, 혹은 '기름부음 받은 왕에 대한 외경'으로 여기고 있지만 사무엘상 23:6, 내 생각은 약간 다릅니다. 다윗이 사울을 해치지 않은 이유가 꼭 '기름부음'의 종교적 권위를 존중해서만은 아니라는 명백한 증거가 있습니다. 다윗은 이렇게 말합니다.

"야훼 하나님께서 친히 사울을 치시리니, 그가 혹 죽거나 혹 적군에게 망할 것이다." 사무엘상 26:9

다윗은 불의한 사울이 패망할 것을 간절히 바랐고 또 그것을 확신하고 있었음이 분명합니다. 그는 자신의 복수보다는 하나님의 심판이 더 공의롭고 철저하다는 것을 알고 있었기에, 굳이 자기 칼을 사울의 피로 물들이지 않았던 것입니다.

사울 역시 결국에는 다윗이 승리할 것을 뻔히 알고 있었지만 사무엘상 24:20, 26:25 그 썩어빠진 열등감과 시기심 때문에 종내는 자신의 인격과 삶마저도 썩게 만들고 말았습니다.

열등감은 새로운 추진력

어느 심리학자가 이렇게 지적했습니다.

"자존심은 우월감이나 열등감의 형태로 나타나지만, 우월감보다는 열등감의 폐해가 훨씬 크다. 우월감에서 남을 칼로 찌르는 사람은 없어도, 열등감을 자극 받으면 누구든지 칼을 뽑을 수 있기 때문이다."

히틀러의 광기가 그의 출생적 신체적 열등감에서 비롯되었다는 흥미로운 연구가 있는데, 만일 그것이 사실이라면 한 열등감의 노예 때문에 570만의 유대인이 덧없이 목숨을 잃어버린 셈입니다.

누구에게나 열등감을 느끼게 되는 상대방은 있게 마련입니다. 지식과 재능에서 나보다 앞선 사람은 얼마든지 있습니다. 그러나 성숙한 인격은 자기보다 앞선 사람을 시기와 분노의 눈길로 바라보지 않습니다. 오히려 그 열등감을 삶의 새로운 추진력으로 바꿀 줄 압니다. 언제나 겸손한 배움의 자세를 지님으로써, 시샘과 경쟁심으로 자신의 인격을 더럽히지 않고 너와 나의 인간관계를 당당하게 지켜가는 참된 지혜를 소유하고 있습니다.

이런 사람은 사실 상대방보다 더 앞서 있는 사람일 수 있겠습니다. 지식이나 재능은 상대방만 못하더라도, 인격과 품성은 오히려 더 탁월하다고 해야 하기 때문입니다.

남의 지식과 재능 앞에 열등감을 가질 필요가 없습니다. 지식이나 재능은 다른 누군가에 의해서 곧 추월당할 운명에 놓여 있는 덧없는 것들입니다. 인간에게 완전한 지식, 완전한 재능은 없습니다.

만유인력의 법칙을 발견한 아이작 뉴턴은 '거의 신의 지능에까지 도달한 사람'이라는 엄청난 영예를 누린 인물이지만, 그의 기계론적 물리학은 양자역학의 분야가 끝도 없이 발전해가고 있는 오늘날, 이론과 실제의 양면에서 여지없이 난도질을 당하는 처지에 놓이고 말았습니다. 이처럼 명이 짧은 지식 때문에 스스로 노력은 하지 않은 채 그저 남을 시기하고 미워하기만 한다면, 그것만큼 허망하고 불쌍한 일도 달리 없겠습니다.

양광은 간난艱難한 현실의 늪을 뚫고 가는 삶의 지혜일 수 있습니다. 흥선대원군은 양광 덕분에 험한 난세에서 모진 목숨을 부지할 수 있었고, 나중에는 왕권까지 거머쥐게 되었습니다. 쫓기고 도망다니는 처절한 역경 속에서 미친 사람의 흉내까지 내야 했던 다윗은 마침내 이스라엘의 왕이 되었습니다. 그러나 다윗에 대한 시샘과 열등감에 사슬 매여, 이성과 양심을 잃고 무당을 찾아다니며 죽은 자의 혼백 앞에까지 무릎 꿇어야 했던 사울은 결국 그 광기 탓에 왕위뿐만 아니라 자신과 아들의 목숨까지도 모두 잃고 말았습니다.

인격과 인간관계가 점점 더 누추해지고 각박해져가는 오늘의 세태 속에서 다윗과 사울, 이 두 광인狂人의 모습이 너무도 큰 대조로 클로즈업되어 옵니다.

어떤 이방인

**싸늘한 법치국가
따뜻한 복지국가**

"이제 감옥에 가면 사회에 다시 돌아올 수 있을지 모르겠네요. 어렸을 때 누군가 작은 관심과 사랑만 쏟아줬더라도 이 꼴은 되지 않았을 텐데."

스물두 살 때부터 시작된 절도행각이 무려 23회에 이르는 상습범행으로 이어지면서 꼬박 31년의 세월을 감옥에서 보내고 나온 나이 일흔다섯의 노인이, 정초에 또다시 소매치기를 하다가 스물네 번째로 감옥행을 하면서 독백처럼 웅얼거린 말입니다.

어려서 부모를 잃고 고모 밑에서 기를 펴지 못한 채 어렵사리 자란 소년은 중학교를 건성으로 마치자마자 고모 집을 뛰쳐나와 정처 없는 떠돌이 생활을 시작했다고 합니다. 고모도 나름대로는 애를 썼겠지만, 아무래도 제 자식만큼이야 했을까.

온 겨레가 환호작약하던 8·15 광복마저도 어린 고아에게는 그저 '

당신들만의 기쁨' 일 뿐이었습니다. 함께 중학교에 다니던 고종사촌과 친구들이 고등학생 교복을 입고 즐거워하던 날, 상급학교에 진학하지 못하고 홀로 남겨진 소년은 눈물을 삼키며 마지막 남은 혈육에 대한 신뢰를 끊어버렸습니다.

고모 집을 나온 열다섯 살 고아 소년은 이제 두 주먹을 쥐고 홀로 온 세상과 마주 서야 했습니다. 처참했던 6·25 전쟁의 비극도 소년을 더 이상 비참하게 만들지는 못했습니다. 소년은 이미 그보다 더 비참해질 수 없을 만큼 깊은 불행의 바다 한가운데를 표류하고 있었습니다.

20대 초반의 청년이 될 때까지 몇 안 되는 친구들의 신세를 지며 더부살이로 연명해오던 그는 친구의 자전거를 잠시 훔쳐 탔다가 친구의 신고로 경찰에 붙잡히게 되었는데, 그것이 수십 년 감옥생활의 시작이었습니다. 도둑질을 당한 친구의 분노가 더 컸을지 혹은 친구의 신고로 감옥에 가게 된 청년의 배신감이 더 컸을지는 헤아리기 쉽지 않지만, 어차피 멍들어버린 고아의 가슴은 이제 친구에 대한 신뢰마저 접을 수밖에 없었습니다.

혈육도 친구도 모두 떠나버린 텅 빈 자리에 들어선 것은 소매치기 선배(?)들이었습니다. 교도소 안에서 전과자들로부터 전수받은 소매치기 기술(?)은 청년의 평생을 이끈 유일한 삶의 방식이 되었습니다. 배운 기술이 신통치 않았는지, 소매치기를 할 때마다 번번이 붙잡히곤 해서 곧바로 다시 교도소로 되돌아오기는 했지만.

어느새 전과 3범의 관록이 붙은 30대의 청년은 어느 겨울 밤, 잠을 이루지 못한 채 뜬눈으로 하얗게 날을 샌 뒤, 마음을 모질게 다져먹고 펄펄 끓는 물 속에 제 손을 집어넣습니다. 상습절도범이 되어버린 자신에게 스스로 가하는 자책의 형벌이요, 다시는 남의 것에 손을 대지 않겠다는 처절한 각오의 결단이었습니다. 그는 스스로 거듭나고자 그렇게 애를 썼습니다.

그러나 온 몸을 던진 자책과 각오도 그의 삶을 바라는 만큼 바꿔주지는 못했습니다. 자책과 각오만으로는 단 한 끼니의 먹거리조차 만들 수 없었습니다. 배운 기술이라고는 소매치기 밖에 없는 청년의 앞에는 그저 황량한 사막처럼 거칠고 고단한 삶이 끝도 없이 펼쳐져 있을 뿐이었습니다. 막노동으로, 생선과 야채 행상으로 근근이 입에 풀칠을 해보았지만, 숙명처럼 단단히 달라붙은 가난은 세상에 홀로 던져진 그의 맨손으로는 어찌해볼 도리가 없는 한계상황이었습니다.

"딱 한번만."

심한 화상으로 지문마저 말끔히 지워져버린 우글쭈글한 손을 들어 그는 참으로 오랜만에 다시 남의 호주머니를 더듬고 말았습니다. 막노동보다는 수입이 좋았습니다. 운도 꽤 따랐는지 몇 번은 붙잡히지 않고 성공할 수 있었지만, 그의 손이 자꾸 바빠지는 만큼 그의 전과기록도 따라서 두터워져만 갔습니다. 그의 청장년기 50여 년은 그렇게 교도소 문턱을 넘나드는 매우 단조로운, 그러나 혼돈스럽기 그지없는 기나긴 절망의 터널이었습니다.

반세기에 걸쳐 이어진 혼돈의 길목에는 비록 얼어붙은 가슴일망정 그에게도 어느 여인을 향한 불같은 연정이 없었을 리 없고, 쥐뿔도 없는 형편이지만 그래도 무언가 괜찮은 일을 한번 해보려는 의욕도 끓어올랐을 법한데, 가진 것 없고 배운 것 없고 의지할 데 없는 혈혈단신 고아 출신에게는 괜찮은 일은커녕 평생토록 직장 한번 가져볼 기회도, 여자친구나 아내를 맞아볼 행운도 끝내 찾아오지 않았습니다.

국가경제가 급속도로 성장하고 정치의 민주화가 착착 진행되고 있었지만, 어느 것 하나 그의 삶에 빛이 되어주지는 못했습니다. 국민소득 1만불의 호황은 그에게 그림의 떡도 아니었고, 모두가 벌벌 떨던 IMF 사태조차도 그에게는 별다른 위험이 되지 못했습니다. 산업의 부흥도 경제의 위기도 그와는 아무 상관없는 먼 나라의 일들이었습니다. 그와 유일하게 끈끈한 관계를 맺어온 것은 이 나라의 '엄정한' 사법절차와 언제든 먹여주고 재워주는 교도소뿐이었습니다. 적어도 그에 관한 한, 대한민국은 싸늘한 법치국가일망정 따뜻한 복지국가는 정녕 아니었습니다. 그는 반세기 동안을 그렇게 철저히 소외된 이방인으로 이 문명사회의 한 구석에서 저 혼자 살고 있었습니다.

소매치기와 국회의원
일그러진 동행

새 천년을 맞는다고 온 세상이 법석이던 20세기의 마지막 날 1999년 12월 31일, 72세가 된 그는 희망찬 제야의 종소리를 들으려 운집한 군중 틈에서 남의 지갑을 노리다가 다시 수갑을 찼습니다. 노인은 싸늘한 유치장 바닥에 엉덩이를 묻고 21세기 뉴 밀레니엄의 새 아침을 맞았습니다. 범죄의 전력만 없었더라면 그리 고생하지 않아도 될 미수범에게 징역 3년 6개월의 중형이 떨어졌습니다. 숱한 전과를 감안하면, 딱히 무거운 형이랄 수도 없는 노릇이었습니다.

감형도 가석방도 없이 정확하게 3년 6개월을 다 채우고 출소한 전과 23범 노인은 고물수집으로 때늦은 새 삶을 시작해봅니다. 수십 년 동안 태워온 싸구려 담배도 끊었습니다. 구청에서 주는 생활보조금으로 여생을 조용히 지내리라 마음을 다잡고 또 다잡았습니다.

지구온난화가 진행된다고는 하지만 한겨울 1월의 추위는 갈 데도 잘 데도 없는 75세 노인에게는 견디기 어려운 고통이었습니다. 일평생 제 집 한번 가져본 적 없는 노인은 차라리 감옥이 그리워졌습니다. 따뜻하지는 않아도 바람을 막아주는 울타리와 낯설지 않은 감방동료 후배들의 체온으로 한겨울 나기는 훨씬 수월했습니다. 이즈음은 교도소 시설이 썩 좋아져서 예전처럼 겨울에 동상을 입는 일도 흔치 않습니다. 굳이 지켜내야 할 명예도 없고 서로 의지할 가족이나 친구도 없는 처지에, 성치 않은 늙은 몸으로 얼어붙은 땅에서 고물을 줍는 일도 더 이상 지속하기 힘들었습니다.

노인은 2004년 정초 대낮에 남보란 듯이 큰 길에서 소매치기를 하다가 소원대로 현장에서 붙잡혔습니다. 조사를 맡은 경찰관에게 노인이 던진 말은 단 한 마디였습니다.

"피곤해요. 빨리 교도소에 보내줘요."

노인의 기사가 보도되자마자, 철없는 나이에 멋모르고 잘못을 저지른 소년범이나 생전 처음 범법자가 된 초범들에게는 재범의 유혹에 빠지지 않도록 보호관찰제도라든가 사회봉사명령 같은 교화 프로그램을 적극 활용해야 한다는 전문가(?)들의 뻔한 지적이 일었지만, 이미 노인이 되어버린 전과자에게는 아무 소용없는 말들이었습니다. 나날이 향상되어가는 국가적 차원의 사회보장시스템이나 사회 각계의 봉사지원체계도 그의 곁에는 잠시도 머물지 않고 그냥 스쳐 지나갔을 뿐이었습니다.

교정 프로그램이나 기초생활보장제도 같은 시스템들이야 당연히 확대되고 발전시켜가야 할 사회안전망이지만, 노인에게 진정으로 절실했던 것은 그런 사회보장체제들이라기보다는 차라리 한 마디 따뜻한 위로와 격려의 말을 나눌 수 있는 인간관계였을지도 모르겠습니다.

평생 가정도 직장도, 친구도 이웃도 가져보지 못한 노인의 곁에는 신뢰를 나눌 인격이 아무도 없었습니다. 부모도 고모도, 친구도 학교 선생님도 그에게 아무런 신뢰를 주지 못했습니다. 물론 그 자신이 남에게 신뢰를 줄 수 없는 인격이 되어버린 탓이겠지만, 부모 없이 남의 처마 밑에서 더부살이로 자라난 고아에게 그런 신뢰의 인격이 형성되기를 요구하는 것조차 위선의 무정지책無情之責이 아닐는지. 그가 믿을 수 있는 것은 단 한 곳, 죄를 지어도 먹여주고 전과가 늘어나도 입혀주고 재워주는 교도소뿐이었습니다.

누군가 먼저 그에게 신뢰를 줄 수 있었더라면 하는 아쉬움이 길게 남습니다. 노인 자신의 말마따나, 어렸을 때 누군가 작은 관심과 사랑을 쏟아줬더라면 그의 일생은 전혀 달라졌을지도 모를 일입니다.

하기야 자기 손으로 저질러온 죄과의 업보일 터인즉 이제 와서 뻔뻔스럽게 누구를 향해 원망을 할 처지도 아니고 동정을 살 형편도 결코 못되겠지만, 연간 수십조 원의 예산을 집행하는 중앙정부와 번듯한 지방자치단체들이 있고 대형사찰과 으리으리한 교회들이 전국 방방곡곡에 빼곡하게 들어서 있는 이 땅에서 그 피폐한 몸뚱어리 하나, 신뢰를 나눌 인간관계를 평생토록 찾을 수 없었다는 것은 아아, 우리 모두에게 너무도 가혹한 일이 아닐 수 없습니다.

"너희가 밭에서 난 곡식을 거두어들일 때에는 밭 구석구석까지 다 거두어들이지 말고, 또 거두어들인 다음에는 떨어진 이삭을 줍지 말라. 그 이삭은 가난한 사람들과 나그네들이 줍게 남겨두어야 한다." 레위기 23:22

이러한 야훼 하나님의 간곡한 당부도 고아 출신의 전과 23범을 대하는 교회와 신자들에게는 아무 효력을 발휘하지 못한 것 같습니다.

75세 전과자의 혹독한 사연이 실린 신문기사 옆에 하필이면 "상습 도박 국회의원 체포"라는 제목의 뉴스 활자가 큰 글씨로 찍혀 있어, 그렇지 않아도 막막해진 내 눈망울을 더욱 아프게 찔러댔습니다.

늙고 불행한 이방인 하나가 '먹고살기 위한' 습벽 習癖 때문에 제 발로 다시 찾아가는 감옥으로의 쓸쓸한 길을, '놀고 즐기기 위한' 일탈 행위 때문에 이 사회의 중심엘리트인 선량 選良 한 사람이 억지로 동행하게 된 기막힌 우연은, 이 시대의 서글픈 아이러니가 아니면 부조리로 깊이 멍든 우리 사회의 일그러진 자화상임에 틀림없습니다.

진가의 혼인잔치

**죽을 이유가
살 이유로**

　　진씨陳氏 집안에 혼사가 있어 잔치를 벌이기 위해 가축 한 마리를 잡아야 했습니다.
　집주인 진씨가 살이 통통하게 찐 거위 한 마리를 잡으려고 하자, 거위란 놈이 볼멘소리로 항의했습니다.
　"매일 알을 낳아주는 나를 왜 잡으려 하십니까? 알을 못 낳는 수탉도 있는데."
　거위의 말에 일리가 있다고 생각한 주인은 수탉을 불러들였습니다. 그러나 수탉은 수탉대로 할 말이 있었습니다.
　"나는 아침마다 주인님을 깨워드리고, 암탉들이 알을 낳아 병아리가 태어나도록 만들어줍니다. 그렇지만 들에서 먹고 놀기만 하는 양은 주인님께 무엇을 해드립니까?"
　그러나 양의 자기변론은 더 영악했습니다.

"주인님이 추운 겨울철을 따뜻이 지낼 수 있는 것은 내 털 덕분입니다. 개는 대체 주인님께 무엇을 줍니까?"

양의 말을 전해들은 개는 불같이 화를 냈습니다.

"저런 나쁜 놈이 있나! 늑대가 저를 물어가지 못하게 내가 얼마나 알뜰히 지켜줬는데. 주인님, 말은 저보다 많이 먹으면서도 주인님께 별 도움이 되지 않습니다."

주인 앞에 불려온 말은 기막히다는 듯이 투덜댔습니다.

"주인님이 먼 나들이를 떠나실 때 누구를 타고 가십니까? 소를 타고 가십니까?"

그러나 소야말로 정말 할 말이 많았습니다.

"주인님의 밭을 가는 게 누굽니까? 아침마다 온 가족이 마시는 것은 제 젖이 아닙니까? 일도 안 하고 놀기만 하는 놈은 바로 돼지라구요."

소의 말에 무릎을 친 주인은 곧바로 돼지를 잡으려고 했지만, 돼지 역시 제 나름의 구명救命 수단을 가지고 있었습니다.

"밭을 갈기만 하면 뭘 합니까? 배설물로 밭을 걸우어 땅을 비옥하게 만드는 것은 내 몫이지요."

어느 가축도 잡을 수 없게 된 주인은 가축들을 몽땅 부른 뒤에 으름장을 놓았습니다.

"자진해서 나오는 놈이 없으면 너희 모두를 잡아버리겠다."

각기 저만 살아남으려고 꾀를 부리던 가축들은 모두가 죽을 지경이 되자 다급해진 나머지 전체회의를 열고 누가 희생제물이 될 것인지를 논의하기 시작했습니다.

수탉에게 핑계를 댔던 거위가 먼저 입을 열었습니다.

"새벽을 알리는 수탉이 죽어서는 안 되지요. 제가 죽겠습니다."

양에게 짐을 떠넘겼던 수탉은 "기껏 새벽에 울기나 하는 나보다야 따뜻한 털을 주는 양이 더 소중하지요." 개를 욕했던 양은 "개가 아니었으면 나는 벌써 늑대의 밥이 되었을 테지요." 개는 "주인님의 발인 말을 죽여서는 안 되지요." 말은 "일만 하고 젖까지 주는 소를 어떻게 죽게 하겠습니까?" 소는 "돼지의 먹성이야 타고난 것인데 그 때문에 죽게 할 수야." 돼지는 "밭을 걸우는 일은 저 말고도 할 수 있는 짐승이 많으니까."

조금 전까지 '죽을 이유'였던 것이 이젠 '살아야 할 이유'가 된 것입니다.

서로들 자기가 죽겠다고 나서는 모습을 지켜보던 주인은 감동한 나머지 "이렇게 착한 짐승들을 어떻게 죽인단 말인가" 하고 크게 탄식하면서 잔치를 포기하고 가축들을 모두 살려주었다고 합니다.

각자의 짐을 서로 떠넘기며 불화하는 것을 경계한 '진가陳家의 혼인잔치'라는 중국 우화입니다. 누구에게나 또 무슨 일에나 그 나름의 명분은 있는 법, 각자 자기의 논리만 관철하려 들면 모두가 파멸을 면치 못합니다. 공동체 구성원들이 서로 '네 탓'만 하고 '남의 탓'만 하면서 자기 책임을 회피하려고만 하면 공동체 자체의 존립이 위태로워집니다. 가장 먼저 '내 탓'의 깨달음이 필요한 이유입니다.

내 탓, 네 탓, 남의 탓
모두가 마음의 허상

"남의 눈 속에 있는 티를 빼라고 말하면서 네 눈 속에 들보가 있는 것은 왜 깨닫지 못하느냐? 위선자들아, 먼저 네 눈에서 들보를 빼내어

라. 그 다음에야 눈이 밝아져 남의 눈에서 티를 빼 줄 수 있을 것이다."
마태복음 7:1 ~ 5

'내 탓'을 모르는 채 오로지 '네 탓'과 '남의 탓'만 하는 사람들을 향한 예수님의 질타입니다.

"내 탓이요 내 탓이요 내 큰 탓이로소이다."Mea culpa, mea culpa, mea maxima culpa

중세 유일의 가치관으로 군림했던 가톨릭 교회가 십자군전쟁의 잔혹행위, 종교재판의 화형과 마녀사냥 따위의 무서운 죄과를 저지른 데 대한 참회의 뜻에서 유래했다는 이 고해송은 제 가슴을 세 번 치면서 암송하는 것인데, 입술의 고백이나 형식화된 몸짓으로만 끝나지 않는다면 이보다 더 큰 회개의 울림이 없겠습니다.

회개는 단순한 자백이 아닙니다. 과거의 잘못을 자복하며 용서를 구하는 것만이 회개가 아닙니다. 회개는 '돌이키다'라는 뜻의 히브리어 슈브와 헬라어 메타노이아를 번역한 말로, 과거의 잘못을 뉘우치고뉘우칠 悔 미래로 내딛는 삶의 발걸음을 새롭게 고치는고칠 改 현재의 결단 — 한 실존의 과거, 현재, 미래를 꿰뚫는 전 인격적인 방향전환 의 성찰 — 입니다.

회개의 일차적 의미는 '악에서 선으로 삶의 방향을 전환'하는 것이겠는데, 그렇게 전환된 선으로의 방향 속에 '네 탓' '남의 탓'이 있을 리 없습니다. 오직 '내 탓'만 있을 뿐입니다. 그러나 보다 심화된 회개의 의미는 '선악을 가르는 분별의 세계'를 넘어 '악인과 선인에게 햇빛과 비를 골고루 내리시는' 신적 사랑의 세계마태복음 5:45로 영혼의 방향을 전환하는 것입니다. 여기에는 내 탓도 네 탓도, 또 자기 탓도 남의 탓도 없습니다. 사랑과 관용의 오랜 기다림만이 충만할 뿐.

뜻은 좀 다르지만, '일체유아조'一切唯我造 나 '일체유심조'一切唯心造 라는 불가의 가르침 역시 "내 탓이건 네 탓이건 그 모두가 마음에서 만들어낸 허상에 불과하다"는 깨달음의 한 자락을 전해주고 있습니다.

'네 탓'과 '남의 탓'이 일상사처럼 되어버린 이즈음의 우리 사회 풍토에서는 꿈속에나 있을 법한 헛소리 같지만, 그럴수록 우선 '내 탓'의 고해송이 절실합니다.

중국 북제北齊의 학자였던 안지추顔之推는 후손들에게 일곱 권의 『안씨가훈이십조』顔氏家訓二十條를 남겼는데, 제2권인 풍조風操·모현慕賢 편에 "잘된 일은 남의 공으로 돌리고, 잘못된 일은 내 탓으로 돌리라"는 가르침이 있습니다. 지금부터 무려 1,500년 전의 교훈입니다.

그런데 '잘 된 일은 모두 내 공, 잘못된 일은 모두 남의 탓'이라는 것이 21세기를 사는 우리네의 풍조인 듯합니다. 진가의 혼인잔치 같은 '내 탓'의 고해송이 우리 사회 구석구석에 울려퍼지기를 기대해보는 것조차 헛꿈에 지나지 않는 것일까.

진가의 혼인잔치

종교는 우리가 현실적으로 바라는 것들을 초현실적이고 신비한 방법으로 달성해보려는 것이지만, 신앙은 우리가 마땅히 바라야 하는 것을 현실의 삶의 자리에서 종말론적으로 소망하는 것입니다. 종교에서는 내 욕구가 우선이고 신의 존재는 그 욕구를 이루어주는 도구로 전락합니다. 그러나 신앙에서는 신의 섭리가 우선이고 나의 현실은 그 섭리를 성취해내는 실천의 자리가 되어야 합니다. 기복과 영성이라는 종교와 신앙의 근본적 차이는 공허한 종교성의 범람이 신앙의 바른 자리를 거세게 몰아내고 있는 오늘 한국교계의 현실에서 반드시 짚고 넘어가지 않으면 안 될 매우 긴요하고 시급한 문제입니다.

6부

십자가의 무게

십자가의 무게는 자기를 부인하는 삶의 고통이며, 자기에게 주어진 십자가를 회피하지 않는 희생의 수고입니다. '눈앞에 보여주는' 십자가가 아니라 '몸으로 짊어지는' 십자가라면, 피와 땀과 눈물의 수고가 없어서는 안 될 일입니다.

틴토레토, 「골고다 언덕을 오름」, 1566~67년

십자가의 무게

비아 돌로로사
골고다의 길

영국 연극무대에서 30여 년을 한결같이 예수 그리스도의 역할만을 맡아온 배우가 있었습니다. 어느 날 미국에서 온 여행자 부부가 연극 연습장에 들어섰는데, 무대 위에 십자가가 놓여 있는 것을 본 부인은 갑자기 자기 남편이 십자가를 진 모습을 카메라에 담고 싶어했습니다.

남편은 아내의 소원을 들어주기 위해 무대 위로 올라가서 어깨에 십자가를 메려고 했지만, 그 십자가는 너무 무거워 들어올릴 수가 없었습니다. 모형으로 만든 소도구인 줄만 알았던 십자가는 무거운 통나무로 만든 진짜 나무 십자가였습니다. 십자가를 메기 위해 안간힘을 쓰던 남편은 결국 포기하고 나서, 곁에 있던 예수 역의 배우에게 물었습니다.

"이것은 연극일 뿐인데, 당신은 왜 이렇게 무거운 십자가를 사용합니까?"

예수 그리스도 역할을 맡은 배우는 진지한 표정으로 대답했습니다.

"내가 만일 십자가의 무게를 전혀 느끼지 않고 흉내만 낸다면, 나는 예수님의 역할을 제대로 할 수 없을 것입니다."

무거운 나무 십자가를 멘다고 해서 그것으로 십자가의 고통을 느낄 수 있는 것은 물론 아니겠지만, 이 연극배우는 십자가의 고통을 조금이라도 더 절실히 나타내기 위해서 보통 사람이 들기 어려운 무거운 통나무 십자가를 사용하고 있었던 것입니다.

연극배우의 고통스런 연기는 단순한 흉내만이 아니라 정말로 고통스러운 십자가의 무게 때문에 실감날 수 있었다는 이야기입니다. 연기를 하는 데에도 이만큼의 진지함이, 이런 정도의 땀과 수고가 필요합니다.

중죄인의 양팔과 발에 못을 박고 매달아 처형하는 십자가 책형磔刑은 로마시대에 처음 사용된 것이 아니라, 그 이전에 이집트 카르타고 앗시리아 페니키에 등 고대 동방에서부터 사용된 처형도구로 알려져 있습니다. 역사학의 아버지라 불리는 헤로도투스의 저서 『역사』에는 십자가형이 페르시아에서 최초로 시행된 처형방법이었다는 기록이 있는데, 아마도 고대 메소포타미아의 여러 민족들 사이에 주술적 상징물로 사용되던 십자가가 그것에 함축된 종교적 의미 때문에 자연스럽게 사형 틀로 이용되기 시작한 것이 아닌가 추측됩니다.

십자가는 흔히 라틴형인 +형으로 알려져 있지만 그 변형도 매우 다양합니다. 라틴형 십자가 가운데에 둥근 원이 있는 켈트 형, 가로 나무와 세로 나무의 길이가 같은 +자의 그리스 형crux amisa, 산스크리트어의 스와스티카swastica 또는 그리스어의 감마디온 Γ dion처럼 십자가의 끝이 갈고리 모양으로 구부러진 갈고리 형卍, 세로 나무가 가로 나무의 위로 올라가지 않은 T자의 타우 형crux comisa, 일명 성 안토니의 십자가 타우 십자가 위에 둥근 고리가 덧붙은 형태의 앵크 형, 성 안드레아의 십자가로 알려진 X자 형crux nacusata, 가로막대 하나를 더 걸친 이중형╪, 이중형에 한 개의 가로막대를 더 걸쳐서 로마 가톨릭의 교황을 상징했던 삼중형, 그리스 알파벳 키X와 로P를 합친 형태인 키로 형 등 십 여 가지의 형태가 있습니다. 그 중에 키로 형은 십자가 책형을 공식적으로 폐지한 콘스탄티누스 황제의 환상에서 유래한 것으로 알려져 이후 '그리스도의 상징'⚔ 으로 불려왔습니다.

로마시대의 대표적 사형방법인 화형 참수형 십자가형 중 가장 잔인한 형벌로 알려진 십자가형은 채찍으로 사형수를 때리는 것으로부터 시작됩니다. 피를 많이 흘려서 빨리 죽도록 하기 위한 것인데, 이때 사용하는 채찍은 동물의 뼈나 유리로 만들어졌기 때문에 맞으면 살덩이가 쭉쭉 찢겨나간다고 합니다. 죽음의 고통을 단축시켜주기 위해서 더 많이 채찍질을 하는 '역설적 자비(?)'인 셈입니다.

채찍질을 한 뒤에는 처형수의 목과 양팔에 나무 십자가를 묶어서 형장에까지 스스로 메고 가도록 함으로써 공개처형의 전시효과를 노렸습니다. 그 십자가의 무게는 가로나무patibulum와 세로나무stipes가 각각 40킬로그램으로 전체 중량이 80킬로그램쯤 되었다고 합니다. 예수님은 이 무거운 십자가를 지고 비아 돌로로사Via Dolorosa라는 이름의 '슬픈 길'을 따라 골고다 언덕으로 올라갔을 것입니다. 마태복음 27:31~32

십자가에 매달린 처형수는 점점 몸이 처지면서 체중에 의해 못 박힌 부위의 살이 찢어지고 호흡곤란과 질식현상의 고통으로 전신이 경련을 일으키며, 혈액의 손실로 갈증이 심해지고 고열에 시달리다가 혼수상태에 빠져 짧게는 몇 시간, 길게는 며칠 후에 사망하게 됩니다.

사형수가 동정을 받을 만한 사정이 있는 경우에는 경골을 부러뜨리거나 요한복음 19:32 옆구리를 창으로 찔러 요한복음 19:34 고통의 시간을 짧게 해주기도 하지만, 그 고통이 인내의 한계를 넘는 것임은 두말할 필요도 없습니다.

영화 「스파르타쿠스」에서 배우 커크 더글러스가 십자가에 달려 죽어가는 모습을 연기했는데, 주인공의 강인한 의지력을 나타내기 위해서인지는 몰라도, 로마의 철학자 키케로가 "눈과 귀와 생각마저도 말살시키는 가장 잔혹한 형벌"이라고 저주했던 십자가형의 고통이 관객에게 절실히 와닿지는 못했던 것 같습니다.

이 고통스러운 십자가를 메고 비아 돌로로사의 길을 걷노라고 고백하는 사람들이 정작 십자가의 무게를 전혀 느끼지 못하고 있는 듯한 오늘날 신앙계의 모습은 안타깝기보다는 참으로 기이하다는 생각이 들 정도입니다.

십자가의 무게를 느끼고 있는가

우리나라 신자들은 '예배드리는' 것을 '예배본다'고 말합니다. 이것처럼 딱 들어맞는 말도 없다는 느낌입니다. 많은 신자들이 예배를 '드리지' 않고 다만 '보고' 있을 뿐입니다. 예배를 드리는 사람은 따로 있고, 신도들은 마치 관중인 양 그것을 바라보고만 있다는 느낌이 비단 나 혼자만의 것은 아니리라 생각합니다. 교회당 정면에 걸린 십자가가 '신앙의 무게'로 다가오기는커녕 80킬로그램짜리 나무의 무게만큼도 느껴지지 못한 채, 단지 '종교적 장식물' 처럼 치장되고 있는 것과 다르지 않습니다.

십자가의 무게를 느끼지 못하는 '관중' 앞에서 드리는 예배가 진정한 예배일 수 없겠습니다. 관중 앞에는 다만 '연기'만이 있을 뿐입니다. 그런 예배를 진행하는 이들이 십자가의 무게를 제대로 짊어지고 있다고 말하기가 매우 어렵습니다.

예배를 '보는' 관객들과 예배를 '보여주는' 연기자들은 있을지언정, 십자가를 진 삶의 무게 아래 '함께 예배를 드리는' 사람들은 그리 많지 않습니다. 80킬로그램의 나무 십자가를 메기 위해서 온 힘을 다해 땀을 흘리는 저 연극배우만도 못한 마음가짐이 아닌가!

"누구든지 나를 따라오려거든, 자기를 부인하고 자기 십자가를 지고 나를 따르라." 마가복음 8:34

예수님의 이 말씀은 제자들뿐 아니라 무리들 모두에게 하신 말씀입니다. 예배를 진행하는 이들에게만이 아니라 예배에 참여하는 사람들 모두에게, 곧 성직자와 평신도 모두에게 내놓으신 요구입니다.

이 말씀을 나는 '예배를 진행하는 성직자와 예배에 참여한 평신도들 중 어느 한 쪽이라도 십자가의 무게를 제대로 깨닫고 있지 않으면 참예배가 될 수 없다. 십자가의 무게를 어깨에 짊어지지 않는 삶은 참신앙의 삶이 될 수 없다'는 뜻으로 새기고자 합니다.

십자가의 무게는 자기를 부인하는 삶의 고통이며, 자기에게 주어진 십자가를 회피하지 않는 희생의 수고입니다. '눈앞에 보여주는' 십자가가 아니라 '몸으로 짊어지는' 십자가라면, 피와 땀과 눈물의 수고가 없어서는 안 될 일입니다. 시각으로 감지되는 십자가가 아니라 삶의 중력으로 온 몸을 눌러오는 십자가라면, 인기와 명예와 안일과 탐욕이 비집고 들어올 틈은 조금치도 없습니다.

2천 년 전 골고다 언덕 위에 여섯 시간 가량 서 있었던 처형대가 아니라 오늘 신앙인들의 삶의 자리 한가운데에 서 있는 십자가라면, 재정의 비리니 목회의 세습이니 윤리의 타락이니 또는 무슨 추문이니 스캔들이니 하는 따위의 허튼 짓거리들이 들어앉을 자리는 분명코 없어야만 합니다.

> 거기 너 있었는가, 그때에
> 주가 그 십자가에 달릴 때
> 오오, 때때로 그 일로 나는 떨려, 떨려
> 거기 너 있었는가, 그때에

찬송가 136장의 가사입니다.

그리스도의 십자가 곁에 두렵고 떨리는 삶으로 서 있는 사람이라면, 거짓과 핑계의 말을 알 턱이 없고 향락의 부끄러운 자리를 흘낏거릴 눈길이 있을 리 없습니다. 속임수와 거짓말과 변명의 입술로 십자가에 입을 맞추려 하는 자는, 그가 누구이든 다만 가룟 유다의 후예일 따름입니다. 마가복음 14:44~45

베드로는 로마에서 십자가에 거꾸로 달려 죽었다고 합니다. 피가 온통 머리 쪽으로 쏠려 뇌혈관이 툭툭 터지는 극도의 고통 속에 죽어갔다는 전설입니다. 사도 안드레가 그리스의 바트라에서 매달렸다는 X자형 십자가는 머리를 고정시킬 곳이 없기 때문에 목과 어깨에 상상할 수 없는 긴장의 고통이 내리꽂힌다고 합니다. 이것이 십자가를 지고 그리스도를 따랐던 사도들의 삶이요 죽음이었습니다.

월드컵 경기에 출전한 선수들의 훈련과정을 보고 있노라면, 인간의 한계를 시험하는 듯한 지독한 고통이라는 생각이 듭니다. 그래서 '지옥훈련'이라는 말이 생겨났을 것입니다. 전후반 경기 90분 간의 영광을 위해서도 지옥 같은 고통을 감내해야 합니다. 하물며 한평생의 의미가 담긴 십자가의 노정路程일까?

피와 땀과 눈물을 쏟지 않는 장식용 십자가는 서로가 속고 속이는 허망한 종교적 유희일 뿐, 인격과 삶의 신앙은 아닙니다.

십자가의 무게를 지니지 못한 신앙이라면, 볼테르가 내뱉은 조롱처럼 "성직자는 배우, 신도들은 관객이 되어 서로가 속고 속이는 인류 최대의 희극이요 생애 최고의 거짓말"에 지나지 않을 것입니다.

저 연극배우의 고백은 이제 신앙인들 자신의 고백이 되어야 합니다.

"만일 내가 십자가의 무게를 느끼지 못한다면, 나는 신앙인의 역할을 제대로 해낼 수 없을 것입니다."

지금 당장 꽃이 아니어도

**바울, 진실 앞에
작은 사람**

밀레의 명화 「만종」을 경건하고도 신비스런 아우라로 감싸고 있는 것은 중앙에 큼직하게 그려진 기도하는 부부의 모습이 아니고, 어스름한 뒷배경에 희미하게 윤곽만 드러낸 성당의 작은 십자탑입니다.

만약 그 십자탑이 그림 전면에 크고 뚜렷하게 그려졌더라면, 만종은 삼류 종교화로 밖에는 취급되지 않았을 것입니다. 희미하고 작은 십자가 하나가 세계적인 명화를 만들어낸 셈입니다.

전대미문의 장사 삼손은 작은 당나귀 턱뼈 하나만 달랑 손에 들고 천여 명의 블레셋 군대를 짓이긴 괴력의 소유자였지만, 엉뚱하게도 가녀린 여인 들릴라 한 사람에게 걸려 넘어졌습니다. 사사기 15:15, 16:13

온 이스라엘 장병들을 벌벌 떨게 만든 거한 골리앗은 소년 다윗의 자그만 물맷돌 한 방에 그만 목이 달아나고 말았습니다. 사무엘상 17:23~51 다윗에게는 완전무장한 골리앗의 거대한 몸집이야말로 두렵기는커녕, 더할 수 없이 좋은 표적이었습니다. 표적은 클수록 맞추기 쉬운 법이니까.

사도의 대명사 격인 사도 바울은 정작 사도의 자격에 논란이 많았던 인물입니다. 사도는 원래 예수님을 스승으로 모시고 함께 동고동락했던 제자들입니다.

스승을 배신한 가룟 유다의 후임자를 선출할 때도 사도들은 그 자격을 "예수께서 우리 가운데 계실 때에 항상 우리와 함께 다니던 사람"으로 한정했습니다. 사도행전 1:21, 22 '예수와의 직접적 사제관계'가 사도의 자격요건이었던 셈인데, 바울은 예수님의 제자가 아니었음은 물론 생전의 예수를 만난 적조차 없었던 듯합니다.

게다가 바울은 초대교회 최초의 순교자 스데반의 처형을 주도한 그리스도교 탄압의 앞잡이였습니다. 사도행전 7:58 그런 경력을 가진 바울이 사도가 된다는 것은 꿈도 꾸지 못할 일이었습니다.

세인의 평판이란 예나 지금이나 부박하기가 매한가지인가 봅니다. 영혼의 진실을 보지 못하는 유대인들은 바울의 사도직에 깊은 의혹의 눈총을 보냈고, 그들을 상대로 바울은 힘겨운 변명을 거듭해야 했습니다.

"내가 사도가 아니란 말이냐. 내가 비록 보잘것없는 사람이지만, 저 위대하다는 사도들보다 조금도 부족한 것이 없다." 고린도후서 9:1, 12:11

바울은 수박 겉핥기식의 허망한 세평에 흔들림 없이 늘 자신의 사도직에 충실했습니다.

바울은 헬라식 이름이고 본래의 유대식 이름은 사울입니다. 사울은 랍반큰 스승 가말리엘 1세 문하의 바리새파 율법학도 사도행전 22:3였습니다. 대 랍비 힐렐의 손자로서 산헤드린 공의회의 정회원이자 헤롯왕의 종교자문관이었던 가말리엘의 제자라면, 당시의 유대사회에서는 출세를 보장받은 것이나 다름없었습니다. 누가 보더라도 사울은 예수와는 정반대편의 인물이었습니다.

그 청년이 회심하여 크리스천이 된 뒤에 '필요한 사람'이라는 뜻을 가진 유대식의 본이름 사울을 버리고 '작은 사람'이라는 뜻의 헬라 이름 바울을 쓰기 시작합니다. 헬라어를 사용하는 이방인들의 사도가 되기 위해서 취한 조치였겠지만, '유대인들에게 필요한 인물'이 아니라 '진실 앞에서 작은 사람'이 되겠다는 의지의 표현으로 볼 수도 있겠습니다. 위대한 사도 바울은 스스로를 그렇게 작은 사람으로 여겼습니다.

"내가 죄인 중에 괴수다." 디모데전서 1:15

알찬 열매를 맺을 수 있다면

왕의 행차를 방불케 해서 유대의 권력자들과 종교지도자들을 바짝 긴장시켰던 예수의 예루살렘 입성 마태복음 21:15 은 멋지고 늠름한 백마가 아니라 작은 나귀새끼 한 마리가 이끌었습니다. 마가복음 11:7~10 예수님은 늘 제자들에게 지극히 작은 사람 하나에게 베푸는 사랑이 무엇보다 큰 사랑임을 가르쳤습니다. 마태복음 25:45

"너희 가운데 가장 작은 사람이 큰 사람이다." 누가복음 9:48

아름다운 꽃들은 한 시절 화려한 영예를 누리며 뭇사람에게 듬뿍 사랑을 받다 스러져가지만, 어두운 땅 속 깊숙이 틀어박힌 뿌리는 영예도 사랑도 모르는 채 그저 쉬지 않고 생명의 젖을 빨아올릴 따름입니다. 뿌리의 최종목표는 꽃의 향기나 아름다움이 아니라 풍성한 열매와 그 속의 씨알들, 곧 생명이기 때문입니다.

'필요한 사람 사울'이 꽃의 화려함을 지향했던 인물이라면 '작은 사람 바울'은 뿌리의 생명을 지향하는 인격입니다.

명화 「만종」의 십자탑이 뒷배경에 작고 희미하게 그려졌다 해서 서글퍼할 까닭이 없고, 삼손이 거머쥔 작은 당나귀 턱뼈 하나, 소년 다윗의 손에 들린 물맷돌 하나가 천여 명의 군사나 거인 골리앗의 완전무장을 부러워할 이유가 없습니다.

> 기쁨이라는 것은 언제나 잠시뿐, 돌아서고 나면
> 험난한 구비가 다시 펼쳐져 있는 이 인생의 길.
>
> 삶이 막막함으로 다가와 주체할 수 없이 울적할 때
> 세상의 중심에서 밀려나 구석에 서 있는 것 같은 느낌이 들 때
> 자신의 존재가 한낱 가랑잎처럼 힘없이 팔랑거릴 때
>
> 그러나 그런 때일수록 나는 더욱 소망한다.
> 그것들이 내 삶의 거름이 되어
> 화사한 꽃밭을 일구어낼 수 있기를.
>
> 나중에 알찬 열매만 맺을 수 있다면
> 지금 당장 꽃이 아니라고 슬퍼할 이유가 없지 않은가.
> **이정하 「험난함이 내 삶의 거름이 되어」**

나중에 알찬 열매를 맺을 수만 있다면, 지금 당장 꽃이 아니라고 슬퍼할 이유가 없지 않은가. 시인의 초탈한 듯한 호소가 마치 어떤 계시처럼 상념의 끝자락을 훌쩍 스치고 지나갑니다.

꽃처럼 겉으로 화려하게 드러나지 않는다 해도 땅 속 깊은 곳에서 열매와 씨알의 생명을 튼실하게 품고 있는 뿌리라면 슬퍼할 아무 이유가 없지 않은가. 지금 당장 꽃이 아니어도.

크리스천, 군사인가 용병인가

군인은 애국투사
용병은 전투기술자

알렉산더 대왕은 기원전 4세기에 그리스에서 페르샤, 인도에 이르는 광활한 지역에 대제국을 건설한 불세출의 영웅입니다. 그는 수많은 원정遠征을 통해서 그리스문화와 오리엔트문화를 접목시킨 헬레니즘의 토양을 창출해냈습니다.

알렉산더 대왕이 이처럼 당시의 세계를 지배할 수 있었던 것은 그의 원대한 야망과 풍부한 지략, 그리고 마케도니아의 강력한 군사력에 힘입은 것이었지만, 그에 못지않게 알렉산더의 성공을 보장해준 것이 또 하나 있었습니다. 바로 용병傭兵들입니다.

용병은 국가의 상비군이 아니라 일정한 보수를 받고 '남의 전투'를 대신 해주는 떠돌이 전사들입니다. 소속감과 충성심이 부족한 단점은 있으나 전투기술 면에서는 정규군보다 뛰어난 경우가 많았습니다. 용병제도는 고대 그리스 말기의 도시국가polis에서 처음 시작되었다고 하는데, 알렉산더는 이 용병들을 적극 활용하여 여러 전투에서 큰 승리를 거두곤 했습니다.

용병제도는 로마제국 말기의 게르만 용병, 중세 말기 유럽 신흥도시의 용병 등을 거쳐 발전을 거듭했고, 더욱이 30년전쟁1618~48을 거치면서부터는 서유럽의 대다수 국가들이 정규군대를 아예 용병으로 편성하기에까지 이르렀습니다.

그 뒤 프랑스혁명을 계기로 징병제도가 실시되면서 대부분 자취를 감추었지만, 프랑스의 외인부대는 제2차 세계대전 전후까지도 명성을 크게 떨쳤고, 특히 프랑스혁명 당시 루이 16세를 헌신적으로 경호했던 스위스의 용병들은 계약조건을 성실하게 지킨다는 평판 때문에 많은 군주국가들이 그들을 궁전 수비에 고용해왔습니다. 지금도 바티칸 교황청의 위문衛門 앞에서 멋진 복장으로 위병衛兵 근무를 서는 스위스 용병들을 만날 수 있습니다.

용병은 급료나 전과戰果 등의 이해관계에 따라 언제든지 고용주를 배신하고 적군 편으로 넘어갈 수 있다는 점 때문에 신뢰성이 매우 박약하지만, 알렉산더 대왕은 이처럼 신뢰하기 어려운 용병들을 탁월한 리더십과 풍부한 재력을 바탕으로 능숙하게 활용했습니다.

그러나 대왕이 죽고 제국이 마케도니아 시리아 이집트로 삼분되자, 용병들도 어제까지 동료였던 서로를 향해 무참히 칼질을 해대면서 각자 유리한 새 계약조건을 따라 뿔뿔이 흩어졌습니다. 이것이 용병의 본질이요 군인과 근본적으로 다른 점입니다.

군인은 전투력이나 전쟁기술만으로는 그 자질을 검증할 수 없습니다. 무엇보다도 국가에 대한 충성이 최우선적 고려사항입니다. 물론 전투력이 없고서야 군인이 될 수도 없는 노릇이지만 '충성심'이라는 인격적 자질이 '전투기술'이라는 기능적 재주보다 앞서지 않으면 안 되는 법입니다. 적이 아무리 많은 보수를 준다 해도 나라를 배신할 수 없는 것이 군인입니다. 용병이 '전투기술자'라면 군인은 '애국투사'입니다. 용병이 돈에 목숨을 걸 때 군인은 나라를 위해 목숨을 바칩니다.

계급장에 별을 아무리 많이 붙인 장군이라도 돈에 눈이 멀어 아군의 정보를 적국에 흘린다면 그는 이미 군인이 아니라 반역자요 적국의 용병에 불과합니다. 아니, 용병은 스스로 용병임을 떳떳이 밝히지만 반역자는 자신의 실체를 감추고 있다는 점에서 용병보다도 훨씬 못된 인간이라고 해야겠습니다.

졸지 않는 하나님
편히 쉬는 안식년

사도 바울은 신앙인을 가리켜 '그리스도를 위한 군사'라고 말합니다. 빌립보서 2:25 크리스천은 신앙을 위해 목숨을 버리는 사람이지 신앙의 이름으로 무슨 대가나 보수를 바라는 용병이 아니라는 뜻입니다. 헌금을 바치고 기도로 졸라대서 하나님의 손 안에 있는 복이나 나꿔채려는 자가 신앙인이 아닙니다. 신앙인은 '그리스도의 용병'이 아니라 '그리스도의 군사'이어야 하기 때문입니다.

그래서 바울 자신은 선교사역의 대가로 보수를 바라거나 값없이 대접받는 일을 극히 꺼려했고, 스스로의 손으로 노동을 하며 밤낮 수고를 할망정 신도들에게 누를 끼치지 않으려고 무진 애를 썼습니다. 데살로니가후서 3:8,9 그는 교인들의 도움을 '차라리 굶어 죽을지언정' 받지 않았습니다. 고린도전서 9:13~18

받을 권리가 없어서가 아닙니다. 용병이 아니었기 때문이었을 겝니다. 그리스도의 군사로서 믿음과 삶의 모범을 세워야 했기 때문이었을 것입니다. 삶의 모범이 없는 선교사역은 울리는 꽹과리 고린도전서 13:1 처럼 허망하고 거짓된 것임을 그는 너무도 잘 알고 있었습니다.

본회퍼는 "예수가 우리를 부르는 것은 '와서 복받으라' 는 것이 아니라 '와서 죽으라' 는 것이다"라고 믿었습니다. 그 믿음 때문에 그는 39세의 나이에 나치의 감옥에서 죽어갔습니다. 본회퍼는 예수의 용병이 아니라 예수의 군사였습니다.

군인은 나라와 상관의 명령을 혼신의 힘을 다해 수행해야 합니다. 제대로 된 군인이라면 "이렇게 해달라, 저렇게 해달라"거나 또는 "쉽게 해달라, 편하게 해달라"하며 졸라대고 있을 겨를이 없습니다. 그것은 탐욕스런 용병들이나 하는 수작입니다.

하나님은 모든 일을 마친 후에야 안식하시는 분입니다. 창세기 2:3 그때까지는 졸지도 주무시지도 않습니다. 시편 121:3,4 바울 또한 한시도 쉬지 않고 고린도전서 9:6 오직 앞에 있는 푯대만을 향해 줄기차게 달려갔습니다. 빌립보서 3:13,14 하나님은 졸지도 쉬지도 않으신다고 가르치면서 자신은 무슨 학위니 무슨 장長이니 하는 치장물들을 주렁주렁 매달고, 배부른 안식년을 즐기는가 하면, 아들 딸을 교인들의 헌금으로 외국유학까지 보내는 오늘의 어떤 종교인들과는 달라도 얼마나 다른 모습인지…….

진정한 군인은 명령일하命令一下에 목숨을 버릴 각오로 늘 자기를 비우고 있어야 합니다. 용병의 계급이 올라가는 것은 단지 보수가 올라가는 것을 뜻하지만, 군인이 승진하는 것은 나라에 대한 충성의 책임이 더 무거워진다는 것을 의미합니다.

하나님의 뜻에 순종하기보다 하나님께 내 소원 내 간구를 졸라대기에 바쁜 오늘의 신자들은 과연 그리스도의 군사인지 아니면 그리스도의 용병들인지, 스스로 궁금해야만 합니다.

신앙의 연륜이 깊다거나 교회의 직분이 남보다 중하다는 것은 그에 따른 대우가 더 좋다는 뜻이 아닙니다. 대접받고 섬김 받는 일을 즐기라는 뜻도 아닙니다. 거꾸로 '삶의 수고'와 '섬김의 책임'이 더 무겁다는 뜻입니다. 돈을 받고 남의 싸움을 대신 싸워주는 용병이 아니라, 스스로의 영적 분투에 전력투구하는 참된 군사로서 신앙의 공동체 앞에 삶의 모범이 되어야 한다는 뜻임이 분명합니다. 그런데 오늘 이 땅의 교회와 신자들은 과연 그렇게 살아가고 있는가? 누구보다도, 나 자신은?

크리스천, 군사인가 용병인가

동행, 제자됨의 조건

예수와 동행한
제자 맛디아

예수님이 십자가에 못 박힌 후 열한 명의 남은 제자들이 맨 처음 한 일은 가룟 유다의 자살로 공백이 된 사도의 자리를 메우는 일이었습니다. 예수의 제자 열두 명의 숫자는 매우 중요한 의미를 지니고 있습니다. 열두 제자는 이스라엘의 12지파를 나타내는 것으로서, 이것은 이스라엘의 온전한 회복을 상징하는 것으로 이해되고 있습니다.

이스라엘 12지파는 아브라함의 손자인 야곱의 열두 아들을 각기 그 조상으로 하는데, 예수님 당시 이스라엘 땅에 남아 있던 백성들은 그 대부분이 야곱의 넷째 아들인 유다의 후손들이었습니다. 다른 지파들은 바벨론 포로시기와 마카비 전쟁시대를 거치면서 점점 지리멸렬해지거나 이민족에게 동화되어버리고, 그 중 유다지파만이 이스라엘의 혈통을 비교적 순수하게 보존해오고 있었습니다.

이것은 이미 오래 전부터 예정되어 있었던 일인 듯합니다. 임종을 앞둔 야곱이 열두 아들에게 유언을 하면서 유독 유다를 향해서는 "네 형제들이 너를 찬송할 것이고, 통치의 지휘봉이 유다를 떠나지 않을 것"이라고 축복한 예언이 창세기 49장에 기록되어 있습니다. 오늘날 이스라엘의 주류를 형성하는 사람들이 유다의 후손들입니다. 이스라엘 사람들을 가리켜 보통 유대인이라고 부르는 이유입니다.

열한 명의 남은 제자들이 가룟 유다의 빈자리를 보충하려고 했던 때는 오순절 성령강림 직전이었는데, 이때는 방언이나 신유 같은 기적들, 또는 수천 명이 한꺼번에 회심하는 성공적인 선교 등을 바로 눈앞에 둔 시점이었습니다. 따라서 가룟 유다를 대신하여 스승 예수의 제자로 선임될 만한 사람이라면, 응당 이와 같은 성령의 은사가 충만하여 손쉽게 기적을 시행하거나 놀랄 만한 선교적 성공을 거둘 수 있는 능력을 갖춘 인물이어야 함은 자명합니다. 영적 체험, 신비한 능력, 선교의 업적, 이런 것들은 오늘날에도 목회자나 선교사들에게 필수적인 것처럼 여겨지는 조건들입니다.

열한 명의 제자들은 그러나 뜻밖에도 신비한 능력이나 영적 체험 같은 것을 조건으로 걸지 않았습니다. 그와는 전혀 다른 조건을 내세웠습니다. 그들은 새로운 동지의 자격요건을 다만 '주 예수께서 우리와 함께 지내시는 동안에 늘 우리와 함께 다닌 사람'으로 정했습니다. 사도행전 1:21, 22 능력이 아니라 동행同行이었던 것입니다.

실제로 그 조건에 합당하다 해서 뽑힌 맛디아라는 사람은 그 이전에는 물론이고 그 후에도 별다른 신비한 기적이나 체험, 선교의 능력 같은 멋진 장면을 보여준 일이 없습니다. 그는 오로지 예수님과 동행했던 것뿐이었습니다. 기적이나 체험이나 선교의 능력으로 말하자면, 맛디아보다는 아무래도 빌립이나 스데반이 제 격이 아니었을까?

능력인가
동행인가

동행은 무엇을 의미하는가? 동고동락하면서 삶의 모든 자리를 함께하는 것입니다. 열한 명의 제자들은 이것이 예수님의 제자가 되기 위한 참조건이요 가장 우선적인 조건이라고 생각했던 모양입니다.

그들의 생각이 옳다면, 예수님이 요구하는 것은 무슨 능력이나 성공적인 사업이 아니겠습니다. 예수님은 일과 봉사에 여념이 없는 마르다보다, 서로 마주 앉아 함께 진리를 탐구하는 마리아를 더 칭찬했습니다.누가복음 10:38~42 섬김과 대접을 바란 것이 아니라 진리의 길에 동행하는 인격을 찾고 있었다고 해서 큰 잘못이 없겠습니다.

신앙인을 가리켜 흔히 예수의 신부新婦라고들 말합니다.요한계시록 21:9 신부의 자리는 일하는 곳, 노동의 현장이 아닙니다. 신부는 신랑과 함께 '살아가는 자리'에 있습니다. 신부는 신랑을 사랑하며 그와 함께 '모든 삶의 자리를 같이해야' 합니다. 그것이 동행입니다.

예수의 신부라면, 물론 신랑인 예수를 위해서 무슨 일이든지 할 수 있어야겠지만, 그보다 먼저 예수와 동행하는 사람, 예수님의 말씀을 모든 삶의 자리에서 실천하고 순종하는 사람이어야 합니다. 예배하고 찬송을 부르는 일은 그 다음입니다. 헌금을 바치고 기도를 하는 일은 그 다음다음입니다. 신랑 앞에 매일 아침 엎드려 절이나 하고 신랑에게 무엇인가를 해달라고 매일 졸라대기만 하는 신부라면, 그 신부는 제대로 된 신부가 아닙니다. 그러나 오늘의 크리스천들이야말로 바로 그런 신부들이 아닌가?

매일 아침 신랑에게 절은 안 해도 되지만, 신랑의 속 깊은 아픔을 이해 못해서는 안 됩니다. 아내가 어찌 남편에게 요구가 없으랴마는, 전체적으로는 요구보다 베풂이 더 앞서야 하는 법입니다. 절 한번 할 때마다 청구서를 하나씩 꺼내놓는 신부라면, 그처럼 무서운 신부도 없을 것입니다. 같이 살자는 것인지, 곁에서 계산이나 해달라는 것인지, 도통 알 수가 없습니다. 물론 신부만 신랑에게 베풀어야 한다는 뜻은 아닙니다. 바이스 버사 vice versa, 신랑도 신부에게 마찬가지여야 할 터.

예수님과 동행한다고 하는 것은 그가 걸어간 십자가의 길을 따른다는 뜻임이 분명합니다. 십자가 그 고난의 길을 외면하고 단지 종교적인 일이나 사업을 크게 벌이는 것이 예수님의 제자가 되는 길은 아닙니다. 신부에게 일을 시켜 부려먹으려고 결혼을 한 것이 아닌 이상, 신랑이 신부에게 가장 우선적으로 바라는 것은 무슨 일이나 작업이 아닙니다. 신랑이 바라는 것은 서로 사랑하며 인생의 노정을 동행하는 인격체입니다. 그 노정 속에 일도 있고 요구도 생겨나는 것일 뿐입니다. 일을 못하는 신부도 문제지만, 일은 잘하는데 신랑을 사랑하지도 않고 신랑과 동행하지도 않는 신부라면 더 큰 문제가 아니겠는가?

능력 있는 종, 유능한 일꾼, 성공적인 목회자, 그러나 그리스도의 고난의 길에는 동행하지 않는 사람. 이런 사람들은 종교적 사업가는 될지언정 그리스도의 신부나 제자는 아닙니다.

맛디아는 능력이 아니라 오직 동행의 조건으로 예수님의 제자로 인정되었습니다. 오늘의 신자들은, 아니 그 수많은 목회자들은 과연 무슨 조건으로 예수님의 제자가 되었노라고 말할 수 있을 것인가? 능력인가 동행인가, 예배인가 삶인가, 일인가 인격인가? 여기에 신자의 참 제자됨을 가늠하는 가장 우선적인 표지 標識가 있지 않을까?

아, 마더 테레사

**무신론의 세계
하나님의 사역**

새해가 되거나 새봄이 되면, 사람들은 너무 많은 것을 소원하고 결심하는 버릇이 있습니다. 너무 많이 계획하고, 너무 많이 결심합니다. 정초마다 술이나 담배를 끊는 사람, 새해가 될 때마다 다이어트를 결심하는 여성들이 우리 주변에 많습니다. 그러다가 시간이 지나면서 언제 그런 결심을 했던가 싶을 정도로 흐지부지되곤 하는 모습을 흔히 봅니다.

나라나 사회도 마찬가지입니다. 장밋빛 환상의 청사진들이 정초마다 국민의 가슴을 들뜨게 하지만, 세밑에는 언제나 부실한 내용의 백서白書만 부끄럽게 제출되곤 합니다.

꿈이 큰 어느 젊은 선교사가 이런 기도문을 쓴 것을 읽은 적이 있습니다.

"하나님, 저에게 저 중국 대륙을 열어주십시오. 저 불쌍한 15억의 영혼을 제 손에 붙여주십시오."

　결심과 열정의 표현으로야 참으로 대단한 기도라고 할 수 있겠지만 글쎄, 너무 많이 바란 것이 아닐까? 이 젊은 선교사는 중국 대륙 안에서 하나님의 보이지 않는 사역 God's Invisible Mission이 벌써 오래 전에 시작되었다는 사실을 아직 모르는 모양입니다.

　제2차 세계대전 직후 일어난 마오쩌둥 공산당 혁명은 당시 중국에서 조금씩 자라나고 있던 천주교와 개신교의 싹을 싹둑 잘라내버렸습니다. 무신론의 공산통치 하에서 신앙의 소망은 완전히 사라진 것처럼 보였습니다.

　공산치하의 중국에서 성서는 공식적으로 자취를 감추었고 교회당 문들은 모두 못질을 당하고 말았습니다. 그러나 하나님은 놀랍게도 바로 그 공산당 혁명이라는 최악의 상황을 통해서 그분의 일을 시작하셨습니다.

　처음 중국에 건너간 서양 선교사들이 겪었던 가장 큰 어려움은 중국 전래의 봉건적 사회제도라든가 뿌리 깊은 유교적 생활관습 같은 것들이 아니었습니다. 아무래도 그런 것들이 상당한 장애가 되기는 했겠지만, 그보다도 서양의 선교사들에게 더 큰 어려움으로 다가왔던 것은 중국 대륙 안에 이루 헤아릴 수 없이 퍼져 있는 수많은 토속적 미신들이었다고 합니다.

　우리나라에서도 화교華僑들이 손수 경영하는 중화요리점에 가보면, 식당 벽에 걸린 이름 모를 토속신령들의 화상畵像을 흔히 만날 수 있습니다. 그 중에는 삼국지에 나오는 유명한 관운장關羽의 모습도 있습니다.

　중국 사람들은 관운장을 관신關神이라고 해서 매우 정중하게 모시는데, 당대의 권력가인 조조의 극진한 대접과 유혹을 뿌리치고 무력한 의형 유비를 찾아 5관참장五關斬將의 가시밭길을 뚫어가면서 적토마를 타고 수만 리를 달려간 운장의 신의와 용맹을 신앙처럼 숭배하기 때문입니다.

이처럼 중국의 수천 년 역사 속에서 뿌리가 깊이 박히고 잎이 무성하게 자라난 허다한 토속신앙과 각종 미신들이 중국인들의 의식과 무의식을 광범위하게 지배해오고 있어서, 이것이 초기 선교사들에게 커다란 장벽이 되었던 것입니다. 그 토속신앙들이 기독교사상과 손을 잡을 여지는 조금치도 없었기 때문입니다.

그런데 그 수많은 토속종교들이 마오쩌둥 공산당 혁명정부의 강력한 미신타파 정책으로 모두 자취를 감추었고, 그래서 선교를 위한 오늘의 옥토가 마련된 것입니다. 마오쩌둥은 기독교뿐만 아니라 심지어 유교 도교 등 일체의 전래종교마저도 타파하고자 했고, 그 과정에서 일체의 토속신앙과 우상들 역시 숨을 죽이지 않을 수 없었습니다. 선교사들에게 가장 큰 어려움을 주었던 장애물들이 무신론의 공산정권에 의해서 제거되었습니다.

하나님은 이렇게 무신론자들의 손을 빌려서 중국의 수많은 토속우상들을 멸절한 것입니다. 선교신학자들은 이것을 가리켜 '하나님의 선교' Missio Dei 라고 부르기를 좋아합니다.

신의 사역을 인간이 스스로 시작할 수는 없습니다. 우리는 다만 하나님이 이미 눈에 보이지 않게 시작하고 중단 없이 추진하시는 일에 그저 동참할 수 있을 뿐입니다. 우리는 단지 그 동참하는 일을 지금 시작할 수 있을 뿐입니다.

한 번에
한 사람만

얼마 전에 작고한 테레사 수녀는 자기의 소원을 이렇게 피력한 일이 있습니다.

"나는 결코 온 대중을 구원하려 하지 않습니다. 나는 단지 한 사람만을 바라볼 뿐입니다. 나는 다만 한 번에 한 사람만을 사랑할 수 있을 뿐입니다."

앞서 말한 저 젊은 선교사의 소원과 비교해보면, 마더 테레사의 소원은 얼마나 겸손하고 얼마나 소박한 바람인가?

우리는 너무도 많은 것을 바랍니다. 너무 많은 것을 다짐합니다. 100년도 채 살지 못하는 주제에 너도나도 1,000년의 일을 말하고 밀레니엄의 역사를 입에 담는 것이 대유행입니다.

너무 많이 바라면서 하나도 실천하지 못하는 것, 너무 많이 결심하면서 한 가지도 실행에 옮기지 못하는 것, 너무 멀리 바라보면서 제 눈앞의 진실을 놓쳐버리는 것, 이것이 해마다 때마다 우리가 겪는 실패가 아닌가!

테레사 수녀의 말은 계속됩니다.

"나는 한 번에 한 사람만을 껴안을 수 있습니다. 단지 그렇게 시작할 수 있을 뿐입니다."

우리도 그렇게 시작해야 하지 않을까? 한 번에 하나씩, 한 번에 한 사람씩. 얼마나 멋진 결심이요, 또 얼마나 확실한 계획인가?

아, 마더 테레사

아무것도 하지 않은 죄

**인생을
낭비한 죄**

일제시대에 수많은 애국지사들이 독립운동을 하다가 감옥에 갇혀 고초를 겪었습니다. 그 가운데 독립운동에 참여한 일이 없는데도 잘못 잡혀온 사람이 한 명 끼어 있었습니다. 그는 자신이 옥에 갇히게 된 것이 억울하다면서 "나는 아무 일도 하지 않았다"고 큰 소리로 외쳤습니다.

이때 독립운동가 한 사람이 그에게 조용히 말했습니다.

"당신이 아무것도 하지 않았다는 것, 바로 그것이 잘못이오. 당신이 아무 일도 안 했다는 것만으로도 당신은 벌 받아 마땅합니다. 일제의 침략이 30년 이상 계속되는 동안, 수많은 동족이 무참하게 피를 흘렸고 조국이 엄청난 굴욕 속에서 고통을 받고 있는데도, 당신은 어떻게 아무 일도 하지 않을 수 있었단 말입니까?"

억울함을 호소하던 사람은 아무 말도 못한 채 고개를 떨굴 수밖에 없었다고 합니다.

영화 「빠삐용」에서, 살인죄의 누명을 쓰고 무인도에 갇히게 된 주인공이 밤에 환상을 봅니다. 화면을 가득 채운 재판관들이 빠삐용에게 "너는 유죄다"라고 선고합니다. 빠비용은 억울하다고 부르짖지만, 재판장은 단호하고 엄숙하게 선언합니다.

"살인죄로는 무죄일지 모르지만,
너는 인생을 낭비한 죄를 면할 수 없다."
빠비용은 돌아서면서 나지막이 고백합니다.
"나는 유죄다."

그는 인생을 낭비한 죄, 그때까지 살아오면서 삶의 의미와 가치를 추구하는 아무 일도 하지 않았던 죄를 인정할 수밖에 없었습니다. 아무것도 하지 않은 것, 그것이 빠삐용이 깨달은 자신의 죄입니다. 그는 드디어 탈출을 결심합니다. 탈옥이 목표가 아니었습니다. 이제는 무엇인가 의미 있는 일을 해야만 한다는 절박한 깨달음이 그의 몸을 수십 길 낭떠러지 밑 차디찬 바닷물 속에 던지게 한 것입니다.

클라망스는 어느 날 세느강을 건너 집으로 돌아가다가 다리 위에서 난간에 기대어 슬피 울고 있는 한 여인을 만났다. 그는 직감적으로 이 여자가 곧 강물에 뛰어들려고 한다는 것을 느꼈다. 그는 그 순간 여인을 구해주어야겠다고 생각하면서도, 뒤에 일어날 여러 가지 귀찮은 일이 생각나서 그냥 모른척하고 지나가버린다. 그가 다리를 다 건넜을 때 풍덩하는 소리와 함께 사람들이 놀라며 모여드는 소리가 뒤에서 들렸다. 그는 더 빨리 걸어서 집으로 돌아오고, 그 사건은 곧 잊혀졌다. 그러나 한참 뒤, 어느 날부터인가 클라망스는 전락하기 시작한다. 강물 속에서 들려오는 웃음소리 때문이었다.

프랑스의 실존주의 작가 알베르 까뮈가 쓴 「전락」顚落이라는 소설의 일부입니다.

법적으로는 클라망스에게 자살을 기도하는 여인을 구해주어야 할 아무런 의무가 없지만, 그의 양심은 여인을 구하라고 명령하고 있었습니다. 그러나 그는 양심의 명령을 거역하고, 아무 일도 하지 않았습니다. 이것이 그가 전락하게 된 이유입니다. 전락의 단초는 마땅히 해야 할 일을 하지 않은 데에 있었던 것입니다.

다섯 달란트를 받은 종과 두 달란트를 받은 종은 그것으로 장사를 해서 큰 이익을 남겨 주인에게 바쳤지만, 한 달란트를 받은 종은 그것을 땅 속에 묻어둔 채 아무 일도 하지 않고 있다가 주인에게 도로 내어놓았습니다. 주인은 그를 '악하고 게으른 종'이라고 책망하면서 성 밖 어두움 속으로 내어쫓았습니다. 마태복음 25:30

그는 주인의 돈을 횡령하지도 않았고 낭비해버리지도 않았습니다. 받은 것을 고이 간직했다가 돌려주었습니다. 그는 '아무 일도 하지 않은 것' 뿐이었습니다. 그런데 그것이 그의 돌이킬 수 없는 죄였습니다.

길에서 강도를 만나 죽게 된 사람을 고귀한 제사장도, 선택받은 레위인도 그대로 지나쳐버렸습니다. 천대받는 사마리아 사람만이 그를 도와주었습니다. 예수님은 분명한 어조로 묻습니다. "누가 진정한 이웃이냐?"고. 누가복음 10:36

성직자인 제사장과 종교적 신분을 가진 레위인은 이 자격심사에서 모두 탈락하고 말았습니다. 그들이 종교적 권위와 열렬한 신앙고백을 소유하고 있음에도 불구하고 그 삶으로는 아무 것도 한 일이 없었기 때문입니다.

하지 말아야 할 일
반드시 해야 할 일

십계명 중의 여덟 계명이 "하지 말라"는 명령인 데 반해서 두 계명은 "하라"는 명령으로 되어 있습니다. "안식일을 기억하여 거룩하게 지키라"는 제4계명과 "네 부모를 공경하라"는 제5계명입니다. 하지 말라는 것을 하는 것도 죄이지만, 하라는 것을 하지 않는 것 또한 죄임에 틀림없습니다.

답안지에 틀린 답을 쓰는 것도 잘못된 것이지만, 답안지에 아무 답도 채워넣지 않는 것 역시 불합격이기는 마찬가지입니다. 하나는 적극적인 행위로 짓는 죄 sins of commission 요, 다른 하나는 소극적인 부작위不作爲로 범하는 죄 sins of omission 입니다. 영어로는 c자 하나가 있고 없음의 차이 밖에 없습니다.

이 땅에 기도하는 사람은 참으로 많습니다. 그러나 '기도 밖에 아무것도 하지 않는 사람' 또한 헤아릴 수 없을 만치 많습니다. 신앙을 고백하는 신자들이 천만을 넘습니다. 그러나 '고백 밖에는 아무것도 하지 않는 신자들' 역시 허다합니다. 일주일에도 몇 번씩 강단에 올라 목이 터져라 외쳐대는 설교자들이 수천 수만 명에 이릅니다. 그러나 '설교 밖에는 아무것도 하지 않는 설교자들'이 어디 하나둘뿐일까?

이 시대의 신앙인들과 종교인들의 죄라면 아마도 기도 밖에는 아무것도 하지 않는 죄, 고백 밖에는 아무것도 하지 않는 죄, 설교 밖에는 아무것도 하지 않는 죄일 것입니다.

도적질을 하지 않고 간음도 살인도 하지 않지만, 부모를 공경하지도 않습니다. 우상의 조각 앞에 무릎을 꿇지 않는 대신, 하나님의 나라와 그 공의의 참뜻을 이해하여 실천하려고 애쓰지도 않습니다. 예배에 참석하고 헌금을 내고 뻔한 설교로 시간을 때우고는 안식일을 잘 지켰노라고 강변합니다.

사랑의 찬송을 부르면서 이웃을 사랑하지 않는다면,
평화의 송가를 합창하면서 서로 화목하지 않는다면,
용서의 기도를 드리면서 형제를 용서하지 않는다면,
이웃을 교만하다고 정죄하면서 스스로는 겸손할 줄 모른다면,
진실하라고 가르치면서 제 입술에 달라붙은 거짓말은 내어버릴 줄 모른다면,
남을 섬기라 하면서 스스로는 남을 섬기지 않는다면,
십일조를 꼬박꼬박 내면서도 헐벗은 이웃을 돌아보지 않는다면,
회개와 심판을 선포하면서 자신은 결코 회개하는 법이 없다면,
교회를 개척하고 선교사를 파송하면서
스스로는 '전도자로서의 삶'을 살지 않는다면.
그렇다면, 결국 아무것도 하지 않고 있는 것입니다.

이제 우리는 "무슨 일을 하지 말아야 할까?"를 자문하기에 앞서 먼저 "무슨 일을 해야 할 것인가?"를 스스로 물어야만 합니다.

아우슈비츠의 행진

교수대에 함께 선 소년과 하나님

해마다 1월 26일이 되면 폴란드의 아우슈비츠에서는 '나치 해방 기념일'을 맞아 이틀 동안 '죽음의 행진'이라는 행사가 열리곤 합니다. 아우슈비츠 수용소의 가스실로 끌려가던 유대인들의 고통스러운 발걸음을 오늘에 재현해냄으로써, 유대인들 자신과 전 세계인들의 마음 속에 저 가공할 나치의 죄악을 역사의 교훈으로 되새겨주기 위한 행사입니다.

이 '죽음의 행진' 행사에 참가한 유대인들은 이렇게 기도를 드린다고 합니다.

"자비로우신 야훼 하나님, 유대의 어린이들을 학살한 자들에게는 자비를 베풀지 마소서. 이곳을 만든 자들과 이곳에서 학살을 자행한 자들을 결코 용서하지 마소서."

노인이니 어린이니 할 것 없이 570만의 무고한 목숨이 학살을 당한 유대인들로서는 응당 그런 기도를 하고도 남음이 있을 터입니다.

아우슈비츠의 생존자로 후에 노벨평화상을 수상한 엘리 위젤Eli Wizel은 아우슈비츠에서의 악몽 같았던 나날들을 회고한 『밤』Night이라는 책에서 이런 일화를 소개하고 있습니다.

> 어린 소년 한 명이 사소한 수용소 규칙을 어겼다는 이유로 어른 한 명과 함께 모든 수용자들이 보는 앞에서 교수형에 처해졌다. 두 사람의 목이 나란히 밧줄에 매달렸는데, 어른은 얼마 안되어 곧 숨을 거두었지만 몸무게가 가벼운 소년은 한참 동안을 몸부림쳤다. 그때, 누군가가 내 곁에서 나지막한 소리로 중얼거렸다.
> "도대체 하나님은 지금 어디에 있단 말인가?"
> 바로 그 순간 내 마음 속에 이런 음성이 똑똑히 들려왔다.
> "나는 바로 저기, 교수대 위에 저 소년과 함께 매달려 있다."

하나님은 어디에 계시는가? 그분은 고통당하는 그의 자녀들과 함께 고통을 받고 계시다는 영감靈感의 목소리가 엘리 위젤의 마음을 울린 것입니다. 이때부터 '고통 속의 소망'을 믿게 된 위젤은 그 후 독일인들과 유대인들 사이에서 아우슈비츠의 죄악과 그 비통한 원한을 씻어내는 일에 헌신함으로써, 그 스스로 한 소망의 존재가 되어 20세기 후반의 어두운 역사 속에 한 줄기 밝은 평화의 빛을 던져주었습니다.

아우슈비츠에서 극적으로 살아남은 빅터 프랭클Viktor E. Frankl은 그의 유명한 저서 『죽음의 수용소』에 이렇게 쓰고 있습니다.

> "아우슈비츠에서는 대부분의 사람들이 절망 속에서 병들어 죽어갔다. 그렇지만 하루하루의 의미를 찾고자 애썼던 사람은 살아남을 수

있었다."

 죽지 않고는 빠져나갈 수 없는 죽음의 수용소에서도 하루하루의 삶의 의미는 그렇게 빛나고 있었던 것입니다. 내일이면, 아니 한 시간 후면 갑작스레 이름이 불리고 나치에게 끌려나가 가스실의 굴뚝 연기로 사라질지도 모르는 상황 속에서, 프랭클의 생명을 굳게 지탱해주었던 것은 언젠가 이 죽음의 수용소를 걸어나가 사랑하는 아내와 자녀들을 만나야만 한다는 절실한 소망 때문이었습니다.

 그 소망은 폭풍우 개인 뒤 맑은 하늘에 내걸린 찬란한 무지개 같은 희망이 아니었습니다. 언제 걷힐지 알 수 없는 먹구름 밑에서 극심한 추위와 비바람을 견디며 스스로를 지탱해내려고 애쓰는 이름 모를 들풀의 잎새처럼 가녀린 소망이었습니다. 그러나 그 보잘것없는 소망이 프랭클을 살려냈습니다. 그때, 그 소망을 잃어버린 사람들은 그 순간부터 이미 죽은 것이나 다름없었습니다.

용서의 기원보다
용서의 의무를

 나치 감옥에서 39세의 나이로 처형된 본회퍼 목사님은 "오직 고통당하시는 하나님만이 인간의 고통에 대한 답변을 소유한다"고 확신했습니다.

 본회퍼라면 매년 1월 26일~27일 아우슈비츠에서 열리는 '죽음의 행진'에서 "유대인 어린이를 학살한 자들에게 자비를 베풀지 마소서"라고 기도하지는 않을 듯싶습니다. 아마도 예수님처럼, 저 스데반처럼 "주여, 저들을 용서하소서. 저들이 자기의 하는 일을 알지 못하나

이다"라고 기도할 것이라고 앞질러 짐작해 봅니다.누가복음 23:34, 사도행전 7:60

　엘리 위젤이라면 "나치의 학살자들을 결단코 용서하지 마소서"라고 기도하지는 않을 것입니다. 대신에 그는 "모든 고통받는 이들로 하여금 그 고통 속에 감추어진 소망을 볼 수 있게 하소서"라고 기도할 것이며, 빅터 프랭클이라면 "570만의 무고한 목숨을 앗아간 악마들에게 자비를 베풀지 마소서"라고 기도하기보다는 아마도 "고통의 하루하루 속에 값진 의미가 살아 있게 하소서"라고 기원하리라는 것이 내 성급한 추측입니다. 엄혹한 고통 속의 소망이, 그 하루하루의 의미가 그들을 영원히 살아 있게 했기 때문입니다. 아우슈비츠, 그 죽음의 수용소에서 다른 유대인들은 죽음을 향해 행진했지만, 그들은 영원한 생명을 향해 행진했다고 믿기 때문입니다.

　폴란드의 아우슈비츠에서는 해마다 1월 26일이 되면 예년처럼 긴 '죽음의 행렬'이 길을 뒤덮을 것입니다. 그리고 여전히 "용서하지 마소서"라는 기도가 통곡하듯 쏟아져나올 것입니다. 그러나 그 기도가 바뀌지 않는 한 저들의 행진은 언제까지나 죽음을 향한 발걸음을 멈출 수 없을 것이라는 염려를 떨쳐버리기 어렵습니다.

　이즈음 많은 교회들 안에서 말롯테Malotte가 작곡한 「주의 기도」라는 성가를 회중찬송으로 부르고 있는데, 우리말로 번역된 그 성가의 가사에는 어찌된 일인지 "우리가 우리에게 죄지은 자를 사하여 준 것 같이"라는 '용서의 의무'는 쏙 빠진 채 다만 "우리들의 큰 죄, 다 용서하옵시고"라는 '사죄의 기원'만이 남아 있습니다.

　우리에게 죄지은 자를 용서해주지 못한 것을 스스로 부끄럽게 여기는 뼈아픈 고백의 심정에서 빠뜨린 것이라면 또 모를까, 단순히 번역상의 편의 때문이라면 이보다 더 나쁜 왜곡도 없겠습니다.

예수님의 의도가 죄 지은 자의 참회조차 요구하지 않는 '눈멀고 헤픈 관용'을 뜻하는 것은 결코 아니라고 믿지만, 주기도문에서 용서의 의무를 슬쩍 빼먹고 넘어가는 것은 아무래도 "용서의 기원에 앞서 먼저 네 이웃의 죄를 용서하라"는 예수님의 분명한 뜻을 고의적으로 회피하고 있다는 혐의를 벗기 어렵습니다.

용서의 기원에 앞서 용서의 의무를 고백하는 주의 기도가 아우슈비츠의 하늘 아래 울려퍼지는 날, 거기서 펼쳐지는 죽음의 행진은 비로소 '생명의 행진'으로 바뀔 수 있으리라는 것이 나의 주제넘은 희망 사항입니다.

그리고 그 기도는 또한 오늘 우리들의 기도가 되어야 합니다. 아니 그 기도가 우리의 것이 될 수 있기 위하여, 우리는 우리 죄의 용서를 기원하기 전에 먼저 우리에게 죄지은 이들을 우리 스스로가 용서할 수 있어야 합니다.

정죄하고픈 유혹의 단단한 껍질을 깨뜨리고, 저들의 참회를 넉넉히 기다리며 미리 용서의 마음을 준비해두지 않으면 안 됩니다. 그렇지 않다면, 우리의 기도 역시 저 아우슈비츠의 기도처럼 다만 '죽음을 향한 행진곡'일 뿐이기에.

마지막 우상

동굴의 우상
시장의 우상

아리스토텔레스가 쓴 『기관』 *Organum* 은 이성주의적 연역론의 고전인데, 베이컨은 거기에 대응하여 『신기관』 *Novum Organum* 이라는 책을 써서 경험주의적 귀납론의 선구자가 되었습니다. 베이컨은 인간의 정신을 오도하는 편견으로 동굴의 우상 Idola specus, 종족의 우상 Idola tribus, 시장의 우상 Idola tori, 극장의 우상 Idola theatre 등 네 가지를 들고 있습니다.

'동굴의 우상'은 마치 동굴 속에 갇혀 자연의 빛을 보지 못하는 사람처럼 개인적 편견에 사로잡힌 '우물 안 개구리'식의 선입관을 말합니다.

'시장의 우상'은 장터에 떠도는 풍설처럼 언어의 부적절한 사용이나 해석에서 오는 편견으로 연예계의 인기, 대중문화의 유행 같은 것들이 여기에 해당합니다. 언어의 표현을 실재와 혼동하는 선입관을 가리키기도 합니다.

'종족의 우상'은 세상만사를 인간중심으로만 생각하는 인류 보편의 편견입니다. 사람들이 잡초라고 부르는 풀이 다 잡스러운 식물이 아닌 것과 같습니다.

'극장의 우상'은 무대 위의 가짜 현실에 빠져든 관객처럼 그릇된 권위나 학설 따위에 맹종하는 편견으로 일부 정치인, 종교인들이 즐겨 써먹는 포퓰리즘의 수법도 이에 해당합니다.

"동굴의 우상은 어떤 시대 또는 어느 특정한 주장을 편애할 때 발생한다. 옛 사람이 가르친 바른 길을 벗어나지 않고 당대인들이 제창한 혁신도 경멸하지 않는 중용의 정신은 드물다. 진리는 '특정한 시대가 누리는 불확실한 행운'이 아니라 '영원한 자연과 경험의 빛'으로 얻어지는 것이다."베이컨, 『신기관』

17세기의 인물이 '특정한 시대가 누리는 불확실한 행운'을 언급한 사실은 매우 흥미롭습니다. "행운처럼 불확실한 계기로 지배력을 거머쥔 어떤 시대정신이 곧 진리는 아니다"라는 베이컨의 지적은 21세기의 우리에게도 경청할 만한 예언이 되고 있습니다. 시대정신이 이념이 되고 신념이 되고 도그마로 굳어지면 '영원한 자연과 경험의 빛'을 거스르는 그 시대만의 동굴의 우상으로 전락하고 말 터이기에.

개인의 삶과 사회생활에서 올바른 지식을 왜곡하고 인식과 판단작용을 그르치는 편견의 우상들 대부분이 베이컨의 네 가지 우상에 포함되어 있습니다.

자기우상
우리우상

그러나 나는 베이컨이 보지 못한 또 다른 우상 하나를 알고 있습니다. 모든 우상들이 파괴된 뒤에도 여전히 강력한 힘으로 존재하는 마지막 우상, 곧 최후의 우상입니다.

역사와 오늘의 현실은 인간에게 가장 고약하고 끈질긴 우상이 다름 아닌 자기자신이라는 것을 가르쳐줍니다. 누구에게나 최후의 우상은 바로 자기자신입니다.

"존재는 본질에 앞선다." l'existence precedes l'essence.

사르트르를 실존주의의 대명사처럼 만든 이 유명한 명제는 '주체적 실존의 자유'를 넘어 자아에게 신적 권위의 면류관을 씌워준 대관식 선언이었으며 자기우상의 신앙고백이었습니다.

"실존을 구속하는 어떤 객관적 규범도, 어떤 보편적 가치도 없다"는 자기우상의 자유선언은 인간을 황량한 '정신적 무정부주의'의 광야로, 객관적 우상보다 더 무서운 주관적 우상의 동굴 속으로 몰아넣었습니다. '자기우상' I-idol 이 이기적으로 확장된 것에 불과한 '우리우상' We-idol 도 베이컨의 동굴 속에 갇혀 있기는 매한가지입니다.

무정부주의가 "어떤 이념, 어느 체제도 유일의 지배적 가치가 될 수 없다"고 주장하는 한 언제나 옳지만, 한편으로는 절대자유라는 또 다른 독선적 이념에 사로잡혀 인간의 모든 삶의 자리에 내재하는 '타자他者와의 관계성'과 '공동체적 책임'을 부정하는 오류에 빠지기 십상입니다.

어차피 사회 속에서 살아갈 수밖에 없는 인간은 절대적 자유를 누릴 수 있을 만큼 완전한 존재가 아닙니다. '자유'와 더불어 '관계와 책임'

이라는 실존적 부자유의 굴레를 짊어진 인간에게 '무한한 자유'의 유토피아, 그런 이상향은 존재하지 않습니다. 유토피아는 원래 '없는 곳'이라는 뜻 아니던가!

경험주의자 베이컨이 말하는 '영원한 자연의 빛'이 이성, 그 신적 계시의 편린을 반드시 배척하는 것은 아닐진대, 인류역사 속에 농축되어온 이성과 경험의 중용이야말로 베이컨이 제시한 우상타파의 길이며, '옛 사람이 가르친 역사적 책임'과 '당대에서 제창된 혁신의 자유'를 균형 있게 조화할 수 있는 지혜이겠습니다.

이상 또는 이념에 매료되어 역사의 모반을 꿈꾸는 자유의 신세대己는 보편적 삶의 궤적을 성실히 좇아온 역사적 경험의 구세대父와 서로 조화己+父를 이룰 때만 진정한 개혁改을 이룰 수 있습니다. 언제나 자기 또는 자기의 이상만을 앞세우는 자만自慢은 우매할 뿐 아니라 반개혁적이기도 한 동굴의 우상일 따름입니다.

그래서인지 '자기로부터의 해방'은 성서의 가르침 가운데서도 핵심을 이룹니다.

"나를 따라오려거든 자기를 부인하고 좇을 것이다."마태복음 16:24

"제 목숨을 구원하고자 하면 잃을 것이요 제 목숨을 잃으면 찾을 것이다."마가복음 8:35

불가에서도 "깨달음을 얻은 사람은 나도 없고 마음도 없고 몸도 없고 도마저도 없다"見性者 無我無心 無身無道 고 가르칩니다.『無體法經』'性心身 三端' 중

'타는 듯한 더위와 건조함'이라는 뜻을 지닌 라마단Ramadan은 무슬림이 '자기와의 처절한 내면적 싸움'을 통하여 절대자에게 다가가는 기간입니다.

"하나님이 내 편인 것은 확실하다. 문제는 내가 하나님 편인지 아닌지가 불확실하다는 점이다."

링컨의 성찰입니다. 내가 신의 편이 되기보다는 신이 내 편이기를 바라는 종교인들의 '자기우상'과 그들끼리만의 '우리우상'은 비종교인들이 지닌 그 어떤 도그마보다도 더 끔찍스런 우상숭배라고 감히 단언합니다.

자기애의 이기적 독선, '우리끼리'의 폐쇄적 동질감이 이념화되고 신념의 도그마로 경직되면 개인과 공동체의 마지막 우상으로 등극합니다.

나, 우리— 그 최후의 우상 앞에서 실패하지 않기 위하여, 먼저 역사의 지혜와 경험을 배제하는 자기만의 이상, 우리끼리만의 이념, 그 헛꿈에서 깨어나야 합니다. '주체적 자아' 혹은 '우리끼리'의 그 매혹적인 유혹의 꿈에서.

진실과 위증 사이

**혀 끝의 수면
인격의 심연**

무릇 증인에게는 증인적격證人適格이라는 것이 요구됩니다. 요증사실要證事實: 증명을 필요로 하는 법률요건사실을 '직접 경험'한 사람만이 증인적격을 가집니다. 남에게서 들은 말을 전해 옮기는 전문증거傳聞證據는 독자적인 증거가치를 인정받지 못합니다. 형사소송법 제310조의 2 경험은 남의 것을 차용해서 쓸 수 없기 때문입니다. 남의 체험을 마치 자기의 체험인 것처럼 증언하는 것은 위증죄에 해당합니다.

해마다 부활절이 되면 우리는 허다한 부활의 선포와 증언들을 듣습니다. 그러나 부활의 선포kerygma는 결코 쉽게쉽게 터져나올 수 있는 것이 아니라는 생각이 듭니다. 최초의 부활의 선포가 숱한 고난과 핍박 속에서 순교의 피를 머금고 비로소 싹을 틔웠음을 기억한다면, 오늘의 부활의 선포도 그에 값하는 치열한 실존의 고뇌를 동반한 것이어야 마땅하겠습니다.

2천 년 전 유대 땅에 예수님의 부활을 증언하는 제자들의 외침이 울려퍼졌을 때, 유대의 종교지도자들은 기를 쓰고 제자들의 입을 틀어막으려고 했습니다. 그때 힐렐파Hillel 派의 거두인 라반대랍비 가말리엘은 유대인들에게 "저들을 상관말고 내버려두자"고 제안했습니다. "저들의 사상과 소행이 사람으로부터 났으면 무너질 것이요, 만일 하나님께로부터 났으면 저희를 무너뜨릴 수 없겠고 도리어 하나님을 대적하는 자가 될 것"이라는 이유 때문이었습니다. 사도행전 5:38,39 이른바 '역사의 검증'에 맡겨보자는, 역사를 섭리하시는 하나님의 손길에 맡겨두자는 생각이겠습니다.

그렇습니다. 나사렛 예수의 제자들이 외쳤던 부활의 소식은 라반 가말리엘이 제안했던 저 험난한 역사의 검증을 통과해 나왔습니다. 수많은 시행착오에도 불구하고, 그리고 아직도 적지 않은 오류들을 그 속에 품고 있음에도 불구하고, 부활한 예수의 교회는 고난으로 점철된 역사의 기나긴 터널을 꾸준히 통과해 나오고 있습니다.

어떤 허무맹랑한 거짓말이 2천 년 이상 수십 억 인구의 영혼을 사로잡아 그 삶과 인격을 변화시켜왔는가? 어떤 사이비 교주를 따르는 무지한 신도들이 오고 오는 세대 속에서 그 숱한 탄압과 위험을 무릅쓰고 순교의 피로써 부활의 신조를 지켜오고 있는가?

볼테르는 "교회들은 언젠가 역사의 무덤 속에 묻히고 말 것"이라고 의기양양하게 예언했지만, 예수의 교회들은 수많은 실패와 적지 않은 과오에도 불구하고 언제나 그 볼테르의 무덤에서 다시 부활해 나왔습니다.

이성의 문은 닫혀 있지 않습니다. 이성의 문은 활짝 열려 있어야 합니다. 이해할 수 없는 것 앞에서 스스로의 문을 닫아버리는 이성은 더 이상 이성적이지 않습니다. 스스로 이해하지 못하는 더 높은 가치 앞에서 겸손히 무릎 꿇을 줄 아는 것이 참된 이성이겠습니다.

사랑과 양심의 존재는 논리적으로 증명할 수 없지만, 그것은 우리들 삶 속에 엄연히 살아서 움직이고 있습니다. 어떤 진화론으로도 아메바에서 사랑의 희생을, 아미노산에서 양심의 가책을 추출해내지 못합니다. 화학원소로써 증명되지 않는 어머니의 가없는 사랑이, 밤새워 번민하는 죄인의 양심이 과연 모두 '조작된 환상'일까?

'증명할 수 없다'는 것이 '존재하지 않는다'는 증거는 되지 않습니다. 증명되지 않는 수학공식은 아직도 적지 않지만 그 공식들이 모두 틀린 것은 아닙니다. 우리들 마음속의 증오와 분노는 증명해 보일 수 없지만, 저 뜰 앞의 나무처럼 선명히 존재합니다. 아니, 활화산처럼 펄펄 끓어오르고 있습니다.

'이성으로 이해되지 않는다'는 것이 곧 '경험될 수 없다'는 뜻은 아닙니다. 어린아이들은 소화기관의 효소작용을 이성으로 긍정하기 때문에 음식물을 소화해내는 것이 아닙니다. 그들은 이성이 깨닫지 못하는 사이에 온 몸으로 소화작용을 경험하고 있습니다. 다만 인식하지 못할 뿐입니다.

부활의 경험을 인식하는 것은 무엇일까? 나는 그것이 '신앙의 인격'이라고 믿습니다. 그리스도와의 인격적 관계가 영혼의 부활을 체험하게 만듭니다. 그리스도의 인격에 깊이 감화된 신앙인들은 매일매일의 삶의 자리에서 '날마다 죽고 날마다 다시 살아나는' 고린도전서 15:31 영혼의 부활을 경험하고 인식합니다.

그래서 부활의 증언은 이제 말의 형태를 떠나 삶의 형태로 전환되어야 합니다. 혀끝에서 찰랑거리는 고백의 수면을 뚫고 깊은 인격의 심연으로 가라앉아야 합니다. 부활은 말이나 환상이나 신조가 아니고, 삶이요 인격이며 실존이기 때문입니다.

한 개인의 내밀한 부활체험이 인격과 삶으로 육화(肉化)되지 못한 채 그 종교적 정당성만을 주장하려 드는 것처럼 맹신적인 것도 없습니다. 그 신비한 체험이 당자의 인격을 얼마나 변화시켰으며, 그의 삶을 어떻게 쇄신해오고 있는가 하는 것만이 오늘의 삶 속에서 역사성을 가지는 부활의 증거가 될 수 있기 때문입니다.

예수님은 신앙인들에게 "내 증인이 되라"는 유훈을 남겼습니다. 사도행전 1:8 그리고 역사상 허다한 크리스천들이 예수의 부활을 증언해왔습니다. 그러나 오늘날 얼마나 많은 '부활의 위증'들이 목청을 높이고 있는지.

종교의 무덤
신앙의 부활

자신의 인격과 삶으로 참여한 부활 없이 그저 교회당에서 들어온 대로, 신학교에서 배워온 대로 부활의 교리를 앵무새처럼 되뇌기만 하는 사람들을 나는 '부활의 증인'이라 부르지 못합니다. 부활의 진실은 교리 속에 있지 않고 그리스도의 인격 속에 있기 때문입니다.

"종교가 끝난 곳에서 신앙이 시작된다"는 카를 라너의 확신처럼, 종교의 무덤을 깨뜨리고 살아난 부활의 신앙을 다시금 고백과 교리 속으로, 그 완고한 제도종교의 돌무덤 속으로 밀어넣은 채, 저 순교의 증언을 마치 자신의 인격적 실존적 체험인 것처럼 표절하는 증언들이 위증죄의 책임에서 자유로울 리 만무합니다. 위증과 진실 사이는 매우 작아 보이지만, 무한한 에너지를 빨아들이는 블랙홀처럼 깊고도 깊습니다. 그 드넓은 간극을 헤아려 살필 줄 아는 것이 신앙의 인격이요 영적 통찰이 아닐까 합니다.

증인이라는 말의 헬라어 마르테르 $\mu\alpha\rho\tau\eta\rho$는 영어의 마아터 martyr, 즉 순교자와 동의어인데, 증인은 그 체험한 진실을 목숨을 걸고 지켜내야 한다는 뜻이겠습니다. 자기의 것이 아닌 남의 체험을 위해서 목숨을 던질 수는 없는 노릇입니다. 부활의 위증은 언젠가는 부활을 배신하고, 당장의 작은 이해利害나 잠깐 동안의 장애 앞에서도 쉽사리 진실을 저버리고 말 것입니다.

거짓에 찌든 입술을 그대로 지닌 채, 차마 입에 담을 수도 없는 숨은 부끄러움의 행실을 남몰래 묻어둔 채 감히 부활의 진실을 증언하노라고 나서는 사람들처럼 우리를 당혹케 하는 것도 없습니다.

단언컨대, 그것으로 신앙윤리의 실패를 감출 없습니다. 그 영적 열등감을 벗어나는 길은 단 하나, 진솔한 참회 외에 다른 무엇일 수 없습니다. 그 다음에야 비로소 용서의 은혜가 부활처럼 찾아올 것입니다.

아무런 신뢰도, 아무런 감화도 주지 못하는 표절과 위증을 일삼으면서도 도무지 부끄러움을 알지 못하는 천박한 인격 속에서 부활의 새 생명이 싹틀 수는 결코 없습니다.

부활은 이제 '종교의 명제'가 아니라 '신앙인격의 진실'이 되었습니다. 그렇다면 부활은 강단에서 선포되기 전에 먼저 우리의 삶 속에서 선포되어야 합니다. '고백의 입술'보다 '변화된 인격'이 먼저입니다. 전도지를 돌리는 손길보다 쇄신된 삶의 발걸음에 부활의 진실이 더 무겁게 실려 있어야 합니다. 위증에서 진실에로 거듭나야만 합니다.

인격은 남의 것을 차용할 수 없고, 삶의 실존은 다른 이의 것을 표절할 수 없습니다. 부활이 인격의 체험이요 실존의 증언인 이상, 부활의 선포는 순교의 증언을 차용할 수도 없으려니와 역사의 체험을 표절하는 것이어서도 안 됩니다. 표절한 증언은 모두 위증일 수밖에 없습니다.

　고난의 삶 없이 십자가의 고난이 선포되고
　부활의 인격 없이 부활의 메시아가 증거되는
　이 위선의 땅에서
　오직, 일상 속에 고착된 거짓의 굴레가 풀리는 날,
　삶의 자리 한가운데 깊이 뿌리 박힌
　숨은 부끄러움의 얼굴들이 드러나는 날,
　그날에야 우리는 마침내
　사도 바울의 목소리가 아닌
　우리들 자신의 목소리로,
　위증이 아닌
　진실한 증언으로,
　이렇게 외칠 수 있을 것입니다.
　"예수를 살리신 하나님이 또한 그와 같이 우리를 살리시리라."